Andreas Neider

Der Mensch zwischen Über- und Unternatur

Das Erwachen des Bewusstseins im Ätherischen und die Gefährdung der freien Kräfte

Verlag Freies Geistesleben

1. Auflage 2012

Verlag Freies Geistesleben
Landhausstraße 82, 70190 Stuttgart
Internet: www.geistesleben.com

ISBN 978-3-7725-2484-4

Umschlaggestaltung: Thomas Neuerer unter Verwendung eines Fotos
von A. Hartl | © Blickwinkel
Druck: fgb Freiburger Graphische Betriebe
Printed in Germany

Inhalt

Einführung[1]

Unser Zeitalter wird in der Nachfolge des industriellen Zeitalters als das Zeitalter der elektronischen Medien und der Computertechnologien bezeichnet. Was das bedeutet, hat der Kulturphilosoph Roland Benedikter so ausgedrückt: «Die menschliche Aufmerksamkeit wird zum wichtigsten Rohstoff und zur meistgehandelten Ware des 21. Jahrhunderts.»[2] Das Internet und die neuen Medien erzeugen bereits heute durch die Bindung der Aufmerksamkeit eines nicht unerheblichen Teiles der ganzen Menschheit mehr Wert als viele Volksökonomien der Erde. Das heißt, es geht in der Entwicklung der Menschheit global immer mehr darum, wohin sich das Bewusstsein der Menschen im Sinne ihrer Fähigkeit der Aufmerksamkeit entwickelt. Deren Grundlage wird in diesem Buch mit dem Terminus der «freien Kräfte» bezeichnet. Wir werden in diesem Buch zeigen, wie die Kräfte der Aufmerksamkeit, also die «freien Kräfte», im menschlichen Bewusstsein entstehen, und wie diese durch den Einfluss der digitalen Medienwelt in erheblichem Maße eingeschränkt, manipuliert, wenn nicht sogar zerstört werden, aber auch, wie diese durch bewusste Schulung weiterentwickelt und gesteigert werden können.

Auf die damit einhergehende Problematik hat zu Beginn des 20. Jahrhunderts, also lange vor Beginn des digitalen Zeitalters, der Geistesforscher Rudolf Steiner hingewiesen. Er zeigte 1917, am Ende des Ersten Weltkrieges, Entwicklungslinien auf, die von den 40er-Jahren des 19. Jahrhunderts bis weit in das 20. Jahrhundert hinein wiesen. Dabei entwickelte er eine grundlegende Signatur, die Goethe bereits im Prolog zu seinem *Faust* angelegt hat, wo es heißt:

> Des Menschen Tätigkeit kann allzu leicht erschlaffen,
> Er liebt sich bald die unbedingte Ruh;
> Drum geb ich gern ihm den Gesellen zu,
> Der reizt und wirkt, und muss, als Teufel schaffen.[3]

Goethe deutet mit diesen beinahe scherzhaft wirkenden Worten aber auf eine tiefe, tragische Dramatik hin, die sich insbesondere im 20. Jahrhundert deutlich gezeigt hat.

Mit dem von ihm so genannten «Sturz der Geister der Finsternis» und dem Beginn des «Michael-Zeitalters» 1879 deutete Rudolf Steiner in diesem Sinne auf Entwicklungen hin, die für die Bewusstseinsentwicklung der Menschen im 20. Jahrhundert entscheidende Herausforderungen darstellen sollten. Er bezeichnete die der Entwicklung des Menschen entgegenarbeitenden Kräfte, anders als Goethe, als die «ahrimanischen Mächte». Entgegen der zunehmenden Tendenz einer Materialisierung des Bewusstseins, die während des 19. Jahrhunderts eingesetzt und zur Entwicklung einer «Unternatur», einem unterhalb der Natur liegenden Reich der Technik geführt hatte, ging es Rudolf Steiner darum, die Menschen auf ein neu erwachendes Bewusstsein und die Welt des Ätherischen aufmerksam zu machen, die er in diesem Zusammenhang als «Übernatur», weil über die Natur hinausreichend bezeichnete. Steiner machte darauf aufmerksam, dass der Mensch durch die Weiterentwicklung seiner Fähigkeit zur Aufmerksamkeit, die Entwicklung seiner «freien Kräfte», einen Weg zur «Übernatur» finden kann: «Der Mensch muss die Stärke, die innere Erkenntniskraft finden, um von Ahriman in der technischen Kultur nicht überwältigt zu werden. Die Unter-Natur muss als solche begriffen werden. Sie kann es nur, wenn der Mensch in der geistigen Erkenntnis mindestens gerade so weit hinaufsteigt zur außerirdischen Über-Natur, wie er in der Technik in die Unter-Natur heruntergestiegen ist. Das Zeitalter braucht eine über die Natur gehende Erkenntnis, weil es innerlich mit einem gefährlich wirkenden Lebensinhalt fertig werden muss, der unter die Natur heruntergesunken ist. Es soll hier natürlich nicht etwa davon gesprochen werden, dass man zu früheren Kulturzuständen wieder zurückkehren soll, sondern davon, dass der Mensch den Weg finde, die neuen Kulturverhältnisse in ein rechtes Verhältnis zu sich und zum Kosmos zu bringen.»[4]

Diese Aufgabe der Erkenntnis einer «Übernatur» stellt sich nun im Zeitalter der digitalen Medien und der Computer in verstärkter Form. So wies Rudolf Steiner bereits 1917 auch auf die Entstehung neuer Bewusstseinstechnologien hin: «Und es wird die Verbindung hergestellt werden zwischen den im Menschen ersterbenden Kräften, die verwandt sind mit elektrischen, magnetischen Kräften und den äußeren Maschinenkräften. Der Mensch wird gewissermaßen seine Intentionen, seine Gedanken hineinleiten können in die Maschinenkräfte.»[5]

Er wies damit auf eine den Menschen immer tiefer in das materielle Bewusstsein und die Unternatur hineinziehende Entwicklung, deren Höhepunkt wir auch heute noch nicht erreicht haben. Und er deutete damit an, dass die Technologien der Zukunft Bewusstseinstechnologien, d.h. Aufmerksamkeitstechnologien sein werden.

Umso mehr stellt sich uns heute die Aufgabe, die von Steiner aufgezeigte Entwicklungsaufgabe eines neuen Bewusstseins von der Übernatur des Ätherischen zu entwickeln. Dieser Aufgabenstellung geht das vorliegende Buch auf der Grundlage der Geisteswissenschaft Rudolf Steiners nach, dessen Darstellungen zu der Frage des Verhältnisses von Über- und Unternatur in ihrer Fülle und Konsequenz bis heute nur wenig bis gar nicht bearbeitet worden sind.[6]

Dabei handelt es sich in mancher Beziehung jedoch nur um eine Skizze, einen ersten Entwurf eines umfangreichen Forschungsgebietes. Einige Bereiche desselben, wie der Zusammenhang des Ätherischen mit dem Element des Wassers oder des Astralischen mit der Luft, konnten nur berührt, andere wie etwa die so genannten Ätherarten, konnten gar nicht berücksichtigt werden. Viele weiterführende Fragen, wie etwa die konstitutionelle Situation der Wesensglieder im Kinder- und Jugendalter und die Wirksamkeit der Medienwelt auf dieselbe müssten weiter vertieft werden. Sofern mir bekannt, habe ich die weiterführende Literatur jeweils angegeben.

Dem nicht mit der Anthroposophie vertrauten Leser werden manche Aussagen Rudolf Steiners befremdlich oder gar unverständlich erscheinen. Da hier aber nicht alle anthroposophischen Grundlagen ausgeführt werden konnten, wurde deren Kenntnis im Wesentlichen vorausgesetzt. Eine wesentliche, für das Grundverständnis der hier geschilderten Zusammenhänge wichtige Voraussetzung ist beispielsweise die Annahme einer für die Sinne nicht wahrnehmbaren geistigen Welt und entsprechender geistiger Wesenheiten. Im Sinne der Anthroposophie verfügt nur der Mensch als geistiges Wesen auch über einen physischen Leib, während andere geistige Wesen einen solchen nicht besitzen, weil dieser für ihre Entwicklung nicht von Bedeutung wäre. Für den mit den Grundlagen nicht vertrauten Leser wird in den Anmerkungen jeweils die entsprechende Literatur zum weiteren Studium angegeben.

Methodisch gehen wir in diesem Buch so vor, dass wir die aus Rudolf Steiners übersinnlicher Forschung stammenden, sowohl die historischen wie die sich auf seine damalige Zukunft, unsere heutige Gegenwart, beziehenden Aussagen, anhand der äußeren historischen wie heute gegebenen Fakten überprüfen, so wie er es selbst von seinen Lesern und Zuhörern immer wieder verlangt hat. Im Übrigen stellen wir seine Aussagen in einen Gesamtzusammenhang und können an diesem selbst gedanklich prüfen, wieweit diese Aussagen sich gegenseitig als ein Ganzes tragen oder nicht.

«Und wer dann kritisch vorgeht und in seinen Gedanken, aber nur unbefangen genug, alles dasjenige prüft, was der Geistesforscher vorbringt, wird es, auch ohne dass er selbst Schauungen hat, nachprüfen können. ... Das Denken kann sich auch aufschwingen, nicht bloß das bewiesen zu finden durch den gesunden Menschenverstand, was durch die Sinneserfahrung gestützt ist, sondern dasjenige, was sich gewissermaßen wie ein geistiges Planetensystem innerlich selber trägt. Prüfen Sie in dieser Weise, indem Sie auf anthroposophische Geistesforschung das anwenden, was ein solches sich selbst tragendes, sich selbst beweisendes Denken gibt, dann werden Sie das, was der Geistesforscher vorbringt, innerlich so gesichert finden, auch ohne die sogenannten äußeren Stützen, wie das Planetensystem sich frei im Weltenraume trägt, und nur dasjenige, was irdisch ist und schwer ist, gestützt werden muss.»[7]

In einem ersten Schritt werden wir zunächst grundlegend auf den Zusammenhang des menschlichen Ätherleibes mit der ätherischen Welt eingehen. Uns interessiert hierbei weniger die Naturseite des Ätherleibes, also die Leben erhaltende und Organ bildende Funktion, als die Kulturseite, die mit unseren Gedanken und unserem Gedächtnis zu tun hat. Wir werden dabei die Umwandlung von Lebens-Bildekräften in Erlebens-Bildekräfte oder «freie Kräfte» kennen lernen. Wo auf der

Naturseite Leben erhalten und gepflegt wird, da sind es auf der Kulturseite unsere Gedanken und Gefühle, die vom Gedächtnis erhalten und, wenn man so will, auch gepflegt werden. Die Vorgänge in unserem Ätherleib, die mit der Bewusstseins- und Gedächtnisbildung etwas zu tun haben, hat Rudolf Steiner auch mit dem Begriff der «Ätherisation des Blutes» umschrieben. Wenn wir das Erwachen des Bewusstseins im Ätherischen genauer verstehen wollen, müssen wir also diese Vorgänge besonders berücksichtigen.

Beim Tode aber hören diese Vorgänge auf. Danach zeigt sich die Eigenart dieser Kräfte, wenn man das Schicksal des Ätherleibes über den Tod hinaus verfolgt, noch in anderer Weise. Und wir lernen dabei auch die ätherische Natur dessen kennen, was Rudolf Steiner als den Doppelgänger oder das «ätherische Ebenbild unseres Ätherleibes» bezeichnet hat.

In einem zweiten Schritt gehen wir den historisch-symptomatologischen Darstellungen Rudolf Steiners zum «Sturz der Geister der Finsternis» nach sowie weiteren Aussagen über die Veränderungen der Wesensgliederkonstitution an der Wende des 19. zum 20. Jahrhundert. Dabei werden wir auch zu klären versuchen, um was für Wesenheiten es sich bei den «Geistern der Finsternis» genau handelt.

Im dritten Schritt kommen wir dann zu einer eingehenderen Betrachtung der Bedrohung des neuen Bewusstseins vom Ätherischen durch die heutige Medienwelt in all ihren Facetten, insbesondere aber in der Jugendzeit. Hierbei zeigt sich einerseits die besondere Konstellation des Zusammenwirkens der Geister der Finsternis mit dem von Steiner so genannten unbewussten «Schwellenübertritt» der Menschheit, andererseits mit der natürlichen Evolution des Ätherleibes der Menschen. Dabei werden wir auch genauer zu verstehen versuchen, warum die Angriffe auf das neu erwachende Bewusstsein vom Ätherischen vor allem in der Kinder- und Jugendzeit ansetzen.

Ein vierter Schritt zielt dann hin auf die genauere Untersuchung dessen, was Rudolf Steiner als den «ahrimanischen Doppelgänger» des Menschen bezeichnet und den mit ihm verbundenen zerstörerischen Wirkungen sowie der aus ihm resultierenden Computertechnik. Hier spricht Steiner nun dezidiert von bestimmten negativen Absichten westlicher okkulter Bruderschaften, deren Wirksamkeit wir heute ganz konkret in der Betrachtung der digitalen Medienwelt aufzeigen können. Wenn wir Steiners weit vorausschauende Aussagen von 1917 genauer erfassen, dann sehen wir, dass er damit bestimmte, negative Auswirkungen der heutigen digitalen Medienwelt im Auge hatte. Als hauptsächliche Auswirkung bezeichnete er, dass durch diese Art der Technik das Bewusstsein der Menschen, seine «freien Kräfte», bis ins Nachtodliche hinein an die irdische Materie gefesselt werden können. Von diesen Wirkungen der Technik wird deshalb nicht nur die Jugend, sondern sind im Prinzip alle Altersstufen bedroht.

Dem gegenüber steht das bewusste Erfassen der uns umgebenden ätherischen Welt durch die Belebung des Ätherleibes. Wie diese einerseits auf natürlichem Wege, andererseits durch regelrechte Schulung, aber auch durch die Kunst, insbesondere die der Eurythmie herbei geführt werden kann, soll das Ziel unserer Betrachtungen sein. Dabei kommen auch die Beziehungen zwischen Lebenden und Verstorbenen und deren Pflege ins Blickfeld, aber auch ein anderer Umgang mit den Kräften der Natur.

Auch wenn mancher Leser sich von der hier aufgezeigten Bedrohung des Erwachens im Ätherischen durch die Medienwelt nicht betroffen fühlt, weil er sich dieser gar nicht erst aussetzt, muss er sich über Folgendes klar werden: Erst durch die im letzten Kapitel beschriebene Schulung der Bewusstseins- und Aufmerksamkeitskräfte kommen wir tatsächlich in die Lage eines selbst begründeten Erfassens der geistigen Welt gegenüber. Die in den Kapiteln zuvor auf der Grundlage des Studiums der Geisteswissenschaft dargestellten Aussagen Rudolf Steiners sollten uns daher nicht in die Lage des naiven Realismus der geistigen Welt gegenüber fallen lassen, der meint, das, wovon er im Studium etwas erfährt, schon realisiert zu haben. Auch das Schwimmen lernt man nur dann, wenn man sich ins Wasser begibt. In diesem Sinne möchte der Verfasser die zitierten Aussagen Rudolf Steiners im Sinne seiner Erkenntnistheorie als Aufforderungen verstehen, zu einem eigenständigen Verhältnis zur geistigen Wirklichkeit zu kommen und nicht als «Einrichtungsgegenstände» in einem schon vermeintlich vorhandenen geistigen Gebäude.

In diesem Sinne wird auch das von Steiner für unsere Zeit vorhergesagte «Wiedererscheinen des Christus im Ätherischen» in unsere Betrachtungen so einfließen, dass dieses auf der heute aktuellen Erfahrungsgrundlage, in der Auseinandersetzung mit der Unternatur, verstanden werden kann. Bei dieser Auseinandersetzung aber gilt es zu berücksichtigen:

«Das alles kann natürlich nicht zum Jammern oder irgend so etwas Anlass geben, sondern zu einer Stärkung der Kraft und Energie der Menschenseele nach dem Spirituellen hin. Denn wird in diesem fünften nachatlantischen Zeitraum von den Menschen dasjenige erreicht, was erreicht werden kann durch die Einverleibung der Kräfte des Bösen im guten Sinne, dann wird zu gleicher Zeit etwas Ungeheures erreicht: ... in dem die Menschenseelen erkennen werden, dass sie in dem

Christus den Helfer haben, um die Kräfte des Bösen in Gutes umzuwandeln.»[8]

Indem die Menschen ihre Aufmerksamkeitskräfte, die freien Kräfte ihres Ätherleibes schulen, erwacht ihr Bewusstsein für die Sphäre des Ätherischen, und da kommt ihnen der Christus als Helfer zur Überwindung des Bösen entgegen. Dazu muss dieses aber erst erkannt werden, um es dann auch überwinden zu können: «Ein Kämpfer um das Spirituelle muss der Mensch sein in dieser fünften nachatlantischen Zeit; erleben muss er, dass seine Kräfte erschlaffen, wenn er sie nicht fortwährend im Zaume hält für die Eroberung der spirituellen Welt.»[9]

I. Die ätherische Welt und das Leben des Ätherleibes im Leben und nach dem Tod

In diesem Kapitel werden wir zunächst einen Gesamtüberblick geben über wesentliche Gesetzmäßigkeiten, die mit unserem Ätherleib und mit dem Erwachen des Bewusstseins im Ätherischen verbunden sind. Diese betreffen vor allem die so genannte «Kulturseite» des Ätherleibes, also alles, was sich uns bewusstseinsmäßig im Gedankenleben und als Gedächtnis darstellt. Wie diese Funktionen vom Bewusstsein ergriffen und weiterentwickelt werden können und was es demgemäß mit der Welt des Ätherischen auf sich hat, wird im letzten Kapitel dieses Buches zur Darstellung kommen, nachdem wir die dieser Entwicklung entgegenstehenden Hindernisse genauer untersucht haben. Manches, was zu Anfang noch unverständlich erscheinen könnte, wird sich im Laufe der Darstellung aufklären. Es soll in diesem ersten Kapitel ein Umriss dessen gegeben werden, was es mit der «Kulturseite» unseres Ätherleibes auf sich hat und wie diese sich auch nach dem Tode weiterentwickelt.

Natur und Kultur – zum Verständnis der beiden Seiten des Ätherleibes

Unser Ätherleib hat zunächst die Funktion, unseren physischen Leib zu beleben, aufzubauen und zu organisieren.[1] Er ist der Gestaltbildner, der die Organe formt und ihren Zusammenhang organisiert. Diese Kräfte der Gestaltbildung und der Organisation können nun aber nicht nur dazu verwendet werden, physische Stoffe zu beleben und zu organisieren, sondern auch dazu, die von Ich und Astralleib gebildeten Gedanken und Vorstellungen zu fassen, zu gestalten und aufzubewahren. Durch unser Gedächtnis haben wir die Möglichkeit, unsere Gedanken und Vorstellungen immer wieder lebendig werden zu lassen.

Wir werden die Funktion des Ätherleibes im Nachfolgenden nur im Hinblick auf die Vorstellungstätigkeit, das Gedächtnis und unsere Erinnerungen, nicht auf seine Lebensfunktion hin untersuchen. Die Naturseite unseres Ätherleibes verwandelt sich um das siebte Lebensjahr: Ein Teil seiner Lebensfunktionen wird mit dem Abschluss der Bildung und dem Aufbau des physischen Leibes im zweiten Jahrsiebt frei und dient fortan der Gedanken- und Gedächtnisbildung. Gedanken- und Gedächtniskräfte sind also umgewandelte Lebenskräfte.

«Diese im Ätherleibe wirksamen Kräfte betätigen sich im Beginne des menschlichen Erdenlebens – am deutlichsten während der Embryonalzeit – als Gestaltungs- und Wachstumskräfte. Im Verlaufe des Erdenlebens emanzipiert sich ein Teil dieser Kräfte von der Betätigung in Gestaltung und Wachstum und wird Denkkräfte, eben jene Kräfte, die für das gewöhnliche Bewusstsein die schattenhafte Gedankenwelt hervorbringen.

Es ist von der allergrößten Bedeutung zu wissen, dass die gewöhnlichen Denkkräfte des Menschen die verfeinerten Gestaltungs- und Wachstumskräfte sind.»[2]

Wie aber geht diese Umwandlung, die etwa ab dem siebten Lebensjahr in ausgeprägter Form in Erscheinung tritt, genau vor sich?[3] Im Inneren des Gehirns befinden sich in den sogenannten Ventrikeln Geflechte von Blutadern (Plexus chorioidei). Hier wird das arterielle Blut, das der Lebenserhaltung und Versorgung dient, in Gehirnwasser (Liquor cerebrospina-

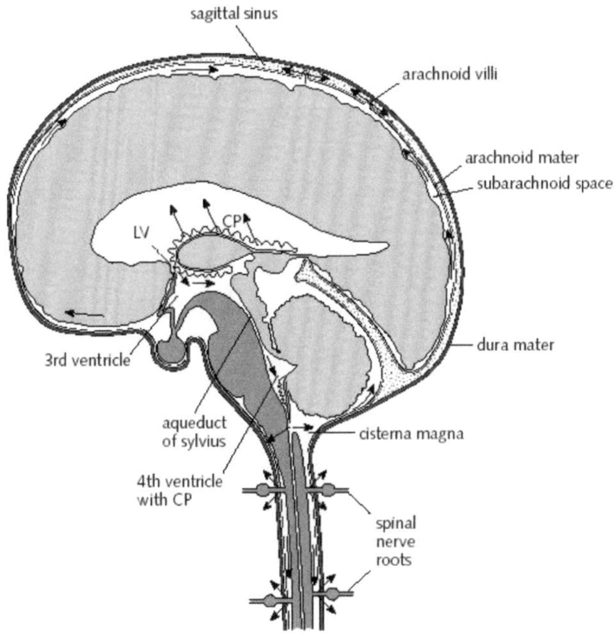

Abb. 1: Schematische Darstellung des Gehirns mit den Strömen des Gehirnwassers, angedeutet durch die schwarzen Pfeile. Die gerippten Flächen im Inneren stellen Blutadergeflechte dar, in denen das innere Gehirnwasser gebildet wird. Durch die beiden Ventrikel fließt das innere Gehirnwasser nach außen. Die inneren grauen Flächen müssen als durch und durch von Nervengeflecht durchzogen vorgestellt werden, das wiederum mit den Sinnesorganen über Nervenbahnen verbunden ist.

lis) und in venöses Blut verwandelt. Diese beiden Flüssigkeiten unterliegen der Beweglichkeit unseres Atemrhythmus. Sie steigen im Rückenmarkskanal auf und ab, je nachdem, ob wir ein- oder ausatmen.

In diesem physiologischen Geschehen haben wir nun ein genaues Abbild des Übergangs von Lebens-Bildekäften, die im arteriellen Blut ihren Ausdruck finden, zu Erlebens-Bildekräften, die sich in dem von Stoffversorgung freien Gehirnwasser, das sich als kristallklare Flüssigkeit darstellt, und dem venösem

Blut zum Ausdruck bringen. In der Atmung lebt der Astralleib, er kann durch unser Ein- und Ausatmen, das sich über das Zwerchfell dem im Rückenmarkskanal strömenden Liquor mitteilt, auf das Gehirnwasser einwirken und dadurch die von Stoffversorgung frei gewordenen Bildekräfte des Ätherleibes für seine Zwecke gebrauchen. Darauf beruhen physiologisch betrachtet die bildhaften Vorstellungen und Gefühlserlebnisse.

«Auf der Berührung des Atmungsrhythmus mit den Nervenströmungen beruht es, dass wir uns Bilder machen können von der äußeren Welt. Gedanken, abstrakte Gedanken sind noch durchaus an das Nervenleben gebunden, aber das Bildhafte ist an das Atmungsleben gebunden. So dass man sagen kann: Hier haben wir das bildende Leben.» [4]

Der Astralleib, der bewusst erlebende Mensch, benötigt für die Bewusstseins-, das heißt die Vorstellungsbildung, eine leibliche Grundlage, die in der Lage ist, diese Erlebnisse nachzubilden bzw. zu spiegeln. Die toten abstrakten Gedanken, die bildlosen, gefühlsarmen Vorstellungen haben die Nerven zur Grundlage. Das lebendige Vorstellen und Erleben hingegen hängt mit dem Atemrhythmus zusammen.[5] Dieser findet in dem vom Stoffwechsel frei gewordenen, vormals arteriellen Blut, dem Gehirnwasser, seine Grundlage. Die Bildekräfte des Ätherleibes, die zuvor die im arteriellen Blut bewegten Stoffe an ihrem Ort, den Lebensorganen eingebaut und damit unseren Leib aufgebaut haben, dieselben plastizierenden Bildekräfte werden nun etwa ab dem siebten Lebensjahr frei zur Bildung unserer Vorstellungen! Wenn in diesem Buch weiterhin von der Belebung des Ätherischen gesprochen wird, dann ist damit eine Belebung dieser frei gewordenen Bildekräfte gemeint.

Wenn der Mensch nur einen Astralleib und ein Ich, aber keinen ätherischen Leib besäße, könnte er zwar Erlebnisse und

Eindrücke haben, diese würden aber sofort wieder verfliegen und nicht festgehalten werden können. Der Ätherleib ist es, der unsere Erlebnisse vor der Auflösung bewahrt und zwar mit Hilfe der eben beschriebenen Vorgänge innerhalb unseres Gehirns. Diese bilden die leibliche Unterlage, durch die es dem Ätherleib möglich wird, die Erlebnisse tatsächlich festzuhalten. Diese Vorgänge liegen also auch der Gedächtnisbildung zugrunde.

Indem arterielles Blut in klares, stofffreies Gehirnwasser verwandelt wird, werden zuvor stoffgebundene Bildekräfte frei. Diese können in der Berührung des Gehirnwassers mit der Ein- und Ausatmung, in der der Astralleib tätig ist, von diesem zur Vorstellungsbildung genutzt werden. Indem die dabei tätigen Bildekräfte nun aber nicht wieder in leiblich tätige Bildekräfte zurückverwandelt werden, können sie die Vorstellungsinhalte aufbewahren. Dabei dienen die entsprechenden Teile des Gehirns als materielle Grundlage. Lässt der Astralleib die Bildekräfte wieder los, entsteht solchermaßen die Gedächtnisvorstellung, eine rein ätherische Form, die nun nicht mehr im Bewusstsein ist. Der Ätherleib wird so vom «Bewahrer» des stofflichen Leibes zum «Bewahrer» unserer Bewusstseinsinhalte. Diese aufbewahrten Gedächtnisinhalte werden dann beim Erinnerungsvorgang im Sinne des vergangenen Erlebten vom Astralleib im Ätherleib «gelesen»:

«Erinnerung ist, grob verglichen, ein Lesen der Seele in einer späteren Zeit dessen, was mit der Vorstellungsbildung parallel gegangen ist. Die Seele hat unterbewusst dieses Vermögen, in sich zu lesen, was sich gebildet hat, während ich vorgestellt habe.»

«Aber gleichzeitig mit *jeder* Wahrnehmung verläuft zwischen der Menschenseele und der Außenwelt ein anderer Vorgang. Ein solcher, der im mehr zurückliegenden Teile des Seelenlebens liegt. Da, wo die Wachstumskräfte, wo die Lebens-Impulse wirken. In *diesem* Teile des Seelenlebens prägt sich beim Wahrnehmen nicht nur ein vorübergehendes Bild, sondern ein dauerndes, reales Abbild ein. Das kann der Mensch ertragen, denn das hängt mit dem Sein des Menschen als Weltinhalt zusammen. Indem dies sich vollzieht, kann er ebenso wenig sich verlieren, wie er sich verliert, da er ohne sein volles Bewusstsein wächst, sich ernährt.

Wenn nun der Mensch seine Erinnerungen aus seinem Innern holt, dann ist das ein inneres Wahrnehmen dessen, was geblieben ist in dem zweiten Vorgang, der sich beim äußeren Wahrnehmen abspielt.»[6]

Nun geschieht die Aufbewahrung jedoch nicht einfach so, sondern es dauert für gewöhnlich drei Tage und Nächte, bis das Erlebte tatsächlich vom Ätherleib und physischen Leib verarbeitet ist. Die Erlebnisse müssen gewissermaßen den Gesetzen des Ätherleibes erst angepasst werden. Das geschieht hauptsächlich während der Nacht. Und unsere Träume, die durch die Berührung von Astralleib und Ich mit Ätherleib und physischem Leib beim Aufwachen entstehen, sind ein Ausdruck dieser nächtlichen Erinnerungsarbeit.[7] Während wir also im Bewusstsein mit unseren Erlebnissen und Sinneseindrücken umgehen, arbeitet unser Ätherleib ständig daran, sich diese einzuverleiben und dem physischen Leibe einzuprägen.

Unser ätherisches Ebenbild: der Doppelgänger

Aber nicht nur dasjenige, was wir gewöhnlich als Erinnerung und Gedächtnis bezeichnen, umfasst der Ätherleib. Es gibt eine gesteigerte Form von Erinnerungen, und diese betreffen unsere Wahrnehmungen des anderen Menschen. Stehen wir jemand anderem gegenüber, so schwingen neben den bewussten Eindrücken, die wir von ihm haben, auch immer unbewusste Eindrücke, Bilder, mit. Rudolf Steiner nennt diese Bilder «gesteigerte Erinnerungen».[8] Womit hängen diese zusammen? In dem betreffenden Vortrag schildert Steiner, dass jeder Mensch durch seinen Ätherleib von einer ganzen Anzahl von elementarischen Wesenheiten umgeben ist, die sich in einer Art elementarischem Gegenbild unseres Ätherleibes, dem ätherischen Doppelgänger, zusammenfassen. Die Art, wie wir uns anderen Menschen gegenüber verhalten, uns zu ihnen stellen, ist besonders geprägt von diesem unseren ätherischen Umfeld. Dieses bildet eine Art von «Sonnensystem» aus, in dessen Zentrum unser ätherischer Doppelgänger steht, umgeben von den «Planeten» der anderen Elementargeister.[9]

«Nur das müssen wir festhalten, dass wir, während wir gewissermaßen Verwandtschaft haben immer zu einer größeren Zahl von elementaren Wesenheiten, wir Beziehungen haben ganz besonders starker Art zu einer elementarischen Wesenheit, die gewissermaßen das Gegenbild ist von unserem eigenen Ätherleib. Man kann sagen, dass unser eigener Ätherleib zu einem besonderen Ätherwesen intime Beziehungen hat. Und so, wie unser Ätherleib – das, was wir von der Geburt bis zum Tode unseren Ätherleib nennen – dadurch, dass er dem physischen Leib eingegliedert ist, seine besonderen Beziehungen entwickelt zur physischen Welt, so vermittelt uns dieses Ätherwesen, das gewissermaßen das Gegenbild, der Gegenpol zu unserem eigenen Ätherleib ist, unsere Beziehungen zur gesamten elementarischen Welt, zur umliegenden, kosmisch-elementarischen Welt.»[10]

Dieses Gegenbild unseres ätherischen Leibes ist also gewissermaßen ein Teil unseres Gedächtnisses, indem es die uns unbewussten Eindrücke imaginativer Art aufbewahrt. Zu diesen zählen aber auch jene Eindrücke und Gedanken, die wir uns nicht bewusst machen wollen oder können, weil sie uns unangenehm oder unerträglich sind. Rudolf Steiner nennt diesen Teil unseres Gedächtnisses, der uns unbewusst bleibt, den Doppelgänger des Menschen. Er ist der Bewahrer aller unbewussten Erinnerungen, mithin alles dessen, was wir auch als unseren Schatten bezeichnen können.[11] Dieses Ebenbild unseres Ätherleibes spielt daher auch eine besondere Rolle im Moment des Todes. Wir werden sehen, dass wir die bewusste und die unbewusste Natur unseres Ätherleibes, die sich in unserem Gedächtnis und in dessen unbewusstem Ebenbild, dem Doppelgänger ausprägt, noch besser verstehen, wenn wir sein Schicksal über den Moment des Todes hinaus weiter verfolgen, denn Rudolf Steiner hat dazu eindrückliche Beschreibungen gegeben, um dieses Verständnis anzuregen.

Der Moment des Todes und das Lebenspanorama

Tritt der Tod ein, so verliert der Ätherleib den festen Halt, den ihm der physische Leib verliehen hat. Er verliert seine Aufgabe, die er in der Organisation der Stoffe des Leibes und in der Verarbeitung unserer Sinneswahrnehmungen zu Vorstellungen und Erinnerungen gehabt hat. Alles, was an Erinnerungen und gesteigerten Erinnerungen in ihm bewahrt ist, wird nicht mehr physisch festgehalten und kann sich nun innerhalb von drei Tagen der ätherischen Umwelt mitteilen.

Warum innerhalb von drei Tagen? Weil es auch drei Tage gebraucht hat, die Erlebnisse und Eindrücke im Ätherleib zu verarbeiten. Derselbe Zeitraum wird nun benötigt, um sie der kosmischen Umgebung mitzuteilen.[12] Dabei entsteht für den Verstorbenen das so genannte Lebenspanorama, in dem alle seine Erinnerungen vor ihm ausgebreitet sind. Das ätherische Geflecht unserer Erinnerungen war, solange wir im physischen Leib verkörpert waren, gewissermaßen zeitlich gegliedert, es konnte immer nur punktuell, das heißt auf einen bestimmten zeitlichen Moment hin erinnert werden. Mit dem Tode des physischen Leibes tritt nun die eigentliche Natur dieses ätherischen Gebildes vor den Verstorbenen hin. Es zeigt sich jetzt, dass alles, was wir im physischen Leib erlebt haben und was durch den Ätherleib belebt und aufbewahrt wurde, nur durch den physischen Leib von seiner geistig-ätherischen Umgebung abgetrennt war. Das Erleben der ätherisch-kosmischen Umgebung ist uns nur durch den physischen Leib genommen worden. Jetzt, nach dem Tode aber, tritt es in unser Bewusstsein ein.

Warum aber kann der Verstorbene davon jetzt ein Bewusstsein haben? Das Bewusstsein kommt ja immer aufgrund des Astralleibes zustande. Dieser ist beim lebenden Menschen, wenn er im Schlaf ist, zwar auch vom physischen Leib getrennt, aber er ist des Nachts damit beschäftigt, dem Ätherleib die Kräfte zuzuführen, die dieser zur Regeneration des physischen Leibes benötigt. Deshalb kann er kein Bewusstsein erzeugen. Nach dem Tode aber fällt diese Aufgabe der Erneuerung des physischen Leibes weg. Daher kann nun ein Bewusstsein der Vorgänge im Ätherischen gebildet werden.

Es entsteht dabei ein quasi räumlicher Eindruck des eigenen Ätherleibes: «Zum Raum wird hier die Zeit». Das heißt, dass im Ätherischen die zeitlich voneinander getrennten Erlebnisse *gleichzeitig* erscheinen. Dieser Vorgang ist aber nun keinesfalls einer Auflösung des Ätherleibes gleichzusetzen, sondern er stellt sich, genauer betrachtet als sehr viel komplexer heraus.

«Aber es wäre ganz falsch, wenn Sie sich dieses Übergehen des Ätherleibes in die Ätherwelt auch als ein solches Auflösen denken würden, wie den Übergang des physischen Leibes in die physische Erdenmaterie. Es ist kein Auflösen; sondern das, was in diesen Ätherleib von dem Menschen hineingearbeitet ist, das bleibt darinnen: Der Ätherleib vergrößert sich. ... Durch dasjenige, was wir dem Ätherleib gegeben haben, bereichern wir die Ätherwelt nach unserem Tode. Wir können also nicht sprechen von einer Auflösung des Ätherleibes im Äther, sondern wir müssen da schon versuchen, einen ganz anderen Vorgang zu denken, als er in der physischen Welt sein kann. Und es ist gut, dafür ein Wort zu wählen, das sich nicht deckt mit irgendeinem physischen Vorgang. Ich habe viel darüber nachgedacht, und wenn ich bezeichnen will die Art und Weise, wie dieser Ätherleib aufgenommen wird in die Ätherwelt, so könnte ich das am besten bezeichnen mit «Inbindung». Der physische Leib also unterliegt einer Auflösung, der Ätherleib unterliegt einer Inbindung.»[13]

Das heißt also, dass alles, was wir erlebt, gedacht und empfunden haben und was Bestandteil unseres Gedächtnisses war, nun zum Bestandteil der geistigen Welt, genauer gesprochen der ätherischen Welt wird:

«Da wird allmählich das, was wir im Laufe des Lebens für unseren Ätherleib erworben haben, was wir diesem Ätherleib angeeignet haben, Mitglied der geistigen Welt; das webt sich ein den Kräften der geistigen Welt, und wir müssen nur durchaus uns klar darüber sein, dass jeder Gedanke, jede Vorstellung, jedes Gefühl, das wir entwickeln, wenn sie auch noch so verborgen bleiben, ihre Bedeutungen haben für die geistige Welt, dass sie mit unserem Ätherleib, wenn der Zusammenhalt zerrissen ist mit dem Durchgang durch die Pforte des Todes, in die spirituelle Welt hineingehen und Glieder dieser spirituellen Welt werden. Wir leben nicht umsonst. Die Früchte unseres Lebens, wie wir sie aufnehmen in das, was wir an Gedanken erarbeiten, was wir an Gefühlen erleben, das wird dem Kosmos einverleibt.»[14]

Noch genauer betrachtet geschieht nun diese «Inbindung» unseres Ätherleibes dadurch, dass der oben erwähnte ätherische Doppelgänger unseren Ätherleib quasi in sich aufnimmt, dass unser Ätherleib also eins wird mit seinem elementarischen Ebenbild. Dieser ist es, der die «Inbindung» vollzieht:

«Dass uns unser Ätherleib einige Tage nach dem Tode abgenommen wird, das beruht im Wesentlichen darauf, dass unser Ätherleib gewissermaßen angezogen, aufgesogen wird durch sein ätherisches Gegenbild und mit diesem nun eins wird, so dass wir in der Tat einige Tage nach dem Tode unseren Ätherleib ablegen, gewissermaßen ihn übergeben, aber an unser ätherisches Gegenbild.»[15]

Ätherleib und Weltenäther – das Kamaloka

Der Ätherleib hat sich also innerhalb von drei Tagen nach dem Tode von Astralleib und Ich abgetrennt und wird nun in die elementarische Welt eingearbeitet. Es ist dies die Zeit des sogenannten «Kamaloka», in der der Verstorbene sein vorhergehendes Erdenleben noch einmal rückwärts durchläuft. Das geschieht in etwa in der Zeit, die er auf Erden geschlafen hat, weil er in den Nächten auf Erden bereits in ähnlicher Form auf sein jeweiliges Tageserleben hinschauen konnte.[16]

Die Erlebnisse während der Kamalokazeit werden nun ganz entscheidend von dem Blick des Verstorbenen auf das Schicksal seines Ätherleibes geprägt. Denn jetzt zeigt sich, ob die in diesem aufbewahrten Gedanken, Gefühle und Erinnerungserlebnisse der kosmisch-ätherischen Umgebung entsprechen oder ob sie Fremdkörper sind, die von dieser Umgebung nicht aufgenommen werden können.[17] Es zeigt sich sozusagen, was wir aus den freien Kräften des Ätherleibes an Vorstellungen gewonnen haben, wie diese unser Handeln beeinflusst haben und was für Erinnerungsvorstellungen wir daraus gewonnen haben. Können diese in dieser Form umgewandelten Lebenskräfte nun nicht der ätherischen Umwelt «ingebunden», d.h. zumindest teilweise in ätherische Lebenskräfte zurückverwandelt werden, so ergibt sich daraus das Schicksal des nächsten Erdenlebens, an diesen Unvollkommenheiten weiterzuarbeiten. Unser ätherisches Gegenbild, der Doppelgänger, begleitet uns in diesem Sinne über mehrere Erdenleben hinweg, er bleibt als ein überzeitliches Gedächtnis erhalten und kann erst dann von der ätherischen Weltensubstanz aufgenommen werden, wenn wir ihn entsprechend umgearbeitet haben.

Rudolf Steiner weist darauf hin, dass durch die «Inbindung» des Ätherleibes in die elementarische Umgebung auch die Eintragungen in die Akasha-Chronik «geschrieben» werden. Was während des Erdenlebens durch den physischen Leib festgehalten wurde, wird nach dem Tode der Ätherwelt eingeschrieben:

«Solange der Mensch nun auf der Erde lebt, gerät sein Ätherleib immer, wenn er sein Bewusstsein im Wachzustande entwickelt, in Mitbewegung. Und diese Mitbewegung findet ihre Grenzen an der Form des physischen Leibes. Sie kann gewissermaßen nicht hinaus über die Hautgrenze. Und so bleibt während des ganzen Lebens zwischen Geburt und Tod die feine Äthersubstantialität, in der sich mit bewegen die Gedanken, die Vorstellungen, die Gefühls- und Willenserlebnisse, gewissermaßen zusammengerollt innerhalb des physischen Leibes. Und wenn der physische Leib im Tode abgelegt wird, dann rollt sich das Ganze, wie wir es öfter beschrieben haben, auf und wird jetzt der Weltensubstantialität mitgeteilt, so dass wir jetzt, nach dem Tode, beginnen zurückzuschauen auf das, was eingraviert worden ist in unsere Ätherindividualität, die jetzt, nach dem Tode, aufgeht in die Weltenäthersubstantialität.»[18]

Auf diese Eintragungen blickt der Verstorbene nun hin und erkennt daran seine Unvollkommenheiten, erkennt, was er weiter an sich zu arbeiten hat:

«Denn überlegen Sie nur einmal, was der Mensch alles denkt! Wäre es nicht der schrecklichste Gedanke, den Sie fassen können, wenn Sie sich sagen müssten, dass alle Gedanken der Menschen objektiv in die Weltenmaterie eingegraben werden und also ewig da sein würden? Das aber würde geschehen, wenn der Mensch nicht dadurch, dass er wiederholte Erdenleben durchmacht, in der Lage wäre, diejenigen Gedanken, die nicht bleiben sollen, wieder auszubessern, entweder zu korrigieren oder ganz auszumerzen und durch andere zu ersetzen und so weiter. Das ist eben etwas, was die Evolution durch die verschiedenen Erdenleben hindurch bildet: dass der Mensch in die Lage kommt, wirklich das, was er bei jedem Tode in die allgemeine Weltensubstantialität eingräbt, zu verbessern, und dass er anstreben kann, dass wirklich von ihm aus, wenn er durch die letzte Erdeninkarnation gegangen sein wird, nur solches der Weltenäthersubstantialität übergeben worden ist, was nun wirklich bleiben kann.»[19]

In dem, was hier als «Weltenäthersubstantialität» angesprochen wird, ist nun auch ein Bereich der so genannten «Akasha-Chronik» anzusiedeln.[20] Ihre Eintragungen kommen u.a. durch die hier beschriebene «Inbindung» des Ätherleibes zustande.[21]

Daraus erwächst natürlich für unser Erdenleben ein ungeheures Verantwortungsgefühl, weil man sich sagen muss, dass alles, was man denkt oder fühlt, einstmals dem Weltenäther übergeben werden muss, dort aber nur aufgenommen werden kann, wenn es dieser Weltensubstanz ebenbürtig ist.

Dem nach geistiger Erkenntnis Strebenden tritt deshalb an der Schwelle der geistigen Welt ein «Hüter der Schwelle» entgegen, der sich ihm zunächst in der Gestalt seines ätherischen Ebenbildes, seines Doppelgängers, zeigt.[22] An diesem wird nun schon während des Lebens bewusst, wie unser ätherisches «Konto» aussieht. Nur dadurch, dass der Geistesschüler sich dieses ätherischen Ebenbildes, seines «Schuldenkontos» bewusst ist, kann er in der ätherischen Welt tatsächlich etwas wahrnehmen. Würde er ohne Kenntnis seines Doppelgängers in der ätherischen Welt wahrnehmen, so würden sich in diese Wahrnehmungen ständig die ätherischen Ebenbilder des eigenen Ätherleibes hinein mischen. Die Folge wäre eine subjektiv verunreinigte, nicht objektive Wahrnehmung.

Konservierung des Ätherleibes – Lebensgeist

Kommen wir nun noch zu einem weiteren Aspekt des nachtodlichen Schicksals unseres Ätherleibes. Es gibt einige Schilderungen Rudolf Steiners, die uns darauf aufmerksam machen, dass sich Teile des Ätherleibes nach dem Tode nicht auflösen bzw. in die Ätherumgebung eingebunden werden, sondern dass diese bestehen bleiben, «konserviert» werden.

Eine Ausnahmesituation ergibt sich schon im Falle eines Eingeweihten. Dessen Ätherleib bleibt nach dem Tode so gut wie vollständig erhalten, löst sich also überhaupt nicht auf. Wie ist das möglich? Unser Wesengliedergefüge ist ja so beschaffen, dass wir die drei leiblichen Glieder, physischer Leib, Ätherleib und Astralleib besitzen, die irdisch und damit vergänglich sind. Sie werden beim Tode und danach Stück für Stück abgelegt. Dann haben wir die drei Seelenglieder, von denen eines, nämlich die Empfindungsseele, am engsten mit dem Leib verbunden ist, die Bewusstseinsseele hingegen mit dem Geist. Dazwischen lebt als Seelenkern die Verstandesseele. Unsere geistigen Wesensglieder sind in der Regel heute noch nicht ausgebildet, sind also nur keimhaft vorhanden. Arbeitet der Mensch nun an seinen Leibesgliedern, so wandelt er Leibliches in Geistiges vom Vergänglichen zum Unvergänglichen um. Der Astralleib wird in der Zukunft auf diese Weise zum Geistselbst, der Ätherleib zum Lebensgeist und der physische Leib zum Geistesmenschen.

Wenn also der Ätherleib des Eingeweihten nicht vergeht, dann deshalb, weil er ihn bereits in den Lebensgeist umwandeln konnte. Er bildet dann für ein neues Erdenleben keinen neuen Ätherleib, weshalb auch sein Aufenthalt in der geistigen Welt nach dem Tode sehr viel kürzer ausfällt als beim normalen Menschen und sich dadurch auch seine äußere Erscheinung über verschiedene Erdenleben hinweg ähnlich bleiben kann.[23]

Wie sieht es aber für den normalen Menschen aus? Was heißt es, wenn Rudolf Steiner von «Konservierung» des Ätherleibes spricht? Nach dem, was wir vom Eingeweihten erfahren haben, müsste es sich um eine partielle Umwandlung des Ätherleibes in den Lebensgeist handeln. Was aber ist der Lebensgeist, wie kommt diese Umwandlung des Ätherleibes zustande?

Die Ätherisation des Blutes und die Selbstlosigkeit des Leibes

Schauen wir noch einmal auf den Ätherleib im irdischen Dasein. Der Mensch war ursprünglich kein physisches Wesen. Er besaß bis in die lemurische Zeit hinein noch keinen physisch sichtbaren Leib, der Träger eines Ich hätte sein können. Dieser hat sich erst im Laufe der Evolution aus dem Ätherleib heraus verdichtet, verstofflicht. Der höchste Ausdruck dieser Verstofflichung ist unser Blut, genauer gesprochen unser arterielles Blut.

Nun schildert Rudolf Steiner, dass im Laufe dieser evolutionären Verdichtung die Gefahr bestand, dass der physische Leib, der Ätherleib und der Astralleib durch die luziferisch-ahrimanischen Gegenmächte so korrumpiert worden wären, dass beispielsweise unsere mit dem Ätherleib verbundenen Lebensorgane nur sich selbst empfunden, sich gewissermaßen selbst verzehrt hätten.[24] Um diese und weitere Gefährdungen zu verhindern, opferte sich bereits vor dem Mysterium von Golgatha jene Wesenheit, die sich später als der Jesus von Nazareth inkarnierte und die Rudolf Steiner als die «Schwesterseele» der Menschheit bezeichnet,[25] und ließ sich von der Christus-Wesenheit «durchseelen». Dieser von Steiner als «Vorstufe des Mysteriums von Golgatha» bezeichnete Vorgang, der sich dreimal wiederholte, war für die Evolution des Menschen und für sein eigentliches Menschsein von allergrößter Bedeutung. Er ist in der heutigen Evolutionslehre von der biologischen Seite her als die Grundlage der Empathiefähigkeit des Menschen bekannt.[26]

Rudolf Steiner beschreibt diesen Vorgang am Beispiel unserer zentralen Lebensorgane, unseres Herzens und unseres Gehirns, im Hinblick auf die makrokosmische, phylogenetische Evolution noch genauer und spricht in diesem Zusammenhang von der «Ätherisation» des Blutes.

«So gehört es also zu den wichtigsten Impulsen unserer Erdenentwickelung, dass die Ätherkräfte, nachdem sie sich zu einem Organsystem verdichtet haben, nicht bei diesem Ziel- und Endpunkt gelassen werden, sondern dass gleichsam andere Kräfte, andere Impulse eingreifen, die wiederum auflösen. In demselben Momente, wo unsere menschlichen Organe ihre stärkste Dichtigkeit in der Erdenentwickelung erlangt haben, da lösen gewisse Mächte des Makrokosmos die Substantialitäten dieser Organsysteme wieder auf, so dass das, was früher gleichsam hineingeschlüpft ist in die Organsysteme, jetzt wiederum herauskommt, wiederum sichtbar wird.»[27]

So kann der Eingeweihte heute beim einzelnen Menschen, ontogenetisch sozusagen, wahrnehmen, wie neben dem Blutstrom, der vom Herzen zum Kopf strömt, ein zweiter, ätherischer Strom parallel läuft. Dieser Strom von sich ätherisierendem Blut ist es, der unser Gehirn so plastisch macht, dass es in der Lage ist, Vorstellungen über die Außenwelt zu bilden.

Wir haben oben ja bereits gesehen, welche Vorgänge innerhalb des Gehirns dieser Ätherisation des Blutes zugrunde liegen. Es ist die Umwandlung arteriellen Blutes in das Gehirnwasser innerhalb des im Inneren des Gehirns liegenden Adergeflechtes. Das Gehirnwasser aber kann nun durch die Atmung im Rückenmarkskanal auf- und abströmen. Diesen Strom meinte

Rudolf Steiner offensichtlich, wenn er 1911 von der Ätherisierung des Blutes sprach.[28] Wäre das nicht der Fall, könnte unser Gehirn nur auf den eigenen Leib und dessen Bedürfnisse bezogene Vorstellungen ausbilden, nicht aber über die Außenwelt. Die Ätherisation des Blutes bildet also für alles, was wir vorher als die Kulturseite unseres Ätherleibes bezeichnet haben, die entscheidende Grundlage, indem unser Gehirn dadurch gewissermaßen zu einem selbstlosen Organ zur Ausbildung von Vorstellungen gemacht wird.

Diese Selbstlosigkeit ist nun aber nur eine leibliche Voraussetzung für die *Freiheit des Menschen.* Nimmt er nämlich durch sein Ich und seinen Astralleib nun dieser Freiheitstendenz unseres Organismus entgegenwirkende Impulse von Luzifer (sich selbst erleben wollende Ichsucht) oder Ahriman (Verhärtung in materialistischem Streben) auf, so können diese über den Astralleib auf den Ätherleib zurückwirken und die in ihm veranlagten freien Bildekräfte an den physischen Leib, das heißt vor allem an die Nerven-Sinnestätigkeit zurückbinden. Dieser physiologische Angelpunkt unserer Freiheit, die Art der Vorstellungsbildung, die Art, wie wir die freien Bildekräfte unseres Ätherleibes nutzen, ist naturgemäß auch der Hauptangriffspunkt für die Wirksamkeit der Gegenmächte.

Die Ätherisation des Erdorganismus durch das Mysterium von Golgatha

Der Vorgang der Ätherisation kann noch weiter betrachtet werden. Rudolf Steiner schildert nämlich in diesem Zusammenhang auch, wie diese mikrokosmische Ätherisation unseres

Blutes ein makrokosmisches Vorbild hat, das sich mit dem Tod am Kreuz von Golgatha vollzogen hat.[29] Das am Kreuze fließende Blut des von dem Christus durchdrungenen Jesus von Nazareth verband sich mit dem gesamten Erdorganismus und strömt nun als ätherisiertes Blut weiterhin mit dem Leben unserer Erde mit.[30] Es hat sich gewissermaßen diese Lebenssubstanz des Christus-Jesus mit der Erde verbunden.

«So wie in der Gegend des menschlichen Herzens ein fortwährendes Verwandeln des Blutes in Äthersubstanz stattfindet, so findet ein ähnlicher Vorgang im Makrokosmos statt. Wir verstehen dieses, wenn wir unser Auge hinwenden auf das Mysterium von Golgatha und auf jenen Augenblick, in dem das Blut des Christus Jesus geflossen ist aus den Wunden. Dieses Blut darf nicht nur als chemische Substanz betrachtet werden, sondern es ist durch alles das, was geschildert worden ist als die Natur des Jesus von Nazareth, etwas ganz Besonderes. Und indem es ausfloss und hineinströmte in die Erde, ist unserer Erde eine Substanz gegeben worden, die, indem sie sich mit der Erde verband, ein Ereignis war, das ein bedeutendstes ist für alle Folgezeiten der Erde, und das auch nur einmal auftreten konnte. Was geschah mit diesem Blut in den folgenden Zeiten? Nichts anderes, als was sonst im Herzen des Menschen geschieht. Dieses Blut machte im Verlaufe der Erdenevolution einen Ätherisierungsprozess durch. Und wie unser Blut als Äther vom Herzen nach oben strömt, so lebt im Erdenäther seit dem Mysterium von Golgatha das ätherisierte Blut des Christus Jesus.»[31]

Deshalb kann der Christus-Jesus auch in den Lebensrhythmen unserer Erde beobachtet werden. Der Jahreslauf und sein Rhythmus von Einatmung im Winter und Ausatmung im Sommer ist in diesem Sinne auch der Atmungsvorgang der mit unserer Erde verbundenen Christus-Wesenheit.[32] Mit diesem Atmungsvorgang kann sich der Mensch nun vereinen.

«Dadurch, dass in dem Erden-Ätherleib das ätherische Blut des Jesus von Nazareth ist, strömt mit dem von unten nach oben, vom Herzen nach dem Gehirn strömenden ätherisierten Menschenblute dasjenige, was das ätherisierte Blut dieses Jesus von Nazareth ist, so dass nicht nur das zusammentrifft im Menschen, was früher geschildert worden ist, sondern es trifft zusammen die eigentliche menschliche Blutströmung und die Blutströmung des Christus Jesus. Aber eine Verbindung dieser beiden Strömungen kommt nur zustande, wenn der Mensch das richtige Verständnis entgegenbringt dem, was im Christus-Impuls enthalten ist.»[33]

Rudolf Steiner hat dazu, kurze Zeit nach dieser Aussage, eine meditative Grundlage in dem *Anthroposophischen Seelenkalender* geschaffen, durch die der Mensch das makrokosmische Ätherisierungsgeschehen nachvollziehen kann.[34]

Der ätherische Charakter imaginativer Erfahrungen

Bilden wir auf diese Weise Vorstellungen aus, die sich nicht mehr auf Physisch-Sinnliches, sondern auf Geistiges beziehen und verbinden wir uns zum Beispiel durch die Meditation des *Anthroposophischen Seelenkalenders* in unserer Gedankenwelt mit dem in den Rhythmen des Jahreskreislaufes lebenden Christusimpuls, dann wird dadurch ein Teil unseres Ätherleibes umgewandelt. Er verwandelt sich in individualisiertes Geistiges, in Lebensgeist. Die freien Bildekräfte gehen durch ihre Offenheit dem Atmungssystem gegenüber in unvergängliche, aber individualisierte geistige Kräfte über. Das erwachende Bewusstsein vom Ätherischen stellt zugleich einen Auferstehungsvorgang dar, durch den Leibliches in Geistiges, man könnte auch sagen Kosmisches, verwandelt wird.

«Der Mensch behält die Imaginationen nicht in sich; sie sind in das kosmische Sein eingezeichnet; und aus diesem kann er sie immer wieder in dem Bild-Vorstellungsleben abmalen. ... Was der Mensch von der Kraft des bewussten Imaginierens erlebt, das wird zugleich Welt-Inhalt. ... Die Christuskraft prägt die Menschen-Imagination dem Kosmos ein. Die Christuskraft, die mit der Erde verbunden ist.»[35]

Die auf diese Weise erworbenen Erfahrungen, die Rudolf Steiner als Imaginationen bezeichnet, stellen nun wiederum einen Gegenpol zu den unbewussten Imaginationen dar, aus denen unser ätherisches Ebenbild, unser Doppelgänger besteht. Dieser begleitet uns, weil wir gewissermaßen einen Teil unseres Gedächtnisses nicht in uns, sondern außerhalb von uns tragen. Es sind die unverarbeiteten, nicht bewussten Imaginationen, die Schattenseiten unseres Selbst, die hier aufbewahrt werden.

Die bewussten Imaginationen aber, die wir auf dem Wege der Ätherisation wie oben beschrieben erworben haben, prägen sich nun ebenfalls nicht unserem bewussten Gedächtnis ein und können deshalb auch nicht erinnert werden. Rudolf Steiner macht auf diese Tatsache der Nichterinnerbarkeit immer wieder als ein Qualitätsmerkmal imaginativer Erfahrungen aufmerksam. Daher müssen diese verwandelten Teile unseres Ätherleibes, diese imaginativen Eindrücke immer wieder neu erzeugt und aufgesucht werden.

Imaginative Erfahrungen sind ihrer Qualität nach ins Bewusstsein gehobene, sonst unbewusst bleibende Imaginationen. Wir haben diese auch sonst im Leben, auch in unserem Traumleben tauchen solche Eindrücke auf. Aber solange sie unbewusst bleiben, leben sie gewissermaßen nur ein Schattendasein. Werden sie aber ins Bewusstsein heraufgehoben und dann durch die Beschäftigung mit der anthroposophischen Geisteswissenschaft auch begrifflich festgehalten, dann können sie immer wieder neu aufgesucht, jedoch nicht erinnert werden. Erinnert werden können nur die in Begriffe verwandelten Vorstellungen.

«Man kann scheinbar ganz richtig einwenden: Wie kann man denn überhaupt wissen, dass irgendeine geistige Erfahrung neu ist, wenn man sich nicht erinnert? An die geistige Erfahrung kann man sich ebenso wenig erinnern, wie man sich nicht an gewisse Menschen erinnert, die man nicht vor sich hat. Das geistige Ereignis, das entschwindet, das wird nicht in der Erinnerung aufbewahrt. Nur dann, wenn man es umgewandelt hat in Begriffe, in Vorstellungen, erinnert man sich an die Vorstellungen.»[36]

Solche durch Meditation umgewandelten Teile unseres Ätherleibes vergehen nach dem Tode nicht mehr, weil sie nicht mehr leiblichen Charakter, sondern geistigen Charakter haben. Die herkömmlichen, auf die physische Außenwelt bezogenen Vorstellungen werden dem Ätherleib eingeprägt und werden nach dem Tode mit dem Teil des Ätherleibes, der von der Ätherwelt aufgenommen wird, abgelegt. Nicht so die geisteswissenschaftlichen Vorstellungen, durch die wir uns mit dem Christus-Impuls verbinden:

«Was geschieht mit demjenigen Teil im Ätherleib des Menschen, der das Christus-Licht in sich aufgenommen hat? Was geschieht mit ihm nach dem Tode? Was ist es überhaupt, was da als Folge des Christus-Impulses in den Ätherleib des Menschen sich nach und nach einlebt? ... Seit jener Zeit ist in den Ätherleibern der Menschen die Möglichkeit gegeben, dass in ihnen gleichsam als eine Wirkung des Christus-Lichtes etwas Neues auftritt, etwas auftritt, was Leben atmet, was unsterblich ist, was niemals dem Tode verfallen kann. Wenn es aber nicht dem Tode verfällt, so wird es, solange der Mensch auf der Erde noch dem Trugbild des Todes verfällt, gerettet sein vom Tode, wird es den Tod nicht mitmachen.»[37]

Wir könnten auch sagen, sich mit dem Christus-Impuls in seinen Gedanken zu verbinden heißt, einen Teil seines Ätherleibes in Lebensgeist umzuwandeln.

Eine «Ökologie der höheren Welten»

Schauen wir zurück auf den behandelten Zusammenhang, so erblicken wir in einer ersten Überschau den Lebenszyklus unseres Ätherleibes:

- Auf der Grundlage der Ätherisation unseres Blutes kann der Astralleib die freien Kräfte des Ätherleibes nutzen. Es bilden sich unsere Gedanken und Vorstellungen aus und können im Gedächtnis aufbewahrt werden.
- Nach unserem Tode wird dieses ätherische Geflecht unseres Ätherleibes mit all seinen Erinnerungen, aber auch mit allen unbewussten Eindrücken von unserem ätherischen Gegenbild in der Elementarwesenwelt entgegengenommen und nun Stück für Stück der allgemeinen Äthersubstantialität «ingebunden», d.h. zumindest teilweise in ätherische Lebenskräfte zurückverwandelt.
- Es findet eine Art von «Ernte» statt. Die Götter können heute die Welt nicht mehr durch ihre eigenen Gedanken vorwärts bringen, sondern nur durch die Gedanken, die wir Menschen, in die hinein sie alle ihre Kräfte verausgabt

haben, ausbilden. Das, was gut ist an dieser Ernte, können die Götter für die weitere Evolution der Welt weiterverarbeiten. Das Schlechte aber kann nicht übernommen werden. Es bleibt mit unserem ätherischen Ebenbild, dem Doppelgänger verbunden, an dessen Umwandlung wir in einem folgenden Erdenleben weiter arbeiten müssen.

– Jedoch wird nicht der ganze Ätherleib «ingebunden». Der Teil, der von uns selbst durch geistige Arbeit vom Leiblichen in Lebensgeist umgewandelt werden konnte, wird «konserviert» und bleibt uns als Same für ein zukünftiges Erdenleben. Darin besteht die belebende, zukünftige Kraft des vom Leibe befreiten «Heiligen Geistes».

So können wir in diesem Kreislauf unseres Ätherleibes eine Art «Ökologie der höheren Welten» erblicken, die uns eine enorme Verantwortung nicht nur für den Fortgang der Evolution («Ernte»), sondern auch für unser eigenes zukünftiges Erdenleben («Samen») auferlegt. Daran schließt sich nun aber eine weitere, gewissermaßen «ökologische» Fragestellung.

Rudolf Steiner bezeichnet die ätherische Welt als die nächste, an die physische Welt unmittelbar angrenzende Sphäre,[38] weshalb er auch immer wieder darauf hinweist, dass die Welt der Verstorbenen nicht irgendwo weit weg sei, sondern ständig um uns herum, wie die Luft, die uns umgibt. Wenn wir also auf unsere äußere Umgebung und vor allem die Natur hinblicken, müssen wir dann nicht auch in ihr die hier beschriebene ätherische Wirksamkeit der Verstorbenen gewissermaßen wie im Hintergrund ständig anwesend suchen? Eine entscheidende Aussage Rudolf Steiners weist uns deutlich auf diesen Zusammenhang hin:

«Man kann sagen, die Menschen gestalten während der Zeit

vom Tode bis zu einer neuen Geburt die Erde so um, dass deren Verhältnisse zu dem passen, was sich in ihnen selbst entwickelt hat. Wenn wir einen Erdenfleck betrachten in einem bestimmten Zeitpunkt und dann nach langer Zeit wieder in einem völlig veränderten Zustande, so sind die Kräfte, welche diese Veränderung herbeigeführt haben, bei den toten Menschen.»[39]

Dadurch würde also eine Art ätherischer Kreislauf gebildet, eine Art von «Ökologie der höheren Welten». Rudolf Steiner spricht in diesem Zusammenhang auch davon, dass die äußeren Naturkatastrophen hiermit im Zusammenhang stehen und dass somit das Verhalten der Menschen unmittelbar Einfluss nimmt auf die äußeren Naturerscheinungen.[40] Die vom Menschen in Gedächtnis- und Vorstellungskräfte umgewandelten Lebenskräfte werden also nach dem Tod wieder in solche Lebenskräfte zurückverwandelt. Sie sind aber durch das Bewusstsein des Menschen hindurchgegangen und damit vom Menschen durchdrungen, es sind jetzt gewissermaßen «moralische Naturkräfte».

Wir haben nun also gesehen, welche enormen Entwicklungsmöglichkeiten für jeden Menschen mit der Welt des Ätherischen verbunden sind. Dabei kann die Frage entstehen: Warum wissen wir denn von all diesen Dingen, die sich da entwickeln können, nicht viel mehr? Warum erwachen wir mit unserem Bewusstsein nicht im Ätherischen? Und damit kommen wir zu der eingangs in der Einführung schon erwähnten Stelle aus Goethes *Faust*. Dem Menschen sind seiner Entwicklung sich widersetzende Mächte an die Seite gestellt worden, die verhindern wollen, dass dieser hier beschriebene Bereich des Ätherischen bewusst wahrgenommen und gepflegt wird.

II. Der Sturz der Geister der Finsternis und die Bedrohung des ätherischen Bewusstseins

Ein Kampf in der geistigen Welt – der Beginn des Michael-Zeitalters

Mit der eingangs erwähnten Stelle aus Goethes Faustprolog stellt sich die Frage nach dem Sinn und dem Wesen des Bösen. Rudolf Steiner macht in dem jetzt zu schildernden Zusammenhang des Sturzes der Geister der Finsternis immer wieder darauf aufmerksam, dass es sich dabei um ein für die Menschheitsentwicklung notwendiges Geschehen handelt, weil das Gute, das Zukünftige sich nur in der Auseinandersetzung mit dem Bösen, das heißt auch der Erkenntnis des Bösen, entwickeln kann.

«Nun wissen wir, dass seit dem Jahre 1879 die dem Menschen nächststehenden Geister der Finsternis, die dem Reiche der Angeloi angehören, im Menschenreiche selber wandeln, weil sie aus der geistigen Welt in das Menschenreich herabgestoßen worden sind und nun in den menschlichen Impulsen drinnen vorhanden sind, durch die menschlichen Impulse wirken. Ich sagte, gerade durch dieses, dass dem Menschen so nahestehende Wesen auf unsichtbare Art unter den Menschen wirken und der Mensch durch die hereinspielenden Kräfte des Bösen abgehalten ist davon, das Spirituelle mit der Vernunft anzuerkennen – denn das ist wiederum die damit zusammenhängende Aufgabe des fünften nachatlantischen Zeitraums –, gerade dadurch werden diesem fünften nachatlantischen Zeitraum viele Gelegenheiten gegeben, sich finsteren Irrtümern und dergleichen hinzugeben. Es muss gewissermaßen der Mensch sich dazu bequemen, in diesem fünften nachatlantischen Zeitraum das Spirituelle durch seine Vernunft zu erfassen. Geoffenbart wird es schon; dadurch, dass die Geister der Finsternis 1879 besiegt worden sind, dadurch wird immer mehr und mehr spirituelle Weisheit aus den geistigen Welten herunterfließen können.»[1]

Das Bewusstsein von der geistigen Welt, das spirituelle Bewusstsein und mithin das oben beschriebene neue Bewusstsein vom Ätherischen kann sich also nur dadurch ausbilden, dass gewisse Geister, die vorher in der geistigen Welt, nämlich im Bereich des Ätherischen wirksam waren, gewissermaßen ins Irdische, in die Welt des menschlichen Alltagsbewusstseins herabgestürzt wurden.

«Das alles kann natürlich nicht zum Jammern oder irgend so etwas Anlass geben, sondern zu einer Stärkung der Kraft und Energie der Menschenseele nach dem Spirituellen hin.

... ein Kämpfer um das Spirituelle muss der Mensch sein in dieser fünften nachatlantischen Zeit; erleben muss er, dass seine Kräfte erschlaffen, wenn er sie nicht fortwährend im Zaume hält für die Eroberung der spirituellen Welt.»[2]

Damit haben wir genau dieselbe Aussage vor uns wie bei Goethe:

> Des Menschen Tätigkeit kann allzu leicht erschlaffen,
> Er liebt sich bald die unbedingte Ruh;
> Drum geb ich gern ihm den Gesellen zu,
> Der reizt und wirkt, und muss, als Teufel schaffen.[3]

Um was für Geister handelt es sich nun konkret bei dem, was hier als «Geister der Finsternis» bezeichnet wurde? Dazu müssen wir Rudolf Steiner folgend etwas weiter ausholen. In seinen Vorträgen im Herbst 1917, aus denen wir hier immer wieder zitieren werden, stellt er in einem großen historischen Bogen den Zusammenhang her zwischen dem aktuellen Kriegsgeschehen 1917 und dessen geistigen Ursachen. Schon um die Jahreswende 1916/17 hatte er in seinen zeitgeschichtlichen Betrachtungen auf diese Ursachen hingewiesen.[4]

Im Herbst 1917 kam er nun erneut auf diese Ursachen zu sprechen und charakterisierte dabei die Geister der Finsternis als eine Kategorie von ahrimanischen, den Menschen nahestehenden Angeloi-Wesen. Er wies aber zugleich darauf hin, dass man diese nicht definieren könne, weil sie in früherer Zeit andere Aufgaben hatten. Besonders zu Beginn der Neuzeit waren sie verantwortlich für alles individuelle Aufbegehren, für alles Freiheitsstreben der Menschen. Bis in diese Zeit hinein lenkten nämlich die Geister des Lichtes, also die guten, den Menschen vorwärts leitenden Geister die Geschicke der Menschen im Wesentlichen durch Blutszusammenhänge, durch Völker- und Stammeszusammenhänge. Das heißt die Kulturentwicklung beruhte im Wesentlichen auf vererbbaren Merkmalen, nicht auf Individualitätsmerkmalen.

Schon früh hat Rudolf Steiner auf den hier gemeinten Zusammenhang in seinem «Soziologischen Grundgesetz» hingewiesen:

«Die Menschheit strebt im Anfange der Kulturzustände nach Entstehung sozialer Verbände; dem Interesse dieser Verbände wird zunächst das Interesse des Individuums geopfert; die weitere Entwicklung führt zur Befreiung des Individuums von dem Interesse der Verbände und zur freien Entfaltung der Bedürfnisse und Kräfte des Einzelnen.»[5]

Das heißt, alle Kultur beruhte ursprünglich auf Gemeinschaften, nicht auf individuellen Impulsen. Und die gemeinschaftlichen Merkmale wurden durch Tradition und Vererbung weitergegeben. Noch bis ins 19. und sogar 20. Jahrhundert hinein kannte man diese Form der Traditionskultur zum Beispiel in dem Ständewesen. Alle beruflichen Tätigkeiten der Menschen waren traditionsgebunden und wurden vom Vater auf den Sohn vererbt. So unterschieden sich in früheren Zeiten, je länger wir zurückgehen umso weniger, die einzelnen Biografien der Menschen auch nur wenig voneinander. Der Sohn machte das, was er vom Vater gelernt hatte, genau in derselben Weise.

Erst mit Beginn der Neuzeit werden nun individuelle Züge in der Entwicklung immer deutlicher. Die einzelnen Menschen befreien sich von den familiären, ständischen oder sonstigen Bindungen und suchen ihr individuelles Schicksal zu gestalten. Dieses Sichauflehnen wurde laut Rudolf Steiners Darstellungen immer inspiriert von den damals noch in diesem Bereich wirkenden Geistern der Finsternis.

Mit dem Jahre 1879 aber übernahmen diese Freiheitsimpulse nun die Geister des Lichtes. Sie lösten sich von ihrem ursprünglichen Impuls und überließen diesen nun den Geistern der Finsternis:

«Die regelrecht fortwirkenden Geister des Lichtes haben genug getan in der Festlegung der Blutsbande, der Stammes-, der Rassenbande und so weiter, denn in der Entwickelung hat alles seine bestimmte Zeit. Dasjenige, was gefestigt worden ist in der Menschheit durch die Blutsbande, dem ist genug geschehen in der allgemeinen gerechten Weltenordnung. So dass seit dieser neueren Zeit die Geister des Lichtes sich so wandeln, dass *sie* jetzt den Menschen inspirieren, freie Ideen, Empfindungen, Impulse der Freiheit zu entwickeln, dass *sie* es sind, die den Menschen auf die Grundlage seiner Individualität stellen wollen. Und die den alten Geistern der Finsternis verwandten Geister, die bekommen jetzt nach und nach die Aufgabe, in den Blutsbanden zu wirken.»[6]

Deshalb spricht nun Rudolf Steiner auch davon, dass seit dem Jahre 1879 jegliches Sichstützen auf Rassen, auf Volkszusammenhänge usw. nur noch Niedergangsimpulse mit sich bringen kann:

«Da ist wiederum ein Punkt, an dem man wachsam sein muss. Und insbesondere kann man den gegenwärtigen Zeitpunkt nicht verstehen, wenn man nicht weiß, was für ein Austausch von Funktionen gerade im letzten Drittel des 19. Jahrhunderts sich vollzogen hat. Ein Mensch noch des 14. Jahrhunderts, der gesprochen hat von dem Ideal der Rassen, von dem Ideal der Nationen, der hat gesprochen aus den fortschreitenden Eigenschaften der menschlichen Entwickelung heraus; ein Mensch, der heute von dem Ideal von Rassen und Nationen und Stammeszusammengehörigkeiten spricht, der spricht von Niedergangsimpulsen der Menschheit.»[7]

Rudolf Steiner weist damit bereits 1917 auf das sich abzeichnende Heraufkommen des Nationalsozialismus hin, der genau in diesem Sinne wirksam war. Er war aber durch das, was sich im 19. Jahrhundert vor allem im Bereich der Medizin entwickelt hatte, vorbereitet worden. Darauf werden wir weiter unten noch genauer eingehen.

Wodurch aber war der Sturz der Geister der Finsternis eingeleitet worden? Rudolf Steiner spricht hier von dem Jahr 1841 und zeichnet dazu eine Linie:

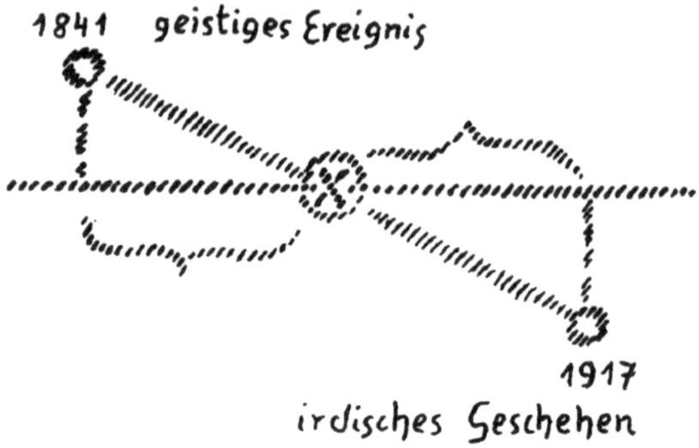

Abb. 2: Der Sturz der Geister der Finsternis im historischen Kontext.

Er beschreibt nun das Geschehen zwischen 1841 und 1879, das dem Anbruch der Michael-Herrschaft voranging, als eine Art Abbild des auch in der Apokalypse beschriebenen Drachenkampfes. Um seine Herrschaft als Zeitgeist ab 1879 vorzubereiten, musste Michael die Geister der Finsternis auf die Erde, das heißt in das irdische Bewusstsein der Menschen stürzen. Achtunddreißig Jahre lang dauerte dieser Kampf, und das, was sich auf Erden im zweiten Drittel des 19. Jahrhunderts, seit 1841 im Gedankenleben äußerte, war bereits ein Abbild dieses Kampfes.

1879 ist dieser Kampf in der ätherischen Welt beendet, Michael hat die Geister der Finsternis besiegt, und sie wirken fortan unter den Menschen, und zwar in zweifacher Weise, wie wir gleich noch sehen werden. Und achtunddreißig Jahre nach 1879, also 1917, finden sich dann die irdischen Folgen dieses Sturzes ausgeprägt.

Rudolf Steiner war wohl der erste, der auf die enorme Bedeutung des Epochenjahres 1917 für die weitere Entwicklung des 20. Jahrhunderts hingewiesen hat. Alles, was sich an Spaltungen, an totalitären, diktatorischen, sich auf Rassen- und

Volkszusammenhängen begründenden Kriegen und Zerstörungen im 20. Jahrhundert abgespielt hat, geht letztlich auf das Jahr 1917 zurück, hat aber seine Vorbereitung durch das erfahren, was sich seit dem Jahr 1841 in der Gedankenentwicklung der Menschheit, insbesondere in Europa vollzogen hat.[8]

«Die den Impulsen des Michael entgegen strebenden Geister der Finsternis sind dazumal aus dem geistigen Reiche in die Reiche der Menschen herabgestürzt worden und walten seit jener Zeit, wie ich gesagt habe, in den Empfindungs-, Willens-, Gemütsimpulsen der Menschen, so dass man die Ereignisse der Gegenwart nur versteht, wenn man auf diese gewissermaßen unter uns wandelnden geistigen Mächte den Seelenblick lenken kann.»[9]

Und als eigentlichen Ausdruck dieses Sturzes kennzeichnet Rudolf Steiner nun den seit den 40er-Jahren des 19. Jahrhunderts immer mehr sich ausbreitenden Materialismus. Dieser prägte sich jedoch in zweifacher Weise aus: Nämlich zum einen in den schon gekennzeichneten rassistischen und sich auf Volkszusammenhänge stützenden totalitären Impulsen, die u.a. vor allem in Deutschland in der Medizin des 19. Jahrhunderts ihren Ausgangspunkt nahmen, und zum anderen in jener von England und Amerika ausgehenden spiritistischen Bewegung, die versuchte, das Spirituelle materialistisch erscheinen zu lassen.

Die Angeloi und das Gedankenleben der Menschen

Was für Geister meint Rudolf Steiner, wenn er von den Geistern der Finsternis spricht? Er bezeichnet sie ja als zum Reiche der Angeloi gehörig. Was für ein Bewusstsein haben die Angeloi?

Da ein Engel keinen physischen Leib hat, als unterstes Wesensglied also den Ätherleib besitzt, lebt er, wenn er Gedanken ausbildet, unmittelbar in der Sphäre des Ätherischen, wie wir sie im ersten Kapitel beschrieben haben und wie sie beim Menschen am deutlichsten im Moment des Todes auftritt. Alles, was der Mensch an Gedanken, Gefühlen und Willensimpulsen auf Erden ausgebildet hat, tritt im Moment des Todes, wo der physische Leib sich abtrennt und stirbt, in einem Lebenspanorama vor die Seele des Menschen: «Zum Raum wird hier die Zeit». Alles, was bisher nur nacheinander, in zeitlicher Abfolge gedacht worden ist, tritt nun *gleichzeitig* in Erscheinung. Das ist eben der Charakter des Ätherischen, dass die für uns zeitlich nacheinander erscheinenden Prozesse hier wie räumlich gleichzeitig in ihrem aufeinander bezogenen Geflecht und Zusammenhang auftreten. Ein solches zusammenhängendes, geflechtartiges Gebilde, eine kraftende Zeitgestalt ist unser Ätherleib.

Ein Engel, der nun keinen physischen Leib besitzt, lebt also mit seinen Gedanken permanent in diesem Raum bzw. «Gegenraum» des Ätherischen. Bei ihm treten also die Gedanken nicht nacheinander, sondern gleichzeitig auf, sind also in einer Art Panorama immer überschaubar. Außerdem braucht der Engel den Ätherleib nicht zum Aufbau eines physischen Leibes und kann daher alle seine Kräfte ganz der Gedankentätigkeit widmen. Damit ist nun eine Überschau und Vorausschau gegeben, die es dem den Menschen begleitenden persönlichen Engel, dem Schutzengel, aus einer hellsichtigen Überschau heraus ermöglicht, sein Schicksal zu lenken.

Wird nun ein solches Wesen zu einem «Geist der Finsternis» und stürzt aus der Welt des Ätherischen in den Bereich des Irdischen, sprich des menschlichen Bewusstseins, so geht damit auch diese Überschau verloren. Aus dem ätherischen

Geflecht des Lichtes und der Überschau, des Gleichzeitigen, stürzt ein solcher Engel in jenen Bereich unseres irdischen Bewusstseins, wo das durch das Materielle bedingte Nacheinander herrschend ist. Die Erzeugung einer solchen Verdunklung gehört nun zu den wesentlichen Eigenschaften jenes Wesens, das Rudolf Steiner als Ahriman bezeichnet. Denn Ahriman möchte das Bewusstsein der Menschen an das Irdische fesseln. Er will mit Hilfe der Geister der Finsternis das Ätherische für den Menschen verdunkeln.

Dieses Ziel kann Ahriman erst seit dem Zeitpunkt erreichen, wo die Gedanken der Menschen ihren Sitz tatsächlich im physischen Leib angenommen haben. Denn vor Beginn der Neuzeit dachten die Menschen noch nicht mit ihrem physischen Gehirn, sondern mit ihren Ätherleibern. Das heißt, die Gedanken waren noch nicht so mit dem Nerven-Sinnes-System verbunden wie heute. Seit Beginn der Neuzeit jedoch spiegeln sich die Gedanken am physischen Leib, die lebendigen Begriffe werden durch ihre Bindung an das Nerven-Sinnes-System im Erleben herabgelähmt, und wir können dadurch die materiellen Vorgänge genau erforschen und begreifen.[10] Das im Ätherleib webende Gedankenleben wird durch den physischen Leib gewissermaßen begrenzt und abgedämpft.[11]

Daher geht es für den Menschen gegenüber der ahrimanischen Macht nun darum, die mit dem materiellen Bewusstsein verbundene Verfinsterung durch das Erwachen für das Ätherische zu überwinden und für die eigentliche Qualität seiner Gedanken zu erwachen. Aber gerade dieses wollen jene Geister der Finsternis, jene Angeloiwesen verhindern, die nun diesen Bereich des Ätherischen verlassen mussten und daher nur noch im Irdischen, im Bereich unseres materiellen Bewusstseins wirksam sind. Und zwar mussten sie diesen Bereich des Ätherischen deshalb verlassen, weil sie in ihrem Wesen bereits ahrimanisch tingiert waren und dadurch den reinen Charakter der Ätherwelt verdunkelten.

Durch ihren Sturz ergibt sich nun eine Verstärkung, ja eine Art von «Rückkoppelung» des materiellen Bewusstseins, und wir werden gleich sehen, wie exakt sich diese «Rückkoppelung» nun historisch seit dem Jahr 1841, also dem Beginn des Sturzes dieser Angeloi, nachweisen lässt.

Das Wesen Michaels

Warum aber stürzt Michael diese Geister? Was für ein Wesen ist Michael? Rudolf Steiner schildert ihn immer wieder als einen «Gedankenfürsten», als den eigentlichen Herrscher und Verwalter der «kosmischen Intelligenz».[12] Michael ist ein Erzengel, steht also eine Stufe über den Engeln, er umfasst in seinem Bewusstsein das, was die Engel insgesamt an Bewusstsein haben. Er schaut nicht nur auf das Einzelbewusstsein eines Menschen, sondern er überschaut die Bewusstseine aller Menschen. Indem er nun im Jahr 1879 die Herrschaft als Zeitgeist antritt, wird er der Geist des Bewusstseinsseelenzeitalters. Er überschaut mithin alles, was mit der Bewusstseinsentwicklung der Menschen verbunden ist.

Aber er hat die direkte Herrschaft über dieses Bewusstsein verloren, denn die Intelligenzkräfte sind eben nun in der Herrschaft der Menschen, mit der Gefahr, dass sich Ahriman ihrer bemächtigt. Solange aber ahrimanisch tingierte Angeloiwesen, eben jene Geister der Finsternis, sich in der Welt des Ätherischen befanden, in jener Welt des eigentlichen Gedankenwesens, konnte den Menschen von dieser Sphäre des Ätherischen aus nicht geholfen werden.

Und nun tut Michael etwas, was ganz und gar seinem Wesen entspricht: Er wirkt nicht hinein in das menschliche Bewusstsein, er respektiert wie kein anderes Wesen die menschliche Freiheit, aber er wirkt durch sein *Vorbild*. Er reinigt also die ätherische Welt und stürzt die Geister der Finsternis ins Irdische, das heißt in den Bereich des irdischen Bewusstseins der Menschen, damit die Menschen sich auf der anderen Seite dem rein gewordenen Ätherischen zuwenden, das heißt aber, das materialistische Bewusstsein überwinden können.

Michael geht also gewissermaßen das Risiko ein, dass dieser Sturz der Geister der Finsternis die Menschen betäuben und im irdischen Bewusstsein fesseln könnte. Um diesem Risiko nun zu begegnen, lässt er seit dem Beginn seiner Herrschaft 1879 eine Wissenschaft entstehen, die in Form *reiner Gedanken* sich an die Menschen wendet und ihnen den Blick in die geistige Welt eröffnet. *Das ist die Geisteswissenschaft Rudolf Steiners!* Diese Botschaft musste in *gedanklicher Form* an die Menschen herangebracht werden, weil im Reich der Gedanken der Kampf um das ätherische Bewusstsein, das heißt der Kampf um die geistige Natur des menschlichen Bewusstseins, gekämpft werden muss:

«... ein Kämpfer um das Spirituelle muss der Mensch sein in dieser fünften nachatlantischen Zeit; erleben muss er, dass seine Kräfte erschlaffen, wenn er sie nicht fortwährend im Zaume hält für die Eroberung der spirituellen Welt.»[13]

Nur indem die Menschen also dem Vorbild Michaels folgen, können sie die Macht der Geister der Finsternis besiegen. Daher besteht das Erwachen des Bewusstseins für das Ätherische, das Erwachen für den geistigen Gehalt, der in der denkenden Tätigkeit vom Menschen selbst hervorgebracht wird,[14] in einer

Auseinandersetzung mit dem Materialismus, in dem sich jene Geister sozusagen ihr Reich geschaffen haben.

Die zweifache Wirksamkeit des Bösen seit der Mitte des 19. Jahrhunderts

Seit dem Jahr 1841 bildet sich nun in der Folge der oben beschriebenen Vorgänge der Materialismus aus, und zwar in zweifacher Weise: Zum einen wird der Mensch selbst vor allem durch die medizinische Anthropologie immer mehr als ein rein materielles Wesen, das auf physikalischen Prinzipien beruht und daher auch von einem rein physikalischen mechanistischen Prinzip aus beherrscht, das heißt medizinisch behandelt werden kann, begriffen. Diese Entwicklung vollzog sich vor allem von Mitteleuropa aus.

Zum anderen wird alles Spirituelle, vor allem der Bereich des Ätherischen und insbesondere die Welt der Verstorbenen in das Materielle, physisch-sichtbar zu Erfassende hinuntergezogen. Das geschieht durch den Spiritismus vor allem von England und Amerika aus. Eine Art von spirituellem Materialismus breitete sich immer mehr aus.

Beide Entwicklungen wirkten sich in ihren Konsequenzen im 20. Jahrhundert in massivster Form aus. Die materialistische Medizin führte zu den Gedanken der Rassenhygiene, der Reinerhaltung des Erbgutes, der Eugenetik und damit zum Genozid und dessen Umsetzung in den Jahren von 1933 bis 1945. Der spirituelle Materialismus hingegen bemächtigte sich vor allem der Welt der Medien, der Literatur, des Films und schließlich der digitalen Medienwelt, in der er sich nun im 21. Jahrhundert immer weiter entfalten kann.

Die materialistische Medizin und ihre Folgen: Johannes Müller und seine Schüler

Wenn wir auf die Entwicklung des Materialismus in der Geschichte der Physiologie und der Medizin des 19. Jahrhunderts blicken, fällt auf, dass die maßgeblichen Forscher, die dazu etwas beigetragen haben, praktisch ausnahmslos Schüler eines Mannes waren, des berühmten Physiologen Johannes Müller (1801–1858). Zu seinen Schülern gehörten der Physiologe und Physiker Hermann von Helmholtz (1821–1894), der Physiologe Emil Du Bois-Reymond (1818–1896), der Anthropologe und Pathologe Rudolf Virchow (1821–1902), vor allem aber der Zoologe und Evolutionsbiologe Ernst Haeckel (1834–1919). Johannes Müller war wohl derjenige Naturforscher, der die strenge wissenschaftliche Forschung, die rein auf Beobachtung und Experiment beruht, am konsequentesten in die Physiologie hereingetragen hat. An der entscheidenden Stelle, nämlich der Beachtung des Unterschieds zwischen den Prinzipien des Organischen und des Unorganischen machte er jedoch darauf aufmerksam:

«Gleichwohl lässt sich schon auf bloßem Erfahrungswege die Wirksamkeit der organischen Wesen von jeder anderen auf eine so scharfe Weise trennen, dass, wer jemals diesen Unterschied klar gefasst, für immer behütet sein wird, Erklärungen aus der Physik und Chemie, welche auf das Leben des Organismus angewandt werden, für Erkenntnis dieses Lebens selbst zu halten.»[15]

Müller hatte in seinem Wesen etwas Priesterliches, ja er betrachtete die Naturforschung als einen religiösen Akt, und er betrachtete Goethe und Humboldt als seine Vorbilder. Müller resignierte jedoch im Laufe seines Lebens immer mehr und kam endlich zu der Auffassung:

«Eine Lösung der letzten Fragen, die wir für uns und Andere benutzen könnten, haben wir gesucht. Aber wir haben diejenige Lösung nicht vor uns, die wir mit dem Gang der Erfahrungswissenschaft ohne weiteres vereinbaren können. ... Die Physiologie befindet sich jetzt in einer Periode ihrer Entwicklung, welche der Aufnahme vorzugsweiser spekulativer Forschungen auf lange Zeit nicht günstig ist.»[16]

Müllers Wesen als Lehrer bestand nun darin, dass er seine Schüler in ihrer Eigenart gewähren und sich vollkommen frei entwickeln ließ. Und da er selbst zu einer wirklich neuen Anschauung des Organischen nicht mehr vordringen konnte und gewissermaßen resignierte, überließ er seine Schüler dem ihnen vorgezeichneten Weg des Materialismus. Als Du Bois-Reymond ihm einmal Dank sagen wollte, sagte er ihm unvermutet: «O gehen Sie doch, Sie stehen auf einem ganz anderen Standpunkt.»[17]

Dieser «andere» Standpunkt wurde nun von Du Bois-Reymond, Helmholtz und Virchow in den Jahren von 1841 bis 1879 massiv geltend gemacht und vorangetrieben. So äußerte sich Du Bois-Reymond 1842: «Brücke[18] und ich, *wir haben uns verschworen*, die Wahrheit geltend zu machen, dass im Organismus keine anderen Kräfte wirksam sind als die genauen physikalisch-chemischen.»[19] Rudolf Virchow fügte als das Ideal der neuen Medizin hinzu: «Die neueste Medizin hat ihre Anschauungsweise als die mechanische, ihr Ziel als die Feststellung einer Physik der Organismen definiert.»[20] Und: «Überall, wohin wir blicken, Kausalität, Notwendigkeit, Gesetzmäßigkeit.»[21]

Herrmann von Helmholtz fasste diese Ausrichtung der Medizin 1869 unter dem gemeinsamen Ziel aller Naturwissenschaften zusammen: «Das Endziel der Naturwissenschaften ist es, die allen Veränderungen zugrunde liegenden Bewegungen und deren Triebkräfte zu finden, also sich in Mechanik aufzulösen.»[22]

Peter Selg hat in seiner Studie zur Entwicklung der medizinischen Anthropologie im 20. Jahrhundert und deren Vorgeschichte im 19. Jahrhundert überzeugend dargestellt, wie diese einseitig materialistische Auffassung der Medizin sich in der zweiten Hälfte des 19. Jahrhunderts nun mit den Auffassungen des Sozialdarwinismus vereinigte. So beklagte bereits Darwin, dass der Fortschritt der Medizin das Prinzip der natürlichen Auslese konterkariere, und sein deutscher Anhänger Ernst Haeckel, ebenfalls Schüler von Johannes Müller, trat in der zweiten Ausgabe seiner *Natürlichen Schöpfungsgeschichte* 1870 erstmals deutlich für das Prinzip der positiven Selektion ein und nannte dazu die Spartaner als Vorbild, die schwache und auffällige Kinder ermordet, das heißt, eine sorgfältige Musterung und Auslese betrieben hätten.[23]

Diese Anschauungen waren zur Zeit Haeckels zwar nicht mehrheitsfähig und gesellschaftlich noch nicht anerkannt, sie wurden aber unter der Hand weiter verfolgt. So propagierte 1895 der Mediziner Alfred Ploetz, der sich als «Rassehygieniker» bezeichnete, ein positives Selektionsprinzip zur «Erhaltung der Tüchtigkeit unserer Rasse». Er wollte erreichen, dass sich die Medizin nicht «individualhygienisch», sondern «rassenhygienisch» orientieren sollte. «Rassenwohl» sollte vor «Einzelwohl» gehen.[24]

Ernst Haeckel übergab dann 1900 ein Preisausschreiben der Öffentlichkeit, in dem gefragt wurde: «Was lernen wir aus den Prinzipien der Deszendenztheorie in Bezug auf die innere Entwicklung und Gesetzgebung der Staaten?» Den Preis erhielt eine Schrift des Arztes Wilhelm Schallmayer mit dem Titel

«Vererbung und Auslese im Lebenslauf der Völker», in der er darlegte, dass unter dem Gesichtspunkt der Volksentartung und Volkseugenik das höchste Gut einer Nation ihr organisches Erbgut sei.[25]

Diese fatale Mischung von durch die Fortschritte der Medizin erreichter naturwissenschaftlich-materialistischer Machbarkeit und den sozial-darwinistischen und nun auch rassistischen Anschauungen entspricht auf genaue Weise dem, was Rudolf Steiner 1917 als die Folgen des Sturzes der Geister der Finsternis beschrieben hat. Er sprach hier also nicht einfach nur über ein Ergebnis seiner übersinnlichen Forschung, sondern er kannte die materialistische Entwicklung der Medizin und des Darwinismus so genau wie kaum ein anderer. Die Ärzte wies er in seinen Medizinerkursen deshalb mehrfach auf diese Entwicklung hin:

«Also in diesen zwei Jahrzehnten, in den vierziger und fünfziger Jahren des neunzehnten Jahrhunderts, geht die alte Anschauung, die universeller ist, ihrem letzten Ende entgegen und dämmert dasjenige auf, was atomistische medizinische Anschauung ist. Und das ist voll da, als 1858 die ‹Zellularpathologie› von *Virchow* erscheint.»[26]

Und in einem seiner letzten Vorträge weist er erneut auf diesen Zeitpunkt hin:

«Alles in Bezug auf den Materialismus war eigentlich 1843/44 schon entschieden. Das weitere war im Grunde genommen Auswirkung und wird noch weiter Auswirkung sein. Aber für das, was über die zivilisierte Menschheit Europas und ihres amerikanischen Anhangs gekommen ist, ist schon der Zeitpunkt im Beginn der vierziger Jahre von einer unendlich großen Bedeutung, weil damals das Hereinbrechen der ahrimanischen Mächte in die Menschheitsangelegenheiten ein ungeheuer intensives war. ... Dann haben die Menschen weitergewirtschaftet, und das, was die Menschen weitergewirtschaftet haben, ist zwar äußerlich scheinbar manchmal viel hässlicher, aber für die Gesamtheit der menschlichen Evolution nimmt es sich nicht so grässlich aus; und wenn man es vom Gesichtspunkt des Spirituellen betrachtet, ist es Auswirkung dessen, was projektiert war im Beginn der vierziger Jahre des 19. Jahrhunderts durch Ahriman.»[27]

Der Sturz der Geister der Finsternis bewirkte das materialistische Denken in der Medizin, das sich dann mit den gleichfalls materialistischen, sozial-darwinistischen Anschauungen verbündete und nun tatsächlich das von Steiner bezeichnete «Pochen auf Stammes-, Volks- und Rassenzusammenhängen» hervorbrachte. Er warnte deshalb 1917 mit den deutlichen Worten:

«Denn durch nichts wird sich die Menschheit mehr in den Niedergang hineinbringen, als wenn sich die Rassen-, Volks- und Blutsideale fortpflanzen.»[28]

Damit haben wir die eine Seite dieses Sturzes der Geister der Finsternis beschrieben, der nun im 20. Jahrhundert, ausgehend von Mitteleuropa, den bis dahin schlimmsten Niedergang der Menschheit herbeiführte. Das materialistische Denken hatte in der Tat durch die oben beschriebene Wirksamkeit jener ahrimanisch tingierten Angeloi eine massive Verstärkung, ja «Rückkoppelung» erfahren, die sich im Laufe von nur einhundert Jahren in destruktivster Form zum Ausdruck brachte.

In tragischster Weise wirkten sich dadurch die vergeblichen Bemühungen Johannes Müllers um eine geistige Anschauung des Menschen und die im Sinne eines Fortschrittes der Medizin zum Wohle des Menschen gemachten naturwissenschaftlichen Entdeckungen seiner Schüler aus. Natürlich darf man dabei nicht eine direkte Linie zwischen etwa Rudolf Virchows oder Ernst Haeckels hier zitierten Anschauungen und dem, was sich dann zwischen 1933 und 1945 in der Realität vollzogen hat, ziehen. Keiner dieser Forscher war Nationalsozialist und hat bewusst gewollt, was dann geschehen ist. Im Gegenteil, hier bestand hauptsächlich die Absicht, für den Fortschritt der Medizin das Beste zu erreichen. Jedoch zeigt sich gerade an der Entwicklung des Materialismus auf dem Gebiet der medizinischen und der biologischen Anthropologie, welche fatalen Folgen diese Anschauungen in letzter Konsequenz und im Sinne der von Rudolf Steiner beschriebenen Geister der Finsternis nach sich gezogen haben.[29]

Und heute?

Nach dem Zusammenbruch der auf Rassenwahn und Volkstumsglauben aufgebauten Ideologie des Nationalsozialismus aber auch der anderen in Europa im 20. Jahrhundert herrschenden totalitären und nationalistischen Regime schien dieser schreckliche Spuk als Auswirkung des Sturzes der Geister der Finsternis vorbei zu sein. Hat damit aber diese Wirkung der Geister der Finsternis aufgehört?

Nun weist Rudolf Steiner in seinen zeitgeschichtlichen Betrachtungen 1917 auf einen verborgenen Zusammenhang hin. Die Impulse des Volkstums und des Nationalen wirken im Unbewussten des Menschen. Als physische Grundlage weist Steiner hier auf das Gangliensystem hin. Mit diesem hängt nun aber auch alles Sexuelle im Menschen zusammen.

«Denn die Zugehörigkeit zum Volkstum beruht auf der gleichen Organgrundlage – dem Gangliensystem –, dem auch das Sexuelle zugrunde liegt. Das ist ja äußerlich schon dadurch zu verstehen, dass man seinem Volkstum durch die Geburt angehört, insoferne als man in der Mutter eines bestimmten Volkes gereift wird; insoferne ist ja schon die Vermittlung da. Da sehen Sie, durch welche, ich möchte sagen, seelenunterirdischen Untergründe gerade das Nationalproblem schon mit dem Sexualproblem zusammenhängt. Und daher ist in der Erscheinung so viel Verwandtes zwischen diesen beiden Impulsen im Leben. Wer nur offene Augen für das Leben hat, der wird ungeheuer viel Verwandtes finden zwischen der Art und Weise, wie sich der Mensch betätigt aus dem Erotischen heraus, und wie er sich betätigt in seiner Zugehörigkeit zum Volkstume.»[30]

Rudolf Steiner hat aus dem damaligen Kontext heraus nur sehr zurückhaltend über alles mit der Sexualität Zusammenhängende gesprochen, dennoch wies er auf den Zusammenhang zwischen den sexuellen Trieben und den nationalistischen Impulsen mehrfach hin.

«Was drückt sich aus in dem nationalen Pathos? Wenn der Mensch nationales Pathos besonders entwickelt, was lebt in diesem nationalen Pathos, diesem nationalen Erfühlen, was lebt darinnen? Genau dasselbe, was im Sexuellen lebt, nur im Sexuellen auf andere Weise, im nationalen Pathos wiederum auf andere Weise. Es ist der sexuelle Mensch, der sich auslebt durch diese zwei verschiedenen Pole. Chauvinistisch sein, könnte man sagen, ist nichts anderes als gruppenmäßig Sexualität entwickeln. Man könnte sagen, wo die sexuellen Essenzen, in dem, was sie zurückgelassen haben, die Menschen mehr ergreifen, da ist mehr nationaler Chauvinismus vorhanden; denn es ist dieselbe Kraft, die in der Fortpflanzung liegt, die auch im nationalen Pathos sich äußert. Daher ist der

Schlachtruf von der sogenannten ‹Freiheit der Völker oder der Nationen› etwas, was durchaus richtig erst betrachtet wird in seinen intimeren Zusammenhängen, wenn man – aber mit vornehmem Sinn selbstverständlich – sagen würde: Der Ruf nach Wiederherstellung des Nationalen im Lichte eines sexuellen Problems.»[31]

Nun kann im Zusammenhang unserer Betrachtungen hier nicht ausführlich auf dieses Problem eingegangen werden. Es soll hier nur andeutungsweise und vorsichtig darauf hingewiesen werden, dass mit dem Verschwinden des Nationalsozialismus die Kräfte, oder ein Teil der Kräfte, die in diesem Wahnsinn wirksam waren, sich nicht einfach in Luft aufgelöst haben. Sie haben sich nur verlagert: von der «Befreiung der Völker» hin zur «sexuellen Befreiung». Das heißt die im Nationalistischen kollektiv wirksamen Impulse, die wir als Ausdruck des Sturzes der Geister der Finsternis und damit einhergehend der Ausbreitung des Materialismus in der medizinischen Betrachtung des Menschen gekennzeichnet haben, wirken sich nun individuell als ein Sturz in das rein körperliche Erleben des Sexuellen aus. Es soll damit nur darauf aufmerksam gemacht werden, wie sich die Dinge verwandeln, und wie wachsam man bei den von Rudolf Steiner geschilderten, im 20. Jahrhundert wirksamen Impulsen sein muss.

Tatsache ist, dass die sogenannte «sexuelle Befreiung» mit all ihren Schattenseiten nach dem Ende des Zweiten Weltkrieges erst wirklich eingesetzt hat und sich bis heute in einer verheerenden Weise, insbesondere über die digitalen Medien und das Internet beinahe schrankenlos und unverhohlen über die ganze Welt ausgebreitet hat. Waren die Auswirkungen des Rassismus und des Nationalismus kollektiver Art und lebten sich diese unter totalitärer Herrschaft aus, so haben wir es heute mit subtileren, weil individuell verlaufenden Wirksamkeiten zu tun, über die kaum gesprochen wird, weil darin sofort eine Einschränkung der Freiheit gesehen würde. Rudolf Steiner bezeichnete jedenfalls die Verwechslung von Sexualität und Liebe als die schlimmste Form des Materialismus überhaupt.[32] Wir haben es hier mit einer verstärkten Bindung der Lebenskräfte des Ätherischen, die sich zu freien Bildekräften dem Geistigen gegenüber weiterentwickeln könnten, an das Physisch-Sinnliche zu tun, ausgehend von einem verstärkten und zu tiefen Eingreifen des Astralischen in die Leibesorganisation. In dieser Konfiguration, die mehr die Naturseite des Ätherischen betrifft, kann heute eine weitere Wirksamkeit der Geister der Finsternis erblickt werden.

Kommen wir nun zu der zweiten Seite der Wirksamkeit der Geister der Finsternis, die sich gegenüber der Kulturseite des Ätherischen geltend macht.

Der spirituelle Materialismus im 19. Jahrhundert

Rudolf Steiner beschreibt zweierlei Spiegelungen des Kampfes, der zum Sturz der Geister der Finsternis führte. Die erste haben wir oben als die Ausbildung materialistischer Anschauungen in der medizinischen Anthropologie seit 1841 bis hin zu ihren sozial-darwinistischen Konsequenzen, den Doktrien der Rassen- und Volkshygiene, beschrieben. Die zweite Spiegelung ist nun subtiler, denn sie spielte sich nicht an Universitäten, sondern im Bereich des westlichen Okkultismus, westlicher Logen ab. Mit Beginn der 40er-Jahre des 19. Jahrhunderts trat hier zunehmend das Phänomen des Spiritismus in Erscheinung, das heißt die Vermittlung von Botschaften aus der geistigen Welt, zumeist von Verstorbenen durch dafür geeignete, medial veranlagte Persönlichkeiten.

Bevor wir nun auf die Einzelheiten eingehen, die im Zusammenhang mit dem Sturz der Geister der Finsternis stehen, wollen wir zunächst einen kurzen Überblick über die Entstehung des Spiritismus im 19. Jahrhundert geben. Dabei ist es wichtig zu sehen, dass Rudolf Steiner den Spiritismus als eine historische Notwendigkeit betrachtete, die im Zuge des zunehmenden Materialismus auftreten musste. Den Menschen sollte auf diese Weise gezeigt werden, dass es noch etwas Anderes gibt als die materielle Welt.

Am Ausgangspunkt der spiritistischen Bewegung stand die geheimnisvolle Gestalt des Emanuel Swedenborg (1688–1772). Swedenborg war Naturforscher und hat bedeutende Erfindungen gemacht. Das Problem Swedenborgs bestand wie bei allem modernen Spiritismus nun darin, dass er das Übersinnliche wie das Sinnliche behandelte, gerade weil er es aus seiner naturwissenschaftlichen Anschauung nicht anders gewohnt war. Er entwickelte keine eigenständige neue Forschungsart, um das Übersinnliche anschauen zu können, sondern versetzte einfach sein Alltagsbewusstsein unter den normalen Wachzustand, um zu seinen Anschauungen zu kommen. Diese waren denn auch wie bei allem Spiritismus durch seine eigenen Anschauungen gefärbt.

Rudolf Steiner erwähnt diesbezüglich ein Beispiel aus dem 19. Jahrhundert,[33] wo in Bayern zur selben Zeit an zwei verschiedenen Orten dieselbe Frage an ein Medium gerichtet wurde: Werden die Seelen durch die Eltern vererbt, oder werden sie jedes Mal neu geschaffen? An einem Ort kam heraus: Sie werden neu geschaffen, am anderen Ort kam heraus: Sie werden vererbt. Und es zeigte sich dann, dass am zweiten Ort Anhänger der

Deszendenztheorie anwesend waren, während am ersten Ort Anhänger des Kreationismus dabei gewesen waren. Auf diese Weise übte also das jeweilige Umfeld der Medien unbewussten Einfluss auf die Schauungen aus.

Da man diese Zusammenhänge bald durchschaute, nahm das Interesse am Spiritismus im Laufe des 19. Jahrhunderts wieder ab. Da kam Mitte des 19. Jahrhunderts von Amerika eine neue Welle herauf. Denn jetzt gaben die Geister sich erstmals durch Klopfzeichen und das Rücken von Tischen zu erkennen. Das überzeugte nun auch den letzten Materialisten. So verfasste 1848 ein gewisser Andrew Jackson Davis (1826–1910) das Grundwerk des modernen Spiritismus,[34] mit ähnlichen Anschauungen wie Swedenborg, nur geistig viel niedriger stehend, und versuchte, die geheimnisvollen Geistzeugnisse zu erklären. Dieses Werk war für die modernen Bedürfnisse, alles Geistige rein materiell zu verstehen und für seine egoistischen Bedürfnisse zu gebrauchen, geschrieben. In kurzer Zeit fand diese Bewegung Millionen Anhänger in der ganzen Welt. Auch die wissenschaftliche und politische Welt nahm Anteil an diesen grob sinnlichen «Beweisen» einer geistigen Welt wie zum Beispiel der Erfinder Thomas Edison (1847–1931) und der amerikanische Präsident Abraham Lincoln (1809–1857).

In Europa war es der Franzose Allan Kardec (1804–1869), der den Spiritismus hoffähig machte. Dieser verbreitete nun den Spiritismus über Frankreich, Spanien und sogar Österreich. Jedoch führte alles dieses nur dazu, dass jede Weltanschauung und jeder Glaube die spiritistischen Erscheinungen zur Erklärung seiner Weltsicht benutzte. Niemand wurde durch den Spiritismus genötigt, sich selbst geistig zu entwickeln.

So stellte sich bald heraus, dass die unter Abdämpfung des Bewusstseins verfolgte spiritistische Methode nicht geeignet war, den Menschen die geistige Welt nahezubringen. Stattdessen machten sich egoistische Machtinteressen geltend, die im Spiritismus eine Möglichkeit sahen, unerkannt und im Verborgenen Macht auszuüben, da es sich eben um eine Methode handelte, die nur bei herabgedämpftem Bewusstsein ausgeübt werden konnte.

Schon in der Zeit zwischen 1841 und 1879, also in der Zeit des Kampfes Michaels mit den Geistern der Finsternis, versuchten sich diese Kräfte im Spiritismus geltend zu machen. Die Botschaften der Medien waren nämlich in der Weise verfälscht, dass sie zwar behaupteten, von Verstorbenen ausgesandt zu sein, dabei aber ein völlig falsches Bild des Lebens nach dem Tode vermittelten. Dadurch versuchten die nun wirksam werdenden Geister der Finsternis das wahre Bild der geistigen Welt zu verschleiern.

«Die Tendenz liegt einmal in der Entwickelung des Mediumismus, gerade in seinen wichtigsten Punkten, falsche Angaben zu machen über das Leben zwischen dem Tod und einer neuen Geburt, und zwar solche Angaben zu machen, welche geradezu die sogenannte Reinkarnation ausschließen. Man wollte also durch Medien so sprechen. Das heißt, gewisse Leute, welche eben diese Tendenz verfolgen vermöge ihrer Sonderrichtung, wollten durch die Medien solche Offenbarungen in die Öffentlichkeit kommen lassen, welche darauf hindeuten, dass es keine wiederholten Erdenleben gibt.»[35]

Wenn der Spiritismus auch versuchte, die Menschen von der Existenz der Seele nach dem Tod zu überzeugen, so war er eben doch nicht nur eine mediale Vermittlung von Botschaften Verstorbener, sondern er wollte zugleich zentrale geistige Gesetzmäßigkeiten wie den Reinkarnationsgedanken verschleiern. Es bestand die Gefahr, dass, wenn diese Richtung sich durchgesetzt hätte, es auf der einen Seite nur das materialistische Bewusstsein, auf der anderen Seite nur das herabgestimmte Bewusstsein der Medien gegeben hätte.

Durch den Sturz der Geister der Finsternis aber konnte diese Konsequenz verhindert werden. Nur dadurch wurde es möglich, tatsächliche Erkenntnisse über die geistigen Welten durch die Begründung einer wahren Geisteswissenschaft auszubilden.

«Nur durch den Sturz der charakterisierten Geister ist es gekommen, dass anstelle des bloß kritischen, materiellen Verstandes und des medialen Weges die unmittelbare geistige Erfahrung hat treten können und immer mehr und mehr treten wird. Nicht umsonst habe ich in den letzten Zeiten hier erwähnt: Viel mehr, als man denkt, ist die heutige Zeit von spirituellen Einflüssen abhängig. So materialistisch unsere Zeit ist und eigentlich mehr noch sein will, als sie es ist: an viel mehr Stellen, als man denkt, offenbaren sich die geistigen Welten den Menschen.[36]

Mit den hier erwähnten spirituellen Einflüssen spricht Rudolf Steiner die bereits im ersten Kapitel angesprochene Sphäre des Ätherischen im Nachtodlichen an. Sie wurde durch den sich ausbreitenden Spiritismus verfinstert, konnte aber durch den Sturz der Geister der Finsternis und das Auftreten der Geisteswissenschaft und die Ausbildung neuer geistiger Wahrnehmungsfähigkeiten zunächst vor einer weiteren Verfinsterung bewahrt werden.

Nun beschreibt Rudolf Steiner den Spiritismus der ersten Hälfte des 19. Jahrhunderts so, dass damit gewissermaßen eine Art Probe verbunden war, inwiefern die Menschheit bereits reif war, von einer geistigen Welt wieder zu erfahren. Denn zunächst erwarteten die Okkultisten überhaupt keine Botschaften von Verstorbenen, sondern dass die Menschen durch den

Spiritismus zu einer allgemeinen Überzeugung von einer geistigen Welt kommen würden.

Es stellte sich aber bald heraus, dass die betreffenden Medien von Verstorbenen berichteten und dass deren Botschaften zudem voller Irrtümer waren, also keine Wahrheiten enthielten. Denn zumeist handelte es sich bei den sogenannten Botschaften von Verstorbenen, wie oben schon erwähnt, um Projektionen der bei den Séancen anwesenden Experimentatoren auf das jeweilige Medium. Damit sahen sich nun diejenigen, die gewisse Hoffnungen mit dem Spiritismus verbunden hatten, enttäuscht. Denn sie hatten nicht erwartet, dass dabei Botschaften von Verstorbenen herauskommen würden, sondern geistige Zusammenhänge der Lebenden untereinander.

Der ganze Versuch, dem materialistischen Bewusstsein etwas von einer geistigen Welt durch die Herabdämpfung des Bewusstseins vermitteln zu wollen, erwies sich als ein gewaltiger Fehlschlag. Denn die Medien empfingen unter dem Einfluss der Experimentatoren deren Projektionen, und zudem standen sie nicht mit den real lebenden Verstorbenen in Verbindung, sondern lediglich mit dem von den Verstorbenen im Irdischen hinterlassenen Resten. Ihr herabgestimmtes Bewusstsein war nicht geeignet, zu einem real Geistigen in Beziehung zu treten, sondern nur zu einem abgelebten toten Geistigen.

«Erlangte man so durch die zeitgenössische äußere Wissenschaft eine Erkenntnis des Materiellen, das heißt des Toten, so erlangte man durch diese spirituelle Sehnsucht, die aber auf materialistischem Wege befriedigt werden sollte, auch nichts anderes als eine Erkenntnis des Übersinnlichen, aber Toten.»[37]

Deshalb zogen sich nun diejenigen Okkultisten, die gutmeinend versucht hatten, die Menschen auf dem Wege des Spiritismus von der Existenz einer geistigen Welt zu überzeugen, von diesen Machenschaften zurück. Dadurch überließen sie dieses Feld nun aber anderen Okkultisten, die Rudolf Steiner als die «Brüder der Linken» bezeichnete. Diese verfolgten nun ganz gezielte Machtinteressen und versuchten, durch die Ausbreitung eines spirituellen Materialismus immer mehr Seelen in den Bereich des Irdischen zu bannen. Die Menschen sollten gewissermaßen glauben, dass das, was sie als spirituell empfanden, nichts anderes sei als die Wirksamkeit von Naturkräften. Die geistigen Sehnsüchte der Menschheit sollten auf diese Weise mit pseudo-spirituellen Impulsen befriedigt werden. Es sollte ihnen etwas Spirituelles vorgegaukelt werden, dessen wahrer Hintergrund aber doch nur ein Materielles war. Durch diese Art von Pseudo-Spiritualität sollten die Menschen unbemerkt immer mehr an das Materielle so gefesselt werden, dass sie auch nach ihrem Tode weiter im irdischen Einflussbereich dieser Bruderschaften der Linken gefangen sein würden.

So nutzten diese Bruderschaften den Spiritismus, um auf diesem Wege Verstorbene ins Irdische zu fesseln. Diese waren es dann auch, die sich in den Séancen bei den Medien zu Wort meldeten, was die Medien aufgrund ihres herab gedämpften Bewusstseins natürlich nicht bemerkten.[38] Alles dieses fand nun aber unter dem Einfluss der bereits erwähnten Geister der Finsternis statt, dessen Auswirkungen sich also die «Brüder zur Linken» so zu eigen machten, dass es ihren Machtinteressen dienen konnte.

Bei genauem Hinsehen zeigt sich, dass die von Rudolf Steiner für das 19. Jahrhundert geschilderten okkulten Interessen und Machenschaften sich am Ende des 20. Jahrhunderts bis in die unmittelbare Gegenwart herein in der Medienwelt, also in Büchern, Filmen und Videospielen erneut und nun viel massiver und unbemerkt geltend machen.

Zunächst nehmen wir noch einige weitere Faktoren in den Blick, die für das gesamte Feld unserer Betrachtungen zum Erwachen des Bewusstseins vom Ätherischen und dessen Bedrohung von großer Bedeutung sind.

Die toten Einschübe in unseren Ätherleibern

Die bisher beschriebenen Wirkungen des Sturzes der Geister der Finsternis sind nicht das einzige geistige Phänomen, das wir im Hinblick auf das erwachende Bewusstsein vom Ätherischen berücksichtigen müssen. Rudolf Steiner hat sowohl für die Neuzeit wie für das Ende des 19. Jahrhunderts drei weitere Phänomene beschrieben, die uns in diesem Zusammenhang interessieren müssen.

- So spricht er zum einen von «toten Einschüben» in unseren Ätherleibern,
- vom Ende des «Kali Yuga» 1899 und dem Beginn des «lichten Zeitalters» einhergehend mit einer Erweiterung und Belebung der Ätherleiber,
- und er spricht vom unbewussten Überschreiten der Schwelle zur geistigen Welt durch die Menschheit.

Auf die beiden zuletzt genannten Punkte werden wir weiter unten näher eingehen.

Um das Folgende zu verstehen, müssen wir uns nochmals den Gedächtnischarakter unseres Ätherleibes bewusst machen. Der Ätherleib bildet die Grundlage unseres Gedächtnisses, jeder Erinnerung entspricht ein Lebensvorgang in unserem Ätherleib. Deshalb erscheinen uns unsere Erinnerungen wie lebendig. Nun beschreibt Rudolf Steiner, dass wir Menschen ja auch in früheren Zeitaltern bereits verkörpert waren. Damals nahmen wir jedoch nicht nur Sinnliches, sondern zugleich auch Übersinnliches wahr. Das hing damit zusammen, dass die Ätherleiber früher nicht vom physischen Leib begrenzt, sondern viel umfangreicher waren. Darauf werden wir weiter unten noch eingehen. Auf jeden Fall waren die spirituellen Eindrücke vergangener Zeiten etwas für die Seelen Aufbauendes, Ernährendes.

Nun kann der Geistesforscher in den heutigen Ätherleibern der Menschen etwas Merkwürdiges beobachten:

«In den physischen Leib und Ätherleib ist etwas eingegliedert, was diese nach verschiedenen Richtungen wie Strömungen durchzieht, auch wie Stränge durchzieht. So wie die Nervenstränge den physischen Leib durchziehen, nur feiner als die Nerven, so ist etwas in den physischen Leib eingegliedert, wovon der okkulte Blick ergibt: Das ist ja tot, – so tot, dass es der Mensch eigentlich wie einen toten Substanzteil in seinem eigenen Leibe hat. Das ist dasselbe, was jetzt tot ist, was zum Tode verurteilt ist schon während des ganzen Lebens zwischen Geburt und Tod, und was noch lebendig war während der morgenländischen Entwickelungszeit der Menschheit. Ja, diese Erfahrung macht man, dass heute in den Menschenleibern etwas tot ist, was einst lebendig war. Und nun forscht man danach, was denn das eigentlich ist, was da wie ein Einschluss im Menschenleibe tot ist, und was einst lebendig war.»[39]

Dabei stellt der Geistesforscher fest, dass diese toten Einschlüsse in den Leibern der Menschen eben von jenen früher gemachten spirituellen Erfahrungen herrühren. Aufgrund der heutigen Konstitution der Menschen können sie sich an diese Erfahrungen aber nicht mehr erinnern, da ihre Ätherleiber zu fest, zu begrenzt geworden sind.

«Alle die heutigen Seelen haben einstmals hinausgeschaut in das Universum und die spirituellen Eindrücke ebenso empfangen, wie sie heute die Eindrücke der Farben und Töne empfangen. Im Grunde der Seelen ist es, und die Seelen bauten sich ihre Leiber danach auf. Aber die Seelen haben es vergessen! Für das heutige Bewusstsein ist es nicht mehr in den Seelen. Und was an aufbauenden Kräften in den Seelen entspricht dem Alten, was damals die Seelen aufgenommen haben, das kann jetzt nicht am Leibe bauen, das lässt den entsprechenden Teil des physischen Leibes und Ätherleibes tot. Und wenn nichts anderes einträte, wenn die Menschen nur fortleben würden mit jenen Wissenschaften, die sich auf das äußere Physische beziehen, so müssten die Menschen immer mehr und mehr verfallen, weil die Seelen das – von den einstigen Eindrücken der spirituellen Welt –, was zum Beleben und zum Aufbau des physischen Leibes und Ätherleibes gehört, vergessen haben.»[40]

Wir haben ja im ersten Kapitel, wo es um das Schicksal des Ätherleibes nach dem Tode ging, schon vom Ebenbild des Ätherleibes, unserem ätherischen Doppelgänger gesprochen, der sich nicht in der allgemeinen Äthersubstanz auflösen kann, insofern in ihm noch nicht bewältigtes Karma aufgespeichert ist. Offensichtlich gibt es aber auch einen Teil von Erinnerungen, die nicht dem Doppelgänger angehören, die aber auch noch nicht in Lebensgeist, also bewusste spirituelle Errungenschaften verwandelt werden konnten. Diese ehemaligen spirituellen Eindrücke, die mehr oder weniger bewusst gemacht wurden, werden nun offensichtlich beim Aufbau eines neuen Ätherleibes wieder verwendet, können aber aufgrund ihres abgelebten Zustandes nicht mehr belebend wirksam sein, sondern geraten nun wie tote Einschlüsse in unseren neuen Leib hinein. Wir werden weiter unten, im Kapitel über den ahrimanischen

Doppelgänger, noch sehen, wie es in unserem Leib noch einen weiteren toten Bereich gibt, der unserem Bewusstsein entzogen ist.

Jedenfalls führt nun dieser unserem Bewusstsein entzogene Bereich vergessener spiritueller Eindrücke dazu, dass, wenn wir nicht neue, lebendige Wahrnehmungen des Ätherischen bekommen, um gewissermaßen Herr über die toten Einschlüsse zu werden, diese toten Einschlüsse zu Angriffspunkten für Luzifer und Ahriman werden.

«Es ist also etwas im Menschen, was der Herrschaft der Seele entzogen ist. Ich bitte Sie, gerade dieses Wort recht ernst zu nehmen, denn dadurch charakterisiert sich das Wesen des modernen Menschen, dass etwas in diesem Wesen des modernen Menschen ist, was der Herrschaft der Seele entzogen ist, was wie Totes gegenüber der umliegenden lebendigen Umgebung des menschlichen Organismus ist. Und indem sie wirken auf dieses Tote, haben auf den Menschen die luziferischen und ahrimanischen Kräfte Einfluss in einem ganz besonderen Maße, in einer ganz besonderen Art. Während der Mensch auf der einen Seite ja immer freier und freier werden kann, schleichen sich in das, was der Herrschaft der Seele entzogen ist, gerade die ahrimanischen und luziferischen Kräfte ein. Das ist der Grund, warum sich so viele Naturen in der modernen Zeit finden, die mit Recht sagen, dass sie fühlen, wie wenn zwei Seelen in ihrer Brust wohnten, wie wenn sich wirklich die eine von der anderen trennen wollte.»[41]

Dieser tote Bereich unseres Ätherleibes stellt also dann eine Gefahr dar, wenn wir unseren Ätherleib gewissermaßen vertrocknen lassen, wenn wir uns nicht bemühen, ihn wieder zu beleben durch neue, geistige Erfahrungen, die wir als Imaginationen bezeichnen. Es entsteht dadurch eine gewisse

Sehnsucht, diese belebenden, geistigen Erfahrungen machen zu können.

Die unter dem Einfluss der Geister der Finsternis stehenden Mächte haben es darauf abgesehen, eine wahre Erkenntnis der geistigen Welt zu verhindern. Das erreichen sie besonders dadurch, dass die aus den toten Einschlüssen in unseren Ätherleibern, den vergessenen spirituellen Eindrücken vergangener Zeiten sich ergebenden Sehnsüchte mit Surrogaten in Form von Pseudospiritualität befriedigt werden.

Das lichte Zeitalter und das Erwachen für das Ätherische – die Kreuzung der Wesensglieder

Im Hinblick auf unser Bewusstsein vom Ätherischen ergibt sich nun aber noch eine weitere Entwicklung, die wir berücksichtigen müssen. Diese hängt mit der oben schon erwähnten Veränderung der geistigen Wahrnehmungsfähigkeiten der Menschheit zusammen. Diese veränderte sich vor allem deshalb, weil sich die menschliche Wesensgliederorganisation wandelte. Der Ätherleib der Menschen war bis in die ägyptische und griechische Kulturepoche hinein umfassender und größer als der physische Leib. Erst mit dem Auftreten des Denkens, der Philosophie und der Wissenschaften in der griechischen Zeit, nahm der Ätherleib immer mehr die Konturen des physischen Leibes an.

Machen wir uns das am Beispiel der Evolution des Gedächtnisses deutlich.[42]

In den Zeiten, in denen die Menschheit noch nicht über die Erfindung der Schrift verfügte, gab es keinerlei andere Aufzeichnungs- oder Speichermöglichkeiten für jegliche Form von

Bewusstseinsinhalt als das menschliche Gedächtnis. Alle oralen Traditionen sind deshalb unmittelbar an das Gedächtnis gebunden. Das heißt aber, dass das Gedächtnis früherer Kulturen viel umfangreicher und stärker gewesen sein muss. Ein Gesang oder Mythos wie die *Odyssee* des Homer etwa, der in der heutigen schriftlich gedruckten Form etwa drei- bis vierhundert Buchseiten umfasst, konnte in diesen archaischen Zeiten nur gedächtnismäßig festgehalten werden.

Diese Art des Gedächtnisses war aber nicht persönlich-biografischer Natur, sondern sie bezog sich auf die Geschichte des eigenen Volkes: Sie war einerseits an das Blut, andererseits an die mit der Sprache und ihren Rhythmen verbundene Atmung gebunden. Denn eine Kultur des Gedächtnisses ist zugleich eine Kultur der rhythmischen Wiederholung. Ein so umfangreiches Gedächtnis wird nur dadurch ausgebildet, dass bestimmte Rhythmen eingehalten werden. Erstens treten die Gedächtnisinhalte, also beispielsweise der Mythos, in sprachlichen Rhythmen auf, zweitens werden diese nicht einfach bloß erzählt, sondern mehr oder weniger rituell dargestellt.

Alles rituelle, alles religiöse Leben aber beruht auf Wiederholungen. Der rituelle Kontext ist an Wiederholung, an stete Wiederkehr gebunden. Eine Gedächtniskultur ist also eine Kultur der Rituale, der rhythmischen Wiederholungen. Rudolf Steiner bezeichnet diese Form des Gedächtnisses deshalb auch als mythologisches bzw. rhythmisches Gedächtnis.[43] Dieses beinhaltete also eine Form kollektiver Erinnerungen, die nicht an die jetzige Biografie des Trägers gebunden waren, sondern die weit zurückreichten bis in ferne Vorzeiten, wovon besonders die Schöpfungsmythen Zeugnis ablegen. Alle Mythologien der Menschheit sind deshalb nichts anderes als eine Form kollektiver Erinnerungen. Insofern wir es also hier mit einer umfassenderen Form von Gedächtnis zu tun haben, müssen wir davon ausgehen, dass die Ätherleiber dieser Menschen ebenfalls umfassender, das heißt größer waren als unsere heutigen Ätherleiber.

Als reine Kulturen des Gedächtnisses bezeichnete Rudolf Steiner die Epochen der atlantischen Zeit.[44] Hier habe es noch keinerlei eigenständiges intellektuelles Bewusstsein, sondern nur Erinnerung gegeben. Was bedeutet das? Physiologisch gesehen haben wir in dem Gehirnwasser die Basis dafür, dass der Astralleib und mithin die Persönlichkeit sich der freien Bildekräfte bedienen kann. In der atlantischen Zeit aber waren die Persönlichkeitskräfte noch nicht vorhanden. Die freien Bildekräfte wurden daher also nicht für die Denk- und Vorstellungstätigkeit, sondern nur für die Gedächtnisbildung verwendet. Sie blieben gewissermaßen noch vollständig unberührt vom persönlich Astralischen. Dafür wirkten die äußerlich vollzogenen, kollektiv gelebten Rhythmen, die dann auch über den Atemrhythmus leiblich aufgenommen wurden: Der Mensch lebte in einem rhythmischen Gemeinschaftsleben, das zu einer kollektiven Gedächtnisbildung führte.

Als Bild taucht dieser physiologische Zusammenhang in Platons Atlantismythos wieder auf. Dort nämlich wird der Kontinent äußerlich wie ein Bild des im Gehirnwasser schwimmenden Gehirns so beschrieben, dass der ganze Kontinent von einer Strömung umgeben war, dass aber auch in seinem Inneren mehrere Wasserströme die äußeren Ränder von den inneren Gebieten trennten. Die Hauptstadt Poseidonia befand sich im Zentrum, dort, wo physiologisch das Gehirnwasser gebildet wird (vgl. Abb 3 und 4, S. 80/81).

Wodurch wurden die Ätherleiber nun verdichtet, also kleiner? Wodurch ging der atlantische Kontinent, dessen bei Platon beschriebene Gestalt sich auf diese Weise als imaginatives Bild der physiologischen Konstitution der damaligen Menschheit erweisen lässt, unter? Das geschah menschenkundlich gesprochen durch den stärkeren Eingriff des Astralleibes. Das reine Element des Wassers, die reinen Lebenskräfte wurden vom Astralischen der Menschen mehr und mehr missbraucht und wurden damit verunreinigt. Das Element des Wassers geriet in Aufruhr und verursachte schließlich das Ende dieser Kulturstufe der Menschheit. Die bei Platon beschriebene Gestalt des atlantischen Kontinentes ist nichts anderes als eine Imagination einer physiologischen Veränderung, die zu einer Verwandlung des an das Gedächtnis gebundenen Bewusstseins führte.

Darauf folgte nun in der nachatlantischen Zeit die Ausbildung der Persönlichkeit. Diese zeigt sich ebenfalls in einem Mythos, der auf die Veränderung der Gedächtniskräfte anspielt. Als deren äußerer Ausdruck findet sich hier zunächst die Erfindung der Schrift. Der ägyptische Mythos von Theut bzw. Thot beschreibt diesen Vorgang sehr genau. Wir geben ihn in der Form wieder, wie ihn Platon in seinem Dialog *Phaidros* durch Sokrates erzählen lässt.[45]

«Sokrates: Ich habe also vernommen, zu Naukratis in Ägypten sei einer der dortigen alten Götter gewesen, dem auch der heilige Vogel, den sie ja Ibis nennen, eignete; der Dämon selbst aber habe den Namen Theuth. Dieser habe zuerst Zahl und Rechnung erfunden, und Mathematik und Sternkunde, ferner Brettspiel und Würfelspiel, ja sogar auch die Buchstaben. Weiter aber, da damals über ganz Ägypten Thamus König war in der großen Stadt des oberen Bezirks, welche die Hellenen das ägyptische Theben nennen, wie sie den dortigen Gott Ammon nennen, – so kam der Theuth zu diesem und zeigte ihm seine Künste und sagte, man müsse sie nun den anderen Ägyptern

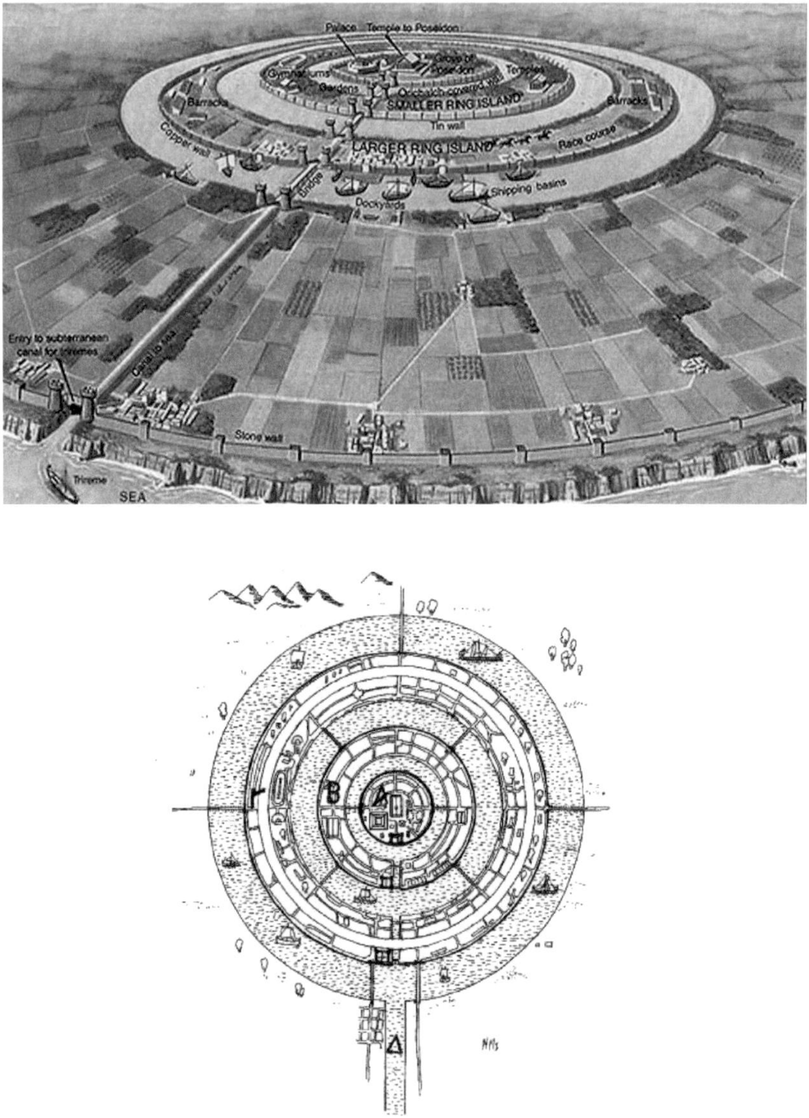

Abb. 3: Schematische Darstellungen von Platons Atlantis.

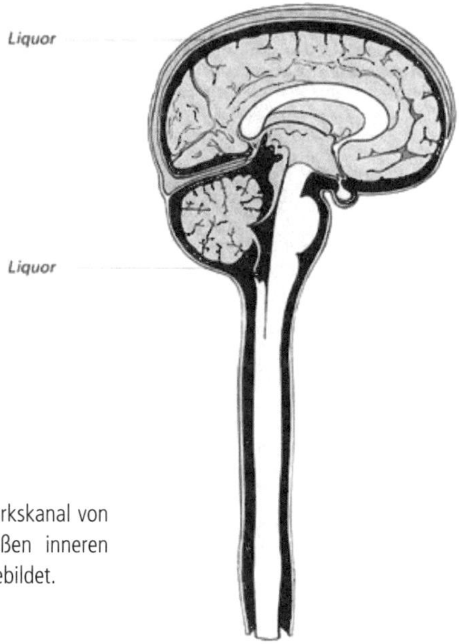

Abb. 4: Das Gehirn mit Rückenmarkskanal von Gehirnwasser umströmt. Im weißen inneren Zentrum wird das Gehirnwasser gebildet.

mitteilen. Der aber fragte, was für einen Nutzen eine jede habe? Indem er's nun auseinandersetzte, so wusste er, wie ihm jener etwas gut oder nicht gut zu sagen dünkte, es bald zu tadeln, bald zu loben. Vieles nun soll da Thamus dem Theuth über jede Kunst in beiderlei Richtung frei heraus gesagt haben, was durchzugehen viele Worte fordern würde. Als er aber an den Buchstaben war, sagte der Theuth: ‹Diese Kenntnis, o König, wird die Ägypter weiser und erinnerungsfähiger machen; *denn als ein Hilfsmittel für das Erinnern* sowohl als für die Weisheit ist sie erfunden.› Er aber erwiderte: ‹O du sehr kunstreicher Theuth! Ein anderer ist der, der das, was zur Kunst gehört, hervorzubringen, ein anderer aber der, der zu beurteilen vermag, welchen Teil Schaden sowohl als Nutzen sie denen bringe, die sie gebrauchen werden. So hast auch du jetzt, als Vater der Buchstaben, aus Vaterliebe das Gegenteil von dem gesagt, was ihre Wirkung ist. Denn *Vergessenheit* wird dieses in den Seelen derer, die es kennenlernen, herbeiführen durch Vernachlässigung des Erinnerns, sofern sie nun im Vertrauen auf die Schrift von außen her mittels fremder Zeichen, nicht von innen her aus sich selbst, das Erinnern schöpfen. Nicht also für das Erinnern, sondern für das Gedächtnis hast du ein Hilfsmittel erfunden. Von der Weisheit aber bietest du den Schülern nur Schein, nicht Wahrheit dar. Denn Vielhörer sind sie dir nun ohne Belehrung, und so werden sie Vielwisser zu sein meinen, da sie doch insgemein Nichtswisser sind und Leute, mit denen schwer umzugehen ist, indem sie Scheinweise geworden sind, nicht Weise.›»[46]

Sehr genau gibt Platon hier wieder, wie durch die Erfindung der Schrift die Erinnerungskräfte beim einzelnen Menschen sich veränderten, also schwächer wurden. Damit einher geht nun aber die Verdichtung und Verkleinerung der Ätherleiber.

Noch deutlicher wird dieser Vorgang bei Homer beschrieben. Die Epen Homers als Ausdruck eines kollektiven Gedächtnisses, das sich mehr und mehr individualisiert, sind dem Stand der heutigen Forschung nach ein einmaliges Zeugnis für die Übergangsphase von mündlich, also aus dem Gedächtnis vorgetragenen zu schriftlich fixierten Epen. «Was uns in der Dichtung Homers entgegentritt, ist daher eine Verschmelzung von mündlichen und schriftlichen Elementen.»[47] Zwar ist die Person des Dichters nach wie vor biografisch nicht genauer erfassbar, dennoch geht die Forschung heute von seiner Existenz im 8. Jahrhundert v. Chr. aus. Fehlende schriftliche Zeugnisse sind nicht Ausdruck seiner Nichtexistenz, sondern lediglich der Tatsache, dass die Schrift im 8. Jahrhundert in Griechenland erst langsam in Gebrauch kam. Das Erstaunliche ist nämlich, dass *Ilias* und *Odyssee* selbst den Prozess der Textualisierung einleiteten.

So geht Joachim Latacz davon aus, «dass Ilias und Odyssee … im letzten Drittel des 8. Jahrhundert v. Chr. entstanden sind, dass sie im Kernland der westasiatischen Siedlungsregion des griechischen Teilstamms der Ionier geschaffen wurden und dass sie die Schöpfungen eines oder doch je eines großen Dichtersängers darstellen.»[48] Damit setzt das, was wir die griechische Dichtung nennen, mit einem Paukenschlag ein. Was haben wir damit vor uns? Den Ausdruck eines zu sich selbst kommenden kollektiven Gedächtnisses, das sich mündlich tradiert hatte, in erstmals fixierter, schriftlicher und damit individueller Form. Die Epen Homers, insbesondere die *Odyssee*, sind damit ein singulärer Ausdruck jenes von uns oben bereits genauer ins Auge gefassten Übergangs der Gedächtnisentwicklung.

Schauen wir nun auf die beiden Werke Homers, *Ilias* und *Odyssee*, so können wir schon im Vergleich der beiden sehen, dass hier eine zunehmende Individualisierung zum Ausdruck kommt. Während die *Ilias* noch das Schicksal *der* Griechen und ihrer Helden unter ständiger Einmischung der sie leitenden und ihnen widerstreitenden Götter zeigt, konzentriert sich die *Odyssee* zunehmend auf einen Mann, Odysseus, der sich vor allem durch seine Listigkeit, durch sein Denken auszeichnet. Durch das Denken macht sich die einzelne Individualität immer mehr geltend, durch das Denken verändert sich aber nun auch das Gedächtnis. Nicht nur die schriftlich fixierte *Form* der beiden Epen, auch ihre *Erzählweise* zeugt von der Veränderung des Gedächtnisses, denn erstmals hören wir nun in einer mythologischen Darstellung, die die *Ilias* und *Odyssee* darstellen, einen *autobiografischen* Bericht in Form der Erzählung des Odysseus vor dem Phäakenkönig (*Odyssee*, 7.-12. Gesang). Nicht nur, dass wir hier plötzlich eine zusammenhängende Geschichte in *Ich-Form* erzählt bekommen, diese Geschichte der

Irrfahrten des Odysseus erzählt selbst den Weg einer Individuation.[49]

Stufe um Stufe befreit Odysseus sich von den ihn an seiner Entwicklung hindernden mythischen Gewalten, Stück für Stück überwindet der «Logos» den «Mythos».[50] Wenn Odysseus den einäugigen Zyklopen *Polyphemos* blenden lässt, wenn er den Zauber der *Kirke*, Menschen auf die Tierstufe zurückzuversetzen, durchbricht, wenn er mit Kirkes Hilfe dann schließlich dem Gesang der Sirenen widerstehen und sogar den beiden Mächten *Skylla* und *Charybdis* entkommen kann, dann geht Odysseus dabei zwar aller seiner Helfer verlustig, aber er behauptet sich dennoch als Einzelner. Am Ende seiner Irrfahrten entkommt er seinem Hauptfeind, dem Meeresgott *Poseidon*, dem Repräsentanten einer alten, noch nicht denkenden Bewusstseinsform, und er ist allein, ganz auf sich gestellt. Und das Erste, was er nun tut, ist, dass er sich *erinnert* und dem Phäakenkönig *Alkinoos* seine Geschichte erzählt.

Es erscheint wie die Voraussetzung für seine Heimkehr, seine Ich-Findung, dass er vor der letzten Fahrt, die ihn schließlich auf das heimische Ithaka zurückführt, *seine* Geschichte erzählen kann, wenn er auf die Frage der Phäakenkönigin «Wer bist du?» Antwort gibt – *Erinnerung als Grundlage der Ich-Entwicklung!* Zu der Pflege, die ihm die Phäaken nach seiner langen Irrfahrt angedeihen lassen, um ihn auf seine Heimkunft vorzubereiten, gehört ganz offensichtlich in erster Linie die Gelegenheit, sich *erinnern* zu können. Zunächst meinen wir, es handele sich bloß um die Neugier der Phäaken, die Odysseus zu seinem Bericht veranlasst. Dann aber können wir bemerken, dass die Phäaken ihn aus *therapeutischen* Gründen zu diesem Bericht veranlassen, weil er erst durch diesen sich seiner neu gewonnenen Identität bewusst werden kann. Sie stellen quasi den Bereich jener freien ätherischen Kräfte dar, der sich dem Persönlichkeitsimpuls des Astralischen und des Ich helfend zur Verfügung stellt.

Dieser Prozess der Ich-Findung, der einhergeht mit der Entwicklung des Denkens bei Odysseus, ist nun nichts anderes als der Ausdruck einer Zusammenziehung des Ätherleibes auf die Grenzen des physischen Leibes.

«Das ist der Sinn der Fortentwickelung der Menschheit durch die verschiedenen Kulturepochen, dass der ätherische Leib immer tiefer und tiefer hineinsteigt in den physischen Leib. Damit ändert sich das menschliche Anschauen, da dieses abhängt von der Art, wie der Ätherleib organisiert ist.»[51]

Dieser Prozess aber, so Rudolf Steiner, endet mit dem Jahr 1899, dem Ende des finsteren Zeitalters, dem Kali Yuga. Nun kehrt sich dieser Prozess um, und der Ätherleib des Menschen wird wieder größer, er zieht wieder hinaus aus dem physischen Leib, auf dessen Grenzen er sich quasi zurückgezogen hatte, um damit das denkende Ich-Bewusstsein zu ermöglichen.

«Wir leben jetzt in der Tat in dem Zeitalter, in dem die innigste Durchdringung zwischen dem Ätherleib und dem physischen Leib schon hinter uns liegt; wir leben jetzt schon wiederum in der umgekehrten Entwickelungsrichtung. Wir leben in einer Zeit, in der der Ätherleib langsam herausrückt aus dem physischen Leib. Das ist normale Menschheitsentwickelung in die Zukunft hinein, dass der Ätherleib nach und nach wiederum den physischen Leib verlässt; und Zeiten werden kommen, in denen sich die menschliche Organisation wiederum so anschauen wird, wie sie sich angesehen hat in grauer Vorzeit, so dass wir wiederum empfinden werden, wie der Ätherleib hervorragt über den physischen.»[52]

An anderer Stelle bringt Rudolf Steiner diese Veränderung

nochmals in Beziehung zum Ablauf des Kali Yuga und zu dem Auftreten neuer ätherischer Wahrnehmungsfähigkeiten, die auch zu einem Erleben des Christus im Ätherischen führen können:

«Das Kali Yuga hat sein Ende erreicht im Jahre 1899, und wir gehen einer Zeit entgegen, in welcher sich auf natürliche Weise unter den Menschen neue Kräfte und Fähigkeiten entwickeln, die sich noch in der ersten Hälfte unseres jetzigen Jahrhunderts klar und deutlich zeigen werden. Diese neuen Kräfte und Fähigkeiten wird man verstehen müssen. Insbesondere diejenige Menschheit, welche die Aufgabe der Geisteswissenschaft begriffen hat, wird verstehen müssen, dass ein solches Erheben zum Geistigen wieder möglich ist. Denn in den wichtigen Zeiten, die auf das Jahr 1930 folgen werden, werden einzelne Menschen wie aus ihrer Natur heraus fähig werden, höhere Kräfte zu entwickeln, wodurch sichtbar werden wird, was wir den Ätherleib nennen. Ätherisch hellseherische Kräfte werden sich entwickeln bei einer Anzahl von Menschen.»[53]

Damit einher gehen nun auch Veränderungen des Gedächtnisses in der Zukunft, auf die wir im letzten Kapitel noch zu sprechen kommen werden. Hier soll zunächst nur auf eine evolutionäre Entwicklungstatsache im Zusammenhang mit der phylogenetischen Entwicklung des Ätherleibes hingeblickt werden. Sie kommt unter anderem darin zum Ausdruck, dass die im ersten Kapitel beschriebenen frei gewordenen Bildekräfte sich mehr und mehr von ihrer physischen Grundlage zu lösen in der Lage sind. Das wiederum führt hin zum Erwachen des Bewusstseins im Ätherischen, wie wir im letzten Kapitel noch genauer sehen werden.

Aber gerade in diesem Zusammenhang macht Rudolf Steiner

immer wieder auch auf die Bedrohung dieses neuen Bewusstseins vom Ätherischen durch den Materialismus aufmerksam:

«Denn wenn die neuen Fähigkeiten nicht da sein werden, wird das keine Widerlegung dessen sein, was jetzt gesagt werden kann und muss, sondern es wird nur ein Beweis dafür sein, dass die unverständige Menschheit diese Fähigkeiten im Keime erstickt und sich dadurch etwas genommen haben wird, was die Menschheit wird haben müssen, wenn sie in ihrer Entwickelung nicht verdorren und veröden will. Das ist die große Verantwortung der Anthroposophie.»[54]

Das unbewusste Überschreiten der Schwelle und die Spaltung der Seelenkräfte

Das dritte für unseren Zusammenhang wichtige Phänomen betrifft nun wiederum die Menschheit als ganze. Durch die Entwicklung der Bewusstseinsseele seit dem Beginn der Neuzeit rückt die Menschheit nicht nur vor im Hinblick auf ihr Bewusstsein der materiellen Welt, sie rückt auch näher heran an die höheren geistigen Wesensglieder. Denn die Bewusstseinsseele ist das oberste seelische Wesensglied, das unmittelbar angrenzt an das unterste geistige Wesensglied, das Geistselbst. Das bedeutet, dass das Ich, das in der Seele lebt, damit mehr und mehr an den Bereich des Geistes heranrückt. Dies geschieht aber zunächst ohne dass sich der einzelne Mensch dessen bewusst wird. Rudolf Steiner spricht dieses Phänomen an als das «unbewusste Überschreiten der Schwelle zur geistigen Welt».

Bevor wir auf die äußeren Symptome für diesen Vorgang hinblicken, wollen wir zunächst genauer bezeichnen, was mit dem «Überschreiten der Schwelle» genau gemeint ist. Rudolf

Steiner beschreibt diesen Vorgang grundlegend in seinem Buch *Wie erlangt man Erkenntnisse der höheren Welten?* Er spricht dort davon, dass in dem Moment, wo die Schwelle zur geistigen Welt überschritten wird, die Einheit der drei Seelenkräfte des Denkens, Fühlens und Wollens aufgehoben wird. Die Seele des Menschen erscheint dann gewissermaßen nicht mehr einheitlich, sondern dreigeteilt. Solange das Bewusstsein im Irdischen festgehalten wird, wirken die drei Seelenkräfte einheitlich und harmonisch zusammen. Beim Schwellenübertritt muss nun das Ich diesen Zusammenhang selbst herstellen und dadurch verhindern, dass die drei Seelenkräfte in Unordnung und Chaos geraten. Ist das Ich für diesen Schwellenübertritt nicht vorbereitet, tritt unweigerlich eine Disharmonie der Seelenkräfte bis hin zu psychiatrischen Erscheinungen ein.[55]

Der bewusste Schwellenübertritt wird daher immer einhergehen müssen mit entsprechenden Vorbereitungen und Übungen, durch die die Seelenkräfte des Denkens, Fühlens und Wollens so gestärkt werden, dass das Ich sie unter Kontrolle behält.[56]

Nun spricht Rudolf Steiner nach dem Ende des Ersten Weltkrieges mehrfach davon, dass der für den einzelnen Menschen bewusst zu vollziehende Schwellenübertritt in der Gegenwart für die ganze Menschheit unbewusst durchgemacht wird. Dadurch aber beginnen sich, ohne dass die Menschen sich dessen bewusst sein müssen, die drei Seelenfähigkeiten des Denkens, Fühlens und Wollens voneinander zu lösen, sich zu verselbstständigen.

«Wenn der Mensch einsam für sich sein wird, wird er ja seine Entwickelung durchmachen können in dem Sinne, wie wir sie angedeutet finden in *Wie erlangt man Erkenntnisse der höheren Welten?;* das geht den einzelnen individuellen Menschen an. Indem aber die Menschen zusammen sind – die Menschen sind ja zusammen als Volk, als Staat, im Wirtschaftskreislauf und so weiter –, indem die Menschen miteinander verkehren, ihre gemeinsamen Interessen erkennen und befriedigen, entwickelt sich das, was ich eben charakterisiert habe, entwickelt sich im lebendigen Verkehr der Menschen diese Spaltung des Gesamtseelenlebens in die drei Sphären, weil, wie gesagt, hinter den Kulissen des Daseins die gesamte Menschheit durch eine Entwickelungsphase durchgeht, die man vergleichen kann mit dem Durchgang des einzelnen Menschen durch die Schwelle zur übersinnlichen Welt.»[57]

Das Zusammenhalten der Seelenkräfte an der Schwelle zur geistigen Welt kann also nur durch eine erhöhte Ich-Tätigkeit erfolgen. Ich-Tätigkeit ist aber gleichzusetzen mit geistiger Tätigkeit, und eben davor scheut die Menschheit zurück, und wird dabei von den Geistern der Finsternis unterstützt. Was aber geschieht an der Schwelle, wenn das Ich die Seelenkräfte nicht durch geistige Aktivität in die Hand bekommt? Dann bemächtigen sich andere geistige Wesen dieser Seelenkräfte, dann werden Denken, Fühlen und Wollen nicht mehr vom Ich, sondern von fremden Mächten besetzt.

Ergreift das Ich das Denken wirklich und wandelt es auf diese Weise um, dann entsteht daraus ein neues Denken, das Rudolf Steiner als *Imagination* bezeichnet hat.[58] Wird das Fühlen vom Ich ergriffen, entsteht daraus ein neues Fühlen, die Fähigkeit der *Inspiration.* Und wird das Wollen vom Ich durchdrungen, dann ergibt sich ein verwandeltes Wollen in der Fähigkeit der *Intuition.*

Das neue Denken zeichnet sich dadurch aus, dass es sich seiner eigenen Tätigkeit bewusst wird, diese anschauen und die darin wirksamen Bildekräfte handhaben kann. Ein neues Fühlen kann darin bestehen, dass Gefühle bewusst erzeugt und ausgebildet werden, wie es Rudolf Steiner am Beispiel der *Rosenkreuzmeditation* besonders klar dargestellt hat.[59] Und ein neues Wollen tritt da in Erscheinung, wo der Mensch sich über sich selbst zu der moralischen Qualität eines gesteigerten Guten erhebt. Solche Handlungen traten zum Beispiel in der Zeit des Nationalsozialismus überall da auf, wo sich Menschen dem gesteigerten Bösen entgegenstellten und bewusst in Opposition zu den herrschenden Gewaltverhältnissen handelten, zumeist unter Aufopferung ihres eigenen Lebens.[60]

Dass das Ich die Seelenkräfte ergreift, zeigt sich also daran, dass sie sich in gesteigerter Form, in bisher nicht da gewesener Form äußern. Geschieht dies aber nicht, erfolgt das Gegenteil. Dann werden die Seelenkräfte fremd gesteuert, sie abstrahieren sich, sondern sich voneinander, und es kommt zu solchen sozialen Erscheinungen, wie sie im 20. Jahrhundert besonders am Phänomen des Nationalsozialismus zu beobachten waren:

- ein kaltes, abstraktes Denken zum Beispiel in der auf Rassenhygiene ausgerichteten Medizin,
- ein rauschhaft nur noch sich selbst erlebendes Fühlen in den Massenaufmärschen und Versammlungen,
- und ein zerstörerisches Wollen in dem Wahn des Zweiten Weltkrieges und der Vernichtung des europäischen Judentums durch den Holocaust.[61]

Mit dem Ende des Zweiten Weltkrieges und dem Untergang des Nationalsozialismus ist aber der Schwellenübertritt der Menschheit nicht bewältigt. In den extremen Erscheinungsformen des Bösen ist zwar Vieles, was mit dem Schwellenübertritt zusammenhängt, bewusst geworden. Die Erklärung der allgemeinen Menschenrechte 1948 war ja die unmittelbare Folge dessen, was während der Zeit des Nationalsozialismus geschehen war. Sie führte aber dennoch nicht dazu, dass die Menschheit nun über Nacht die drei Seelenkräfte bewusst ergriffen hätte. Die mit der Abstraktion der Seelenkräfte verbundenen Erscheinungen setzten sich daher in den verschiedensten Formen der Gewaltherrschaft und der kriegerischen Auseinandersetzungen auch nach 1945 weiter fort.

Große Teile der westlichen Welt, insbesondere aber Europas, Amerikas und Ostasiens leben seither in so genannten demokratischen Staatsverbänden, in denen der Willkür und Gewaltherrschaft einzelner Machthaber deutliche Grenzen gesetzt sind. Damit einher gingen die Befreiung des Einzelnen und die immer stärkere Individualisierung, nicht aber ein wirklich neues Ergreifen der drei Seelenkräfte in dem oben beschriebenen Sinne.

Dafür haben wir es in diesen Gesellschaften mit einem sich seit der Mitte des 20. Jahrhunderts immer weiter ausbreitenden Phänomen zu tun. Wodurch wurde und wird das Denken, Fühlen und Wollen seither zunehmend beherrscht und fremd bestimmt? Es sind die Medienwelten, die sich hier immer stärker geltend gemacht haben und zunehmend geltend machen.

Der westliche Okkultismus an der Schwelle und der spirituelle Materialismus

Der Schwellenübertritt kann sich aber neben der bewussten oder eben der unbewussten noch in einer dritten Form vollziehen, und das ist die an das Volkstum gebundene. Rudolf Steiner weist für den bewussten Schwellenübertritt auf eine weitere entscheidende Voraussetzung hin, die er als «Heimatlosigkeit» bezeichnet. Das heißt, der nach Erkenntnis der übersinnlichen Welt strebende Mensch muss frei sein von Partikularinteressen, er darf die übersinnlichen Erkenntnisse nicht missbrauchen wollen, um damit einem bestimmten Volkstum oder anderen Machtgruppierungen zu dienen. Er soll sich als Einzelner der ganzen Menschheit zur Verfügung stellen.

Tritt der Mensch als Heimatloser über die Schwelle, dann wird er als Erstes mit seinem Doppelgänger, seinem ätherischen Ebenbild konfrontiert, denn das ist die ihm nächste übersinnliche Realität. Die Konfrontation mit den Schattenseiten der eigenen Existenz stellt sich als ein «Hüter der Schwelle» vor die geistige Welt, denn nur dann, wenn der Mensch diesen Schatten seiner Existenz anerkennt und bewusst wahrnimmt, ist er auch in der Lage, tatsächliche geistige Wahrnehmungen zu haben und diese nicht zu vermischen mit eben jenem Schatten.

Tritt der Mensch nun aber nicht als Heimatloser über die Schwelle, sondern verbunden mit den Partikularinteressen eines bestimmten Volkstums, dann erscheint der Hüter der Schwelle in anderer Form. Dann offenbart er nicht den ätherischen Charakter des eigenen Doppelgängers, sondern dann treten andere Kräfte der menschlichen Natur in den Vordergrund. Diese spezifische Erfahrung beschreibt Rudolf Steiner nun explizit für jene Gruppierungen, von denen wir im Zusammenhang mit dem Sturz der Geister der Finsternis als den westlichen Bruderschaften der «linken Hand» schon gehört haben. Diese erfahren an der Schwelle eine spezifische Form der Einweihung, die zu kennen insofern wichtig ist, weil sich diese Form der Einweihung nun hineinmischt in okkulte Machtambitionen, was sich heute vor allem in der Medienwelt widerspiegelt.

«Aber jener Okkultismus, der eingeschränkt einem bestimmten Volkstum dienen will, der kommt beim Hüter der Schwelle zu etwas ganz Besonderem. Für alle diejenigen, die innerhalb jener Gesellschaften der Englisch sprechenden Bevölkerung okkulte Entwickelung suchen, enthüllt sich etwas beim Hüter der Schwelle: Sie entdecken in dem Augenblicke, wo sie die Schwelle überschreiten wollen, was in der tieferen menschlichen Natur, die zum Vorschein kommt, wenn man eben die übersinnliche Welt betritt, an Kräften lebt, die gleichartig mit den zerstörenden Kräften des Weltenalls sind. Das ist der Anblick beim Hüter der Schwelle. Wenn diese Menschen in eine solche okkulte Gesellschaft eingeführt werden bis zu der Schwelle hin, dann lernen sie die bösen Mächte von Krankheit und Tod, von allem Lähmenden und Zerstörenden erkennen. Denn wenn dieselben Kräfte, die draußen in der Natur den Tod bewirken, die also die zerstörenden sind – sie wirken ja auch in uns –, wenn diese Kräfte in uns Erkenntnis bewirken, so ist es die Erkenntnis, die in jenen Gesellschaften auftritt. Es ist eine okkulte Erkenntnis. Es ist die spezifisch okkulte Erkenntnis, die in diesen Gesellschaften auftritt.»[62]

Und nun erklärt Rudolf Steiner damit auch, warum gerade der westliche Okkultismus zum Spiritismus hinneigt.

«Daher die Neigung des Westens zum Spiritismus, zum Sehen von solchen Gestalten, die eigentlich der sinnlich-physischen Welt angehören, die im gewöhnlichen Leben nicht sichtbar sind, aber durch besondere Verhältnisse sichtbar gemacht werden können. Es sind lauter Todesmächte, zerstörende Mächte, ahrimanische Mächte. Es gibt auf dem ganzen weiten Gebiet der spiritistischen Veranstaltungen keine anderen Geister als ahrimanische, auch da, wo die Spiritistenveranstaltungen echt sind, denn es sind diejenigen Geister, die man beim Übertreten der Schwelle mitnimmt aus der sinnlichen Welt. Die gehen mit, die verfolgen einen dahin. Man schreitet über die Schwelle, und seine Begleitung hat man in den ahrimanischen Dämonen, die man vorher nicht gesehen hat, die man da drüben sieht, in den Dienern von Tod, Krankheit, Zerstörung und so weiter. Das rüttelt einen auf zu übersinnlicher Erkenntnis, das bringt einen in die übersinnliche Welt hinein.»[63]

Dadurch ergibt sich natürlich eine fatale Verquickung mit den oben beschriebenen Wirkungen der Geister der Finsternis, die ja gerade verhindern wollen, dass die Menschen zu realen geistigen Erfahrungen kommen. Denn durch solche spiritistischen Erfahrungen werden die Menschen nun auf einseitige Weise mit einer ahrimanisch materialisierten Form des Spirituellen konfrontiert. Und darin besteht nun auch das Interesse jener okkulten Bruderschaften der «linken Hand», denn sie wollen ein wahres Erkennen der geistigen Welt deshalb verhindern, um dadurch über die betreffenden Menschen umso stärker Macht ausüben zu können. Und auch das geschieht heute überwiegend auf den Wegen der Medienwelt.

In Zusammenhang mit dem unbewussten Überschreiten der Schwelle stellt sich nun aber für die beschriebene spezifische westliche Form die Frage, ob es nicht gerade im Bereich der Medienschaffenden im Westen, das heißt also in der Regel in Amerika, viele Menschen gibt, die die beschriebene spezifisch westliche Form des Schwellenübertritts nicht voll bewusst, sondern eher im Schlaf zum Bespiel in Form von Träumen erleben. Auch das deutet Rudolf Steiner an:

«Man glaubt heute, geistige Wesen und ihre Wirkungen hätten keinen Anteil an der menschlichen Ordnung. Man liebt es nicht, von geistigen Ursachen in unserem Menschheitsgeschehen zu reden. Derjenige aber, der bekannt ist mit den wirklichen Vorgängen, die sich heute abspielen, der weiß, dass psychische Einwirkungen, geistige, spirituelle Wirkungen von der geistigen Welt aus auf die Menschen hier auf dem physischen

Plan heute eigentlich in ganz besonders starkem Umfange ausgeübt werden. Die Menschen sind heute gar nicht selten, welche Ihnen erzählen können – sie verstehen nur gewöhnlich die betreffenden Vorgänge nicht –, dass sie durch einen Traum oder Traumähnliches – es ist aber immer eine geistige Erscheinung – zu der oder jener Tätigkeit, zu dem oder jenem Vorgang getrieben worden sind. Viel mehr als die materialistische Meinung glaubt, werden heute die Menschen durch solche psychischen Einwirkungen getrieben. Wer Gelegenheit hat, diesen Dingen nachzugehen, findet auf Schritt und Tritt solche Dinge. Wenn Sie die Gedichtliteratur der besseren Dichter heute nehmen und eine Statistik aufstellen würden, wie viele Gedichte entstanden sind auf rationalistischem Wege, auf einem Wege, der rationalistisch zu erklären ist, und wieviele Gedichte entstanden sind durch eine Eingebung, durch einen deutlichen spirituellen Einfluss aus der geistigen Welt, den der Betreffende als einen Traum oder etwas Ähnliches erlebt hat – Sie würden staunen, welch großen Prozentsatz Sie erleben würden als direkten Einfluss aus der geistigen Welt. Viel mehr, als die Leute heute zugeben, stehen sie nämlich unter dem Einfluss der geistigen Welt.»[64]

Rudolf Steiner gibt hier als Beispiel ein Gedicht an; dieses steht aber stellvertretend für alle anderen Formen kulturellen Schaffens und heute eben insbesondere für die Produkte der Medienwelt. Dabei fragt es sich nun, welcher Art diese hier beschriebenen geistigen Wesen, die die Menschen im Schlaf inspirieren, sind. Das werden wir dann beantworten können, wenn wir uns die betreffenden Medieninhalte näher anschauen.

III. Die «Impfung gegen alles Spirituelle» durch die Medienwelt

Wie wir gesehen haben, sind wir heute mit einer Art Kampf konfrontiert, der sich um das im ersten Kapitel beschriebene Erwachen für das Ätherische abspielt.

- Wir haben es seit der Mitte des 19. Jahrhunderts mit einem zunehmenden Materialismus zu tun, der in der Folge jenes oben beschriebenen Sturzes der Geister der Finsternis immer bedrohlichere Formen angenommen hat.
- Wir sehen im Zuge mit diesem Sturz aber auch das Heraufkommen einer wahren Erkenntnis der geistigen Welt in Form der Geisteswissenschaft Rudolf Steiners.
- Der Materialismus wirkte sich zunächst in zweifacher Weise aus: als materialistische medizinische Anthropologie bis hin zur «Rassenhygiene» und als spiritueller Materialismus in Form des Spiritismus.
- Seit dem Ende des Kali Yuga ergeben sich, dem entgegenwirkend, ein Sichlösen des Ätherleibes von seiner vorherigen harten Begrenzung durch den physischen Leib und damit einhergehend neue geistige Wahrnehmungsmöglichkeiten des Ätherischen.
- Aus früheren Inkarnationen sind aber in den Ätherleibern tote Einschlüsse enthalten, die, wenn sie nicht bewusst ergriffen werden können, zu Angriffspunkten für die Widersachermächte Luzifer und Ahriman werden können.
- Mit dem Beginn des 20. Jahrhunderts verstärkt sich zugleich das allerdings noch unbewusste Erleben der geistigen Welt

durch den unbewussten Schwellenübertritt zur geistigen Welt.

– In diesem Kampffeld zwischen bewusstem Erwachen für die Erfahrung des Ätherischen und dem im Materialismus Gefesseltbleiben machen sich in der Gegenwart vor allem westlich okkulte Machtinteressen geltend, die eine wahre Erkenntnis der geistigen Welt verhindern wollen. Darauf wollen wir nun am Beispiel der heutigen Medienwelt in der Jugendzeit hinblicken.

Zuvor sei aber auch hier wieder auf eine Aussage Rudolf Steiners, die er gerade im Zusammenhang mit dem Sturz der Geister der Finsternis gemacht hat, hingewiesen. Diese Aussage bezieht sich auf die Pädagogik, denn Rudolf Steiner ging davon aus, dass sich insbesondere in der Kinder- und Jugendzeit der Einfluss der Geister der Finsternis geltend machen würde. Er sprach dabei sogar von einer regelrechten «Impfung gegen alles Spirituelle».

«Vor allen Dingen aber wird es sich für diese Geister der Finsternis darum handeln, dasjenige, was nun auf der Erde sich verbreitet und in dem die Geister des Lichtes in ihrer richtigen Richtung fortwirken können, das in Verwirrung zu bringen, das in falsche Richtungen zu bringen. Ich habe auf eine solche falsche Richtung, die zu den paradoxesten gehört, schon hingewiesen. Ich habe Sie darauf hingewiesen, dass ja freilich die Menschenleiber sich so entwickeln werden, dass in ihnen eine gewisse Spiritualität Platz finden kann, dass aber der materialistische Sinn, der sich immer mehr ausbreiten wird durch die Anweisungen der Geister der Finsternis, dagegen arbeiten und mit materiellen Mitteln dagegen kämpfen wird. Ich habe Ihnen gesagt, dass die Geister der Finsternis ihre Kostgeber, die Menschen, in denen sie wohnen werden, dazu inspirieren werden, sogar ein Impfmittel zu finden, um den Seelen schon in frühester Jugend auf dem Umwege durch die Leiblichkeit die Hinneigung zur Spiritualität auszutreiben.»[1]

Worin aber besteht eine Impfung? Es wird dem Körper ein Keim eingeimpft, gegen den er sich wehren muss. Dadurch wird der Körper resistent gegen genau diesen Keim. Will man die Menschen also gegen das Spirituelle resistent machen, so muss man ihnen das Spirituelle nur in keimhafter, will sagen krankhafter Form einimpfen, und sie werden sich dann dagegen wehren, das heißt, das Spirituelle in seiner wahrhaften Form nicht erkennen können.

Damit ist nicht gemeint, dass die im Folgenden dargestellten Jugendmedien grundsätzlich negativ zu beurteilen seien. Denn es ist durchaus nicht ausgemacht, dass die von Steiner vorhergesagte «Impfung gegen das Spirituelle» generell die oben beschriebene negative Wirkung nach sich ziehen muss. Es kann durchaus auch andere Reaktionen geben, nämlich die, sich gerade wegen all dem Pseudospirituellen auf die Suche nach einer wahren Erkenntnis der geistigen Welt zu machen. Dann wäre die «Impfung» quasi umgekehrt wirksam. Im Übrigen durchläuft jeder Jugendliche diverse Phasen seiner Entwicklung, und der Konsum der weiter unten beschriebenen Medien bestimmt ja immer nur zeitweilig die Entwicklung, die nachfolgend durch ganz andere Phasen abgelöst werden kann.

Wenn im Folgenden ein Überblick über die heutige Szene der Jugendmedien in Büchern, Filmen und Videogames gegeben wird, dann nicht, um diese generell zu verteufeln. Auch hier gilt der anfangs zitierte Satz von Goethe, dass der Mensch zu seiner Entwicklung eben Widerstände benötigt. In diesem

Sinne können die hier beschriebenen Jugendmedien, die natürlich auch nur einen Teil des Gesamtmarktes ausmachen, vielleicht auch als ein Stachel angesehen werden, durch den die Suche nach einer wahren Erkenntnis der geistigen Welt angespornt werden kann. Wenn man diese Suche als seelischen Hunger betrachtet, der auch durch die oben beschriebenen toten Einschlüsse in den Ätherleibern noch verstärkt werden kann, dann wird sich dieser Hunger unter Umständen auf Dauer nicht mit «Fast Food» zufrieden geben, auch wenn auf dem Gebiete der leiblichen Ernährung besonders in der Jugendzeit «Fast Food» mitunter bevorzugt wird.

Entscheidend ist jedoch, die Tendenz zur Pseudospiritualität und zum spirituellen Materialismus in den Medien zu durchschauen, denn nur dann wird man auch über ihre Wirkungen nachdenken können.

Der nachfolgende Überblick ist das Ergebnis eines siebenjährigen intensiven Studiums. Die hier beschriebenen Beobachtungsresultate beruhen somit auf den vom Autor selbst an dieser Medienwelt gemachten Erfahrungen.[2]

Der zunehmende Einfluss der Medienwelt auf die Jugend seit dem Ende des 20. Jahrhunderts

Es ist ein nicht zu übersehendes Phänomen, dass sich mit der Jahrtausendwende der Bereich der Kinder- und Jugendmedien vollkommen verwandelt hat. Seit etwa dieser Zeit tritt uns in der Kinder- und Jugendliteratur eine Flut von Inhalten entgegen, die wir als eine spezifische Form von neuen Mythen bezeichnen können, weil sie uns wie die alten Mythen und Märchen mit einer anderen Realität, einer scheinbar übersinnlichen

Welt und in manchen Fällen auch mit der Welt des Ätherischen, in Berührung bringen.

Anders als noch im 19. Jahrhundert und zu Beginn des 20. Jahrhunderts, wo diese Art von Literatur noch als phantastische Literatur bezeichnet wurde, man denke etwa an *Andersens Märchen*, an Lewis Carrolls *Alice im Wunderland*, den *Zauberer von Oz* von L. Frank Baum oder *Peter Pan* von James M. Barrie, dominiert dieser Bereich heute das Erscheinungsbild nicht nur der Kinder- und Jugendliteratur, sondern der Kinder- und Jugendmedien überhaupt!

Zum einen sind da die klassischen Fantasyromane, angeführt von J. R. R. Tolkiens *Herrn der Ringe* (weltweit 150 Millionen Mal verkauft) und in seinem Gefolge einer Unmenge an Nachahmern der sogenannten «High-Fantasy» bis hin zum Online-Rollenspiel *World of Warcraft*. Hinzu traten Ende der 90er-Jahre und nach 2000 die *Harry-Potter*-Romane von J. K. Rowling, die in einer Parallelwelt zur Gegenwart spielen und sich dabei magischer Bilder und Rituale bedienen. Ähnliches ließe sich auch über die Fantasy-Trilogie *Der goldene Kompass* von Philipp Pullmann sagen, die bereits 1995, also vor *Harry Potter* erschien. Überall erscheinen mythische und magische Kräfte und Wesen, wie wir sie früher nur aus alten Mythen und Märchen kannten. Mit den *Harry-Potter*-Romanen wurde die neue Dimension der weltweiten Verbreitung neuer Mythen erst richtig wirksam: Allein diese sieben Bücher wurden weltweit 450 Millionen Mal verkauft. Im Durchschnitt ergibt das pro Band etwa 65 Millionen Exemplare. Da jedes Exemplar nicht nur von einem Leser gelesen werden kann, könnte man somit auf eine Leserschaft von etwa 100 Millionen (hauptsächlich Kinder und Jugendliche) kommen!

Im ersten Jahrzehnt des 21. Jahrhunderts traten in der Folge des riesigen Erfolges der Harry-Potter-Serie, die in diesem Zusammenhang wie ein Türöffner fungierte, im Bereich der Fantasy neue Elemente hinzu: die «Romantic-» und «Urban-Fantasy» mit Vampir-und Untoten-Romanen, angeführt durch die *Bis(s)*-Serie von Stephenie Meyer, mit annähernd gleich riesigem Erfolg wie die Harry-Potter-Serie. Dazu gesellen sich heute zunehmend Romane über gefallene Engel und sogenannte Dämonenjäger, wie etwa in der Trilogie *Chroniken der Unterwelt* von Cassandra Clare.

Aber es treten auch immer mehr Jugendromane auf, die sich mit dem Tod und mit anderen Grenzphänomenen auseinandersetzen. So etwa die *Der Geheime Zirkel*-Trilogie von Libba Bray, in der es um den Spiritismus des 19. Jahrhunderts geht, oder die *Madison Avery*-Reihe von Kim Harrison, die aus der Perspektive eines verstorbenen Mädchens erzählt wird. Von dieser Romantic- und Urban-Fantasy werden vor allem Mädchen und junge Frauen angezogen.

Fantasy – Kampf mit dem Drachen oder doch nur Flucht?

Was verbindet alle diese Fantasyromane? Zum einen fällt auf, dass ein großer Teil dieser Literatur, von wenigen Ausnahmen abgesehen, aus England oder Amerika stammt. Zum anderen aber rühren alle diese Romane an eine andere, übersinnliche Welt, die man auch als die Welt des Ätherischen bezeichnen könnte, die aber in der Regel überwiegend düster und bedrohlich erscheint. Auch die Welt der Verstorbenen wird dabei berührt, und auch sie erscheint ausschließlich bedrohlich, ja zerstörerisch wirksam zu sein. Und damit tauchen Motive auf, wie wir sie oben bereits als aus dem westlichen Okkultismus herrührend kennengelernt haben.

Wenn wir auf den Urvater der Fantasy, J. R. R. Tolkien (1892–1973) blicken, so erkennen wir bei ihm auch die Urmotive dieses Genres. Tolkien hatte den Ersten Weltkrieg mitgemacht und dabei praktisch alle seine Freunde verloren. Er hatte die furchtbaren Schlachten an der Front zwischen Deutschland und Frankreich miterlebt, jene materialistischen Auseinandersetzungen, die die furchtbarsten Zerstörungen hervorriefen. Tolkien sah ganz deutlich: Wenn der Mensch sich tatsächlich nur noch mit der Materie identifiziert, dann gerät er völlig in diese zerstörerischen Konsequenzen hinein. Deshalb suchte er nach etwas, was nun als Gegengewicht einen Aufstieg ermöglichen sollte, und das nannte er «eine neue Mythologie».[3]

Tolkien war eigentlich Sprachwissenschaftler und Mythologe. Er beschäftigte sich mit alten germanischen und angelsächsischen Sprachen und kannte die alten Texte sehr gut: die *Edda* und die alt-isländischen Sagas. Er fand solche Mythen aber hauptsächlich in den germanischen Kulturen, auch in den skandinavischen Ländern wie etwa das *Kalevala-Epos* von Elias Lönnrot, das ja erst im 19. Jahrhundert veröffentlicht worden war. Tolkien war aber der Auffassung, dass für die englisch sprechende Bevölkerung eine solche Mythologie nicht existierte. Deshalb empfand er nach dem Ersten Weltkrieg das Bedürfnis, seinem Volk eine neue Mythologie zu schenken, um ihr sozusagen ihren eigenen geistigen Ursprung wieder vor Augen zu führen.

Dazu entwickelte er, weil er ein großer Sprachwissenschaftler war, eine eigene Sprache, mit der er sich schon als Kind und Jugendlicher vor dem Ersten Weltkrieg beschäftigt hatte. Er benutzte diese Sprache, indem er Geschichten erfand. Diese handelten zunächst von Wesen, die vor den Menschen auf der Erde gelebt hatten, den Urahnen der Menschen, den so genannten *Elben*. Dadurch entstand nun eine neue Mythologie, in der es drei Zeitalter gibt, das Ganze nannte er die Geschichten von *Mittelerde*.

Da Tolkien auch Kinder hatte, wollten diese, nachdem er die Geschichten von Mittelerde schon ziemlich weit entwickelt hatte, einige davon hören. Er hatte sie aber zunächst nur in Form der alten Schöpfungsmythen, die für Kinder unverständlich waren, gestaltet. Weil die Kinder aber nachfragten, erfand er nun ein eigenes kleines Volk, die so genannten *Hobbits*.

Und damit kommen wir nun zu einem wesentlichen Element der Fantasyliteratur, nämlich der Fluchttendenz. In dieser Hobbitwelt, gibt es nun nämlich alles das, was Tolkien als das Zerstörerische erlebte, nämlich die Technik, nicht. Gleich am Anfang vom *Herrn der Ringe* heißt es:

«Die Hobbits sind ein unauffälliges, aber sehr altes Volk, das früher zahlreicher war als heute, denn sie liebten Frieden und Stille, und einen gut bestellten Boden. Eine wohl geordnete und wohl bewirtschaftete ländliche Gegend war ihr bevorzugter Aufenthaltsort. Kompliziertere Maschinen als einen Schmiede-Blasebalg, eine Wassermühle oder einen Handwebstuhl verstehen und verstanden oder mochten sie auch nicht, obwohl sie mit Werkzeugen sehr geschickt umgingen.»

In einer solchen vorindustriellen Welt war Tolkien aufgewachsen, sie war durch die technische Zivilisation immer mehr zerstört worden. Dann brach der Krieg herein, und danach war diese heile Welt nicht mehr zu finden. In der Welt der Hobbits ließ er diese Welt wieder auferstehen, und so entstand *Der kleine Hobbit,* der 1937 erschien.

Weil der Verlag nun nachfragte, ob da nicht noch mehr kommen könnte, schuf er dann während des Zweiten Weltkrieges die Geschichte des Krieges um den Ring. In der Geschichte des Hobbit hatte nämlich *Bilbo Beutlin* einen Ring gefunden, mit dem es aber eine schreckliche Bewandtnis hatte. Denn dieser Ring macht seinen Besitzer in einer gewissen Weise besessen von sich, sodass er ihn nicht mehr hergeben möchte, und er macht unsichtbar, er lässt seinen Besitzer verschwinden. Dieser Ring musste also aus der Welt geschafft werden, weil jeder wusste, dass er aus einer anderen Sphäre stammte, aus der Sphäre des bösen Herrschers *Sauron*. Sauron versucht, Mittelerde und das Auenland der Hobbits mehr und mehr in seine Gewalt zu bringen, und dazu benötigt er den einen Ring:

> Ein Ring sie zu knechten,
> sie alle zu finden,
> ins Dunkel zu treiben
> und ewig zu binden.

Wir sehen bei Tolkien also die beiden Grundmotive unserer Untersuchung, die Über- und die Unternatur[4] deutlich dargestellt. Die Übernatur wird repräsentiert durch die Elben, die Unternatur durch Sauron, den *Herrn der Ringe.*

Um das Beseitigen des einen Ringes geht es also in diesem Buch *Der Herr der Ringe,* wobei Sauron einen starken Mitstreiter hat, der sich *Saruman* nennt. Schon an der Namengebung kann man die Verwandtschaft mit der Wesenheit Ahrimans bemerken, und Tolkien, der Mythenkenner, kannte natürlich diese aus dem Persischen stammende Bezeichnung für die Mächte der Finsternis.

Die Sogkraft des Ringes repräsentiert die Macht, die der Materialismus ausübt, er ist sozusagen der direkte Ausdruck der Wirkung, die die Geister der Finsternis seit 1879 ausüben. Bei

Tolkien wirkt die Sogkraft des Ringes am Ende so stark, dass der Hobbit *Frodo*, der beauftragt war, den Ring zu beseitigen, ganz am Schluss, wo fast alles erreicht ist, diesen doch nicht hergeben will. Nur durch ein kleines Wunder und das Schicksal der tragischen Missgestalt *Gollum* wird der Ring schließlich doch vernichtet, so dass Mittelerde von der Macht, die die Materie und die Geister der Finsternis über den Menschen ausüben, befreit wird und damit in seinem vorindustriellen Zustand verbleiben kann.

Im *Pädagogischen Jugendkurs* spricht Rudolf Steiner über die Situation nach dem Ersten Weltkrieg und wie die Jugend immer mehr dazu kam, den Drachen zu fliehen.

«Das ist es, was in den Herzen vieler Menschen gerade im Beginne des zwanzigsten Jahrhunderts lebte, dass sie gefühlsmäßig-instinktiv den Drachen vor sich sahen, aber nicht den Michael sehen konnten. Daher gingen sie so weit als möglich von dem Drachen weg. Sie wollten sich ein Land suchen, wo der Drache nicht hinkommen kann, sie wollten nichts mehr wissen von dem Drachen. Und so sehen wir, wie die Jugend dem Alter entläuft, weil sie aus dem Gebiete des Drachens herauskommen will. Das ist auch eine Seite der Jugendbewegung. Die Jugend wollte dem Drachen entfliehen, weil sie keine Möglichkeit sah, den Drachen zu besiegen. Sie wollte irgendwo hingehen, wo der Drache nicht war.»[5]

Zu dieser Jugend gehörten damals auch Tolkien und seine Mitstreiter. Es gab einen ganzen Kreis, die «Inklings», die an diesem Werk *Der Herr der Ringe* letztlich mitbeteiligt waren, auch C. S. Lewis, der spätere Autor der *Narnia*-Romane gehörte dazu, wobei alle übrigens sehr gläubige Christen waren, die einem strengen kirchlichen Glauben anhingen, die also nicht etwa Atheisten waren, sondern die ihre Werke eigentlich aus einer religiösen Überzeugung veröffentlichten. *Der Herr der Ringe* hat in diesem Sinne eine tief religiöse Unterströmung.

«Es liegt bei denjenigen, welche die Bewahrung der Glaubens-Offenbarungen vor dem Einfließen menschlicher Erkenntnis streng verlangen, die unbewusste Furcht vor, der Mensch könne auf solchen Wegen in ahrimanische Einflüsse hineinkommen. Das muss verstanden werden.»[6]

Die Auseinandersetzung mit Ahriman wird also letztlich vermieden, um des Glaubens willen. Denn durch geistige Erkenntnis («auf solchen Wegen») könnte der Mensch in die Hand Ahrimans geraten, also bewahrt man die Menschen davor. Die Auseinandersetzung mit Ahriman kann aber nur auf dem Wege geistiger Erkenntnis erfolgen.

In einer Szene wird die Rückwärtsorientierung der Fantasy Tolkiens besonders deutlich. Als Sam und Frodo auf ihrem Weg in die Zukunft in den Spiegel der Elbenfürstin Galadriel blicken dürfen, da sehen sie anstelle der alten Wassermühle schon eine Fabrik im Auenland stehen. Doch Galadriels Spiegel enthüllt nur jene Zukunft, die eintritt, wenn derjenige, der sie erblickt, von seinem Weg abweicht, um zu verhindern, was er gesehen hat. Sam und Frodo müssen ihren Auftrag, den Ring zu vernichten, unerbittlich erfüllen, sie dürfen ihm nicht entweichen. Denn das Auenland kann nur durch die Vernichtung des Rings bewahrt werden, die im Spiegel auftauchende apokalyptische Vision einer Industrialisierung des Auenlandes kann durch die Erfüllung von Frodos Auftrag abgewendet werden.

Die von Tolkien inaugurierte Fantasyliteratur stellt also letztlich eine Fluchtbewegung dar, man meidet die tatsächliche Auseinandersetzung mit dem Drachen durch ein Ergreifen der geistigen Erkenntniskräfte, indem man in eine vorindustrielle Welt zurückkehrt, in der der Drache noch ohne geistige Erkenntnisse allein durch Herzenskräfte bekämpft werden konnte:

«In älteren Zeiten war der Mensch an dem Hervorbringen des Drachens noch beteiligt, doch hatte er die nötige Dosis von Todeskraft mitbekommen, so dass er ihn noch bezwingen konnte. Der Mensch hat damals dem Erleben nur soviel Intellektualität mitgegeben, dass er sie noch durch die Herzenskräfte überwinden konnte. Jetzt ist der Drache streng objektiv geworden, jetzt lebt er so, dass er uns von außen begegnet und uns als seelisches Wesen verschlingt. ...Vom fünfzehnten bis ins neunzehnte Jahrhundert wurde die Menschheit dem Drachen gegenüber ohnmächtig. Es war das Zeitalter, das nach und nach ganz dem Glauben an die materielle Welt verfallen ist.»[7]

Tolkien spürt den Drachen in seiner äußerlich gewordenen Objektivität ganz deutlich. Er ahnt etwas vom Sturz der Geister der Finsternis, ja er beschreibt diese auch. Aber er findet in seiner «neuen Mythologie» kein adäquates Mittel, um den Drachen wirklich zu bekämpfen, sondern er greift in diesem Kampf auf alte Mittel zurück.

Im Übrigen erscheinen die Geister der Finsternis im *Herrn der Ringe*, die Sauron und Saruman in ihrem Zerstörungswerk unterstützen, bereits in jener Form, von der Rudolf Steiner als Erscheinungsform des westlichen Okkultismus gesprochen hat, nämlich als an das Irdische gefesselte Verstorbene. Dadurch, dass sich die *Nazgul* die «Ringgeister» in ihrem früheren Leben auf den Ring, den Sog des Materialismus eingelassen haben, kommen sie als Verstorbene nicht mehr los vom ihm, bleiben wie gefesselt und können vom Herrn der Ringe, Sauron, nun für seine Zwecke missbraucht werden.

«Was wollen nun solche Eingeweihte, welche eigentlich

ganz gut wissen, dass die Menschenseele ein rein spirituelles Wesen ist, ein spirituelles Wesen, ganz selbständig gegenüber der Leiblichkeit, und die dennoch die materialistische Gesinnung der Menschen hegen und pflegen? Diese Eingeweihten wollen, dass möglichst viele Seelen da seien, welche hier zwischen Geburt und Tod nur materialistische Begriffe aufnehmen. Dadurch werden diese Seelen präpariert, in der Erdensphäre zu bleiben. Sie werden gewissermaßen in der Erdensphäre gehalten. Und nun denken Sie sich, dass Brüderschaften eingerichtet werden, die das genau wissen, die jene Verhältnisse gut kennen. Diese Brüderschaften präparieren dadurch gewisse Menschenseelen so, dass diese Menschenseelen nach dem Tode im Reiche des Materiellen verbleiben. Wenn diese Brüderschaften dann – was möglicherweise in ihrer verruchten Macht liegt – die Veranstaltung treffen, dass diese Seelen nach dem Tode in den Bereich der Machtsphäre ihrer Brüderschaft kommen, dann wächst dieser Brüderschaft dadurch eine ungeheure Macht zu.»[8]

Die Art des Hereinwirkens Verstorbener wie sie Tolkien in Gestalt der *Nazgul* beschreibt, entspricht ziemlich genau dieser Darstellung Rudolf Steiners über die Ziele des westlichen Okkultismus. Tolkien spürte gewissermaßen unbewusst, was hinter dem Sturz in den Materialismus, den er nicht ertragen konnte, steckte. Aber er fand nicht die geeigneten Mittel, um diesem Materialismus nun tatsächlich entgegenzutreten.

Ähnliches ließe sich nun eigentlich für alle Nachahmer dieser Art von Fantasy sagen, insbesondere aber von den *Harry-Potter*-Romanen der *J. K. Rowling*. Auch hier haben wir es mit Erscheinungsformen des Bösen zu tun, die eng angelehnt sind an jene Form, wie sie Steiner für das Erleben des westlichen Okkultismus beschreibt. Alles Übersinnliche erscheint dadurch immer in der Form des Bedrohlichen und Zerstörerischen, und es wird aus dem Bereich von Verstorbenen generiert, die an das Irdische gefesselt sind und dadurch zerstörerische Wirkungen hervorbringen.[9] Der ganze Wirbel um den Zauberer *Harry Potter* weckt aber die luziferische Illusion, dass es tatsächlich möglich sei, das Böse und seine Wirkungen, die Folgen des Sturzes der Geister der Finsternis, mit den Mitteln alter Magie zu bekämpfen.

Die heutige Jugend spürt natürlich ebenso wie die Jugend nach dem Ersten Weltkrieg die Wirksamkeit des Drachens und das wohl mehr denn je. Durch die Fantasyliteratur werden aber Hoffnungen geweckt, dass man den Drachen mit den Mitteln der Vergangenheit besiegen könnte.

Dabei werden wohl auch jene toten Einschlüsse in den Ätherleibern angesprochen, die auf altes übersinnliches Erleben zurückweisen, in dieser Form aber eben zu einem Angriffspunkt luziferischer Wirksamkeit werden. Denn Luzifer ist es, der den Menschen auf alten Stufen des Erlebens zurückhalten will. Er versucht, das moderne Erwachen zum Ätherischen zu verhindern, das eben ein bewusstes Erleben, das heißt aber auch ein Erkennen voraussetzt. Die Flucht vor dem Drachen führt den Menschen daher zwar weg von Ahriman, dafür aber hin zu Luzifer.

«In dem ursprünglichen Sein verharren, die ursprüngliche naive, im Menschen waltende Götter-Güte beibehalten wollen und vor dem vollen Gebrauche der Freiheit zurückbeben, führt den Menschen in dieser Welt der Gegenwart, in der alles auf die Entwickelung seiner Freiheit veranlagt ist, doch zu Luzifer, der die gegenwärtige Welt verleugnet wissen will.»[10]

Zwar ziehen sich am Ende des *Herrn der Ringe,* nachdem die große Aufgabe der Ringvernichtung vollzogen ist, die «guten Götter», in diesem Falle die Elben, von den Menschen zurück. Damit aber ist auch die Auseinandersetzung mit dem «Drachen» beendet. Das ganze Epos behält daher immer den Charakter des Rückwärtsgewandten.

Filme und Fantasy-Rollenspiele – Sauron behauptet sich

Diese rückwärtsgewandten Bilder des von Tolkien erschaffenen Genres, das nun nicht als «neue Mythen», sondern eben als «Fantasy» bezeichnet wird, haben gegen Ende des 20. Jahrhunderts einen erneuten Höhepunkt ihrer Verbreitung erreicht. Der erste Höhepunkt waren die 60er- und 70er-Jahre, in denen die noch junge Ökoszene in den USA in der von Tolkien beschriebenen Welt des Auenlandes ein Vorbild für naturnahes Leben erblickte. Ende der 90er-Jahre kamen dann die Verfilmungen von Peter Jackson heraus, und dabei entstand nun ein Paradox, das sich auch auf die Welt der Computer, auf die wir im nächsten Kapitel noch zu sprechen kommen werden, ausdehnte.

Denn Tolkien war nicht nur in seinen Büchern, sondern auch im realen Leben technikfeindlich eingestellt. So berichtet sein Biograf Humphrey Carpenter, dass Tolkien im August 1952 zum ersten Mal ein Tonbandgerät zu sehen bekam, das George Sayer, ein Freund von Tolkiens Kollegen C. S. Lewis, dem Autor der *Narnia*-Romane, ihm vorgesetzt hatte, um die beeindruckenden Rezitationen Tolkiens aus seinen Werken festzuhalten. Tolkien sei dem Gerät äußerst misstrauisch begegnet und habe vor der ersten Aufnahme zuerst das Vaterunser auf Gotisch ins Mikrofon gesprochen, «um alle Teufel auszutreiben, die darin lauern mochten».[11] Anschließend war er dann aber von den Aufnahmen so begeistert, dass er sich dann sogar ein eigenes Gerät anschaffte.

Wenn man also von dieser Einstellung Tolkiens weiß, dann ist es umso merkwürdiger, dass sein Werk nun am Ende des 20. Jahrhunderts durch die von der Computertechnik vollkommen revolutionierte Welt des Kinos weltweit verbreitet und noch populärer wurde. Erst die computergenerierten Bilder machten es möglich, den *Herrn der Ringe* so realistisch wie möglich zu verfilmen.

Noch einen Schritt weiter geht aber das Online-Rollenspiel *World of Warcraft*, das im Internet nach dem Vorbild des *Herrn der Ringe* von Jugendlichen auf der ganzen Welt gespielt wird. Hier können die Spieler nun in die vom Computer generierte Fantasywelt virtuell eintauchen und sich einerseits ganz von dieser Welt luziferischer Drachenkämpfe vereinnahmen lassen, gleichzeitig aber werden die Spieler von einer ahrimanisierten Technik an den Bildschirm gefesselt, von dem viele Spieler nicht leicht wieder loskommen. In Tolkiens Sprache würde man sagen: Die Spieler haben sich von Saurons Ring einnehmen lassen, mit Hilfe dessen er nun seine Macht über sie ausüben kann. Wir kommen auf diese Problematik der Computerspiele im nächsten Kapitel noch einmal zurück. Tolkiens Hoffnung, den Drachen mithilfe seiner neuen Mythen besiegen zu können, erweist spätestens hier nun vollends ihren illusionären Charakter.

Romantic- und Urban-Fantasy – die geistige Welt wird verschleiert

Im Rahmen der Möglichkeiten dieses Buches kann nur ansatzweise versucht werden, das gesamte Phänomen der heutigen

Kinder- und Jugendmedien gründlich zu untersuchen. Allein das Feld der Fantasy-Literatur ist mittlerweile so umfangreich, dass der Versuch, das Phänomen als Ganzes in den Blick zu nehmen, mehrere Bände füllen würde. Dasselbe gilt auch für die Welt der Filme und Computerspiele. Wir gehen hier daher auf exemplarisch ausgewählte und repräsentative Beispiele aus dem Bereich der Literatur und weiter unten dann auch aus dem Bereich der Filme und Computerspiele ein. An diesen Beispielen soll deutlich werden, dass wir es praktisch in allen Fällen mit ein und derselben Tendenz zu tun haben, nämlich mit einer modernen Neuauflage des spirituellen Materialismus des 19. Jahrhunderts, der damals in Form des Spiritismus populär gemacht wurde.

Beginnen wir mit *Stephenie Meyer*, der nach J. K. Rowling weltweit erfolgreichsten Autorin aller Zeiten. Schon ihre eigenartige Biografie lässt aufhorchen. Aus einem extrem behüteten, streng mormonischen Elternhaus stammend hat die junge Frau mit dreißig Jahren einen Traum von einem Liebespaar, einer jungen Frau, die sie später Bella nannte und einem bildhübschen und verführerischen jungen Vampir namens Edward. Bella und Edward werden infolge ihres Traumes zu den Helden der erfolgreichsten Vampirsaga aller Zeiten, Vorbild für eine Unzahl von Nachahmern und Begründer eines neuen Genres, der Romantic-Fantasy.

Was ist ein Vampir? Als literarische Gestalt stammt der Vampir aus dem 19. Jahrhundert, wo ihn in Gestalt des Grafen *Dracula* der irische Autor Bram Stoker (1847–1912) mit seinem 1897 erschienenen gleichnamigen Roman berühmt machte. Vampire gab es in den Volkssagen des Balkans, sie waren aber in Europa vor Bram Stoker praktisch völlig unbekannt. Ein Vampir ist ein Untoter, ein Verstorbener, der sich nicht aus den Fesseln des

Irdischen befreien kann, und den es permanent nach menschlichem Blut verlangt. Deshalb steht er nachts aus seinem Grab auf, um Menschen zu töten.

In dieser Figur finden wir also ein Abbild genau dessen, was Rudolf Steiner im Hinblick auf jene Verstorbenen sagt, die sich seit dem Ende des 19. Jahrhunderts durch den immer stärker aufkommenden Materialismus in der Folge des Sturzes der Geister der Finsternis nur noch mit materialistischen Vorstellungen durchdrungen haben. Sie verbleiben nach ihrem Tode länger als üblich im irdischen Bereich und entfalten durch ihre materialistischen Gedanken, wie als ob diese von den Geistern der Finsternis gebannt würden, zerstörerische Wirkungen. Durch das fehlende Bewusstsein einer geistigen Welt, durch fehlendes Licht also, werden diese Seelen ans Irdische gebannt. Dies aber wird nun dadurch noch verstärkt, dass sich auch die irdische Liebe im Nachtodlichen verwandelt:

«Aber man nimmt alle Kraft der Liebe in die geistige Welt hinüber von dem, was man sich hier in der physischen Welt gerade durch die sinnenfällige Anschauung erwirbt, durch das Leben mit der physischen Wesenheit. Die Liebe wird schon angefeuert durch dasjenige, was sich hier in der physischen Welt an Verständnis *für* diese physische Welt entwickelt. Und gerade solche Erlebnisse wie die Weltanschauungserlebnisse mit der modernen Naturwissenschaft, wenn man sie als Empfindungen aufnimmt, die entwickeln für drüben die Liebe. Nur – die Liebe, die ist etwas, was hoch oder niedrig ist, je nach dem Gebiete, auf dem sie sich entfaltet. Wenn Sie durchgehen durch die Pforte des Todes und als ein zerstörendes Zentrum im Bereich der Erde bleiben müssen, so haben Sie zwar auch viel Liebe entwickelt – denn dass Sie bleiben müssen, ist gerade eine Folge Ihres Verbundenseins mit rein naturalistischen Begriffen –, aber

Sie verwenden diese Liebe auf das Zerstörungswerk, Sie lieben dann gerade das Zerstörungswerk, sind dazu verurteilt, sich selber zu beobachten, wie Sie das Zerstörungswerk lieben.»[12]

Und damit wären wir bei den Vampiren der Stephenie Meyer angekommen. Sie lieben, aber ihre Liebe wirkt zerstörerisch. Diese Vampire sind gewissermaßen die Abbilder materialistisch gesinnter Verstorbener. Zwar versucht Edward verzweifelt, seine Liebe gegenüber Bella nicht zerstörerisch wirksam werden zu lassen, aber es gelingt ihm nicht.

Dass die junge Autorin, die, wie sie selbst sagt, niemals die Absicht hatte, einen Vampirroman und schon gar nicht eine ganze Serie zu schreiben, die sich vor dem Anblick von Blut fürchtete und niemals einen Horrorroman gelesen hatte, dennoch ihrem Traum folgte, lässt die Frage entstehen, woher sie diesen Traum hatte. Ähnlich wie J. K. Rowling wurde sie das Opfer einer Art von Besessenheit von etwas, was ihr selbst nicht wirklich bewusst geworden ist.

Nun macht Rudolf Steiner auch darauf aufmerksam, dass die Menschen heute seit dem Sturz der Geister der Finsternis gerade durch ihre Träume, viel mehr als sie glauben, aus der geistigen Welt heraus inspiriert werden.[13] Haben diese Menschen aber dann keinen klaren Blick für das Geistige, sind sie im Innersten doch materialistisch, so können diese Träume nicht wirklich verstanden werden. Sie bleiben dann unbewusst und werden zum Werkzeug eben jener Geister der Finsternis, die das Bewusstsein der Menschen ans Irdische bannen wollen.

Interessanterweise ist sich Stephenie Meyer dieses Zusammenhanges in gewisser Weise auch bewusst geworden. Denn in der Folge der *Twilight-Romane* hat sie 2008, wie um sich von dem Albdruck des Vampirismus zu befreien, einen neuen Roman mit dem Titel *The Host (Seelen)* geschrieben. Dieser

Roman, der nun plötzlich wie ein Science-Fiction-Roman in der Zukunft spielt, handelt von einer Menschheit, die zu großen Teilen von den sogenannten *Seelen* besessen ist. Diese außerirdischen Wesen bemächtigen sich durch eine Art von Implantation der Menschen und beherrschen dadurch die Erde. Geschildert wird nun das Schicksal einer jungen Frau, Melanie, die sich, wie ein kleiner Rest der Menschheit, dieser Besetzung ihres Bewusstseins widersetzt. Geschildert wird gleich zu Anfang eine Art von misslingender Operation, bei der es der zu implantierenden außerirdischen Seele namens Wanda nicht gelingt, das Bewusstsein ihrer Trägerin vollständig zu besetzen. Stattdessen setzt sich Melanie zur Wehr und erhält ihr menschliches Bewusstsein aufrecht. Dadurch lebt sie nun mit der «Seele» zu zweit in ihrem Bewusstsein weiter. Unglücklicherweise ist Melanie aber in einen der überlebenden Menschen, in den jungen Jared verliebt, in den sich nun aber auch die «Seele» Wanda verliebt, woraus sich ein Kampf um dessen Besitz entspinnt.

Interessant ist hierbei, dass Stephenie Meyer wiederum sehr dicht an eine spirituelle Realität, nämlich die Wirksamkeit der Geister der Finsternis herankommt, ohne aber deren eigentliche Wirksamkeit zu durchschauen. Wie durch einen dichten Nebel hindurch erblickt man in dieser Art von Literatur die Schemen der an die physische unmittelbar angrenzenden geistigen Welt, ohne dass ihre eigentliche Realität dabei jemals wirklich in den Blick käme. Man hat deutlich den Eindruck, dass durch diese halb imaginativen, halb unbewussten Inhalte ein dichter Schleier vor jene Welt gezogen wird, nach der sich die Autorin, mehr aber noch ihre Millionen Leserinnen sehnen.

Eine zweite Gattung des Genres Fantasy ist die sogenannte Urban-Fantasy, in der es rauher, gewalttätiger und zugleich realistischer zugeht. Hier stehen nun nicht nur Vampire und Werwölfe, sondern finstere Geistwesen im Vordergrund, die als Dämonen in Erscheinung treten, weil sie wie die Vampire ins Irdische verstrickt erscheinen. Daher gibt es in diesen Romanen so genannte «Dämonenjäger», die diese Geister der Finsternis bekämpfen müssen. Wir haben es hier ganz offensichtlich mit Abbildern jener von Rudolf Steiner beschriebenen Geister der Finsternis zu tun. Die an die physisch sichtbare unmittelbar angrenzende Welt, die in diesen Romanen immer unmittelbar gegenwärtig ist, wo es praktisch keine festen Grenzen mehr zwischen hüben und drüben gibt, erscheint deshalb immer in bedrohlicher, beängstigender Weise, so dass der Slogan eines der zahlreichen Jugendbuch-Verlage, die diese Literatur nun seit Jahren in großen Mengen auf den Markt werfen bezeichnenderweise fragt:

«Wenn das Übernatürliche an deine Tür klopft, wirst du ihm öffnen?»

Man erhält durch alle diese Romane immer den Eindruck, *die Geister der Finsternis lebten noch in der an die physische Welt angrenzenden ätherischen Welt und seien von Michael nie gestürzt worden!* Gerade dadurch aber ergibt sich von der ätherischen Welt immer ein finsterer Eindruck, was aber der eigentlichen geistigen Realität widerspricht. *Gerade dadurch aber wird eben ein falsches Bild des Übersinnlichen erzeugt, und auf diese Weise wird die Jugend gegen das Spirituelle geimpft!*

Nehmen wir als weiteres Beispiel eine der erfolgreichsten Autorinnen dieses Genres, Cassandra Clare (praktisch alle Urban-Fantasy-Romane werden von Frauen geschrieben). In *City of Bones,* dem ersten Band der *Chroniken der Unterwelt,* einer der bekanntesten Trilogien des Genres (diese Romane erscheinen nie einzeln, sondern in Serien von mindestens drei

Romanen), beschreibt einer der Dämonenjäger die «Dämonen» folgendermaßen:

«Vampire, Werwölfe und selbst Hexenmeister sind teilweise menschlich. Sie sind Teil dieser Welt und in ihr geboren. Sie gehören hierher. Aber Dämonen kommen aus anderen Welten. Es sind interdimensionale Parasiten. Sie dringen in eine Welt ein und zehren sie auf. Sie können nichts aufbauen, nur zerstören – sie können nicht schaffen, nur benutzen. Sie verwandeln einen Ort zu Asche, und wenn er tot ist, ziehen sie zum nächsten. Sie wollen Leben, nicht nur dein Leben oder meines, sondern das gesamte Leben dieser Welt, ihrer Flüsse und Städte, ihrer Meere, alles. ... Es gibt vermutlich andere lebendige Welten, so wie unsere. Aber nur Dämonen können sich zwischen ihnen bewegen. Vermutlich weil sie überwiegend körperlos sind; allerdings kennt niemand den genauen Grund. ... Inzwischen kommen immer mehr. Früher gab es nur kleine Invasionen von Dämonen, mit denen man leicht fertig werden konnte. Aber allein seit dem Jahr meiner Geburt sind mehr Dämonen durch die Schranken gedrungen, als in allen Jahren zuvor.»

Eine exaktere Beschreibung des Wesens der Geister der Finsternis ließe sich wohl kaum denken! Und dennoch wird die eigentliche geistige Realität nicht erkannt, sondern verfälscht. Und ähnlich wie in der klassischen Fantasy Tolkiens werden deshalb diese Dämonen mit unzureichenden Mitteln bekämpft. Es geht nicht um die Überwindung des materialistischen und die Entwicklung eines höheren Bewusstseins, um das Erkennen einer Unternatur, der eine Übernatur gegenübergestellt werden muss. Es geht überhaupt nicht um die geistige Dimension des Menschen, schon gar nicht geht es um die Tatsache der Reinkarnation. Sondern immer geht es darum, das Übersinnliche, das bedrohlich erscheint, zu bannen, zu beseitigen, sich davon zu befreien. So wie die Vampire durch das Pfählen beseitigt werden, so die Dämonen mit den Mitteln schwarzer Magie, wie es praktisch auch in allen *Harry-Potter*-Romanen der Fall ist.

Bezeichnend für diese Art von Fantasy und ihr Zerrbild geistiger Realitäten ist der Satz, den der Dämonenjäger kurz darauf ausspricht:

«Ich töte nun schon seit etlichen Jahren Dämonen und habe bestimmt schon fünfhundert dieser Höllengeburten dorthin zurückgeschickt, wo sie hergekommen sind. Aber in all der Zeit – in all diesen Jahren – habe ich nicht einen einzigen Engel gesehen. Und noch nicht einmal von jemandem gehört, der einen gesehen hätte.»

Wie kann er auch einen Engel gesehen haben, wenn sein Bewusstsein eben doch ans Irdische gefesselt bleibt? Dieser Satz ist mehr als bezeichnend für diese Art von Literatur, von der es mittlerweile Unmengen auf dem Markt gibt, ja es haben sich für diese Literatur, die ausschließlich angloamerikanischen Ursprungs ist, in Deutschland gleich mehrere neue Verlage gebildet, die sich ausschließlich diesem Genre widmen.

Ebenfalls sehr populär sind Romane, die als direkte Ableger des Spiritismus des 19. Jahrhunderts erscheinen, Romane, in denen es um die Existenz von ans Irdische gefesselten Verstorbenen geht, um Mädchen, die die beunruhigende Fähigkeit haben, diese Verstorbenen wahrzunehmen, und die sich nun damit konfrontiert sehen, sich von diesem Albdruck zu befreien. Zwischen heilloser Sehnsucht nach einer geistigen Welt, die die Autorinnen aber nur als eine Art Anhängsel der physischen Welt beschreiben, und Bedrohung durch an das Sinnliche gefesselte verstorbene Seelen bewegen sich diese Romane, von denen ich hier nur vier Beispiele nenne: *Schattenstunde – die dunklen Mächte* von Kelley Armstrong, einer Autorin, die bereits mehrere Serien veröffentlicht hat, *Madison Avery – Totgeküsste leben länger* von Kim Harrison, ebenfalls eine Vielschreiberin, *Silberlicht* von Laura Whitcomb und *Der geheime Zirkel* von Libba Bray.

Alles dies sind Jugendromane, die fast ausschließlich von Mädchen, aber auch von erwachsenen Frauen konsumiert werden. Man findet im Internet zahlreiche Webseiten, auf denen sich die Leserinnen über diese ihre Lektüren begeistert austauschen.[14]

Niemals wird in einem dieser Romane das geistige Wesen des Menschen real erfasst. Es bewegt sich alles im rein Seelischen, eine nachtodliche Weiterentwicklung, ein Aufstieg der Seele, eine geistige Individualität treten nicht in Erscheinung und deshalb auch niemals die Tatsache der Reinkarnation. Man hat sogar den Eindruck, dass eben gerade diese Tatsachen nicht erscheinen sollen, dass sie also verschleiert werden, und dass das auch die hinter all diesen Machinationen steckende Absicht ist, die natürlich den einzelnen Autorinnen nicht bewusst ist.

Dass es dem westlichen Okkultismus und paradoxer Weise damit verbunden auch der katholischen Kirche gerade darum geht, den Reinkarnationsgedanken zu verschleiern, ihn nicht aufkommen zu lassen, auch darüber hat sich Rudolf Steiner deutlich ausgesprochen:

«Das andere, was geschehen musste, wird sich Ihnen ergeben, wenn Sie ins Auge fassen, wie nun die zuletzt angedeuteten Menschen auftraten, die auch unter einer gewissen Führung standen, und die nicht wollten, dass die Lehre von den wiederholten Erdenleben, von der sie meinten, dass sie die Form des Christentums, wie sie sie gewohnt sind in Europa und Amerika, verändere, als eine Wahrheit unter die Menschen käme. ...

Das aber muss verhüllt, verheimlicht werden, wenn man den

Menschen die Anschauung von den wiederholten Erdenleben nicht beibringen will; und man muss dieses Verheimlichen in concreto tun, man muss es so tun, dass die Menschen nicht aufmerksam werden auf dieses Geheimnis, das ich eben angeführt habe. Denn, werden sie abgelenkt von einer wahren Betrachtung des Lebens zwischen dem Tode und einer neuen Geburt, dann werden sie dahin gelangen, dass sie ohne dieses Geheimnis das Leben zwischen der Geburt und dem Tode nehmen und sich von Medien erzählen lassen, als ob da ein Wesen wäre, das nur dieses Erdenleben so fortsetzte.

In all den Dingen, die auf diesem Feld geschehen, ist ungeheuer viel Berechnung. Denn selbstverständlich weiß der Okkultist, der so etwas unternimmt, wenn er dem linken Pfade angehört, in welche Richtung er die Gedanken bringen muss, um auch die Gefühle in diese Richtung zu bringen und die Menschen abzulenken von gewissen Geheimnissen, damit sie nicht herauskommen.»[15]

Die westlichen Okkultisten der «linken Hand» und der «Hochkirche nahestehende Okkultisten»[16] arbeiteten durch den damaligen Spiritismus und Mediumismus bereits im 19. Jahrhundert in dieser Hinsicht zusammen und versuchten, auf dem Umwege über die spiritistische Praxis der Medien, den Gedanken der Reinkarnation durch die Verschleierung des Lebens zwischen Tod und neuer Geburt zu unterdrücken. Die hier genannten Autorinnen stehen deutlich in dieser Tradition. Über diese Art von Spiritualität sagt Rudolf Steiner in demselben Zusammenhang:

«So konnte es kommen, dass eigentlich ganz materialistisch angelegte Naturen in ihrer Weltanschauung gewissermaßen genug Luziferisches in sich hatten, um nun doch an den Materialismus nicht zu glauben, sondern innerhalb des Materialismus nach einer spirituellen Weltanschauung zu suchen. Denken Sie sich, es konnte der Typus eines Menschen im 19. Jahrhundert entstehen von der Art, dass der Kopf ganz materialistisch veranlagt ist, dass der Mensch gänzlich materialistisch denkt, dass aber das Herz sich sehnt nach dem Spirituellen. Wo das der Fall ist, da wird der Betreffende im Materiellen das Spirituelle suchen, und er wird dem Spirituellen selber eine materialistische Gestalt zu geben bemüht sein.

Steht nun vielleicht hinter einer solchen Persönlichkeit irgendeine Individualität, die das Ganze durchschaut, so hat diese Individualität mit einer solchen Persönlichkeit ein ganz besonders leichtes Spiel. Denn diese Individualität kann dann, wenn sie ein Interesse daran hat, diesen Menschen so präparieren, dass er die anderen Menschen dazu verführt, das Spirituelle auf materielle Art zu sehen, und es gelingen dann solche Dinge, die darauf berechnet sind, die Menschen hinter das Licht zu führen.»[17]

Diese Irrtumsmöglichkeit führt Rudolf Steiner nun darauf zurück, dass diese letztlich doch materialistisch gesinnten Menschen eben keinerlei klare Gedanken über die geistige Welt fassen können, was unter anderem dazu führt, dass sie sich falsche Vorstellungen über die Wirksamkeit des Bösen machen. Sie können nämlich die zwei Formen des Bösen, das Luziferische und das Ahrimanische, nicht unterscheiden und verwechseln diese fortwährend:

«Wenn man sie aber durcheinander mischt, Ahriman und Luzifer, zu einem Kuddelmuddel, dann geschieht es, dass man das, was einen als ahrimanisches Bild, als ahrimanische Welt anlügt, annimmt, weil Luzifer dem Ahriman zu Hilfe kommt, und man dann eine gewisse Sehnsucht bekommt, gewisse Irrtümer als Wahrheiten hinzunehmen.

Diese merkwürdige Tatsache hat sich im höchsten Grade herausgebildet: Irrtümer, die eigentlich nur im Zeitalter des Materialismus blühen konnten – man könnte sagen, im Zeitalter der Verführung durch Ahriman –, dadurch hinzunehmen, dass Luzifer von innen heraus hilft. Ahriman mischt sich in die Auffassung der äußerlichen Erscheinungen und lügt einen darüber an. Aber man würde hinter seine Schliche kommen, wenn nicht im eigenen Inneren Luzifer gewisse Sehnsuchten erweckte, gerade solche materialistische Vorstellungen in der Weltanschauung aufzupeitschen.»[18]

Die in der materialistischen Weltanschauung wirksamen ahrimanischen Geister der Finsternis können deshalb unerkannt wirksam sein, weil Luzifer, ebenfalls unerkannt, in diesen Materialismus eine Art von Pseudospiritualität hineinmischt, mit der gewisse Sehnsüchte scheinbar befriedigt werden können, die man durchaus auf jene toten Einschlüsse in den Ätherleibern zurückführen könnte. Auf diese Weise erscheinen heute mehr und mehr Bücher, aber auch Filme, wie wir noch sehen werden, die sich des spirituellen Materialismus bedienen und damit den wahren Charakter des Geistigen zudecken.

Die an die physische Welt unmittelbar angrenzende geistige Welt

Bevor wir nun zu einer anderen Form von Bildern kommen, die die heutigen Jugendmedien beherrschen, werfen wir zunächst noch einen Blick auf eine Reihe von Aussagen Rudolf Steiners, in denen er sich auf die von ihm so genannte «unmittelbar an unsere physische Welt angrenzende geistige Welt» bezieht. Mit diesem immer wieder auftauchenden Begriff meint er ja die ätherische Welt, um deren Realität es uns in diesem Buch geht. Mit diesem Ausdruck will er offensichtlich darauf hinweisen, wie nahe uns diese Welt ist, auch wenn sie von den meisten Menschen nicht bemerkt wird. In dieser Welt spielte sich seit den 40er-Jahren des 19. Jahrhunderts jener Kampf Michaels mit den Geistern der Finsternis ab, in dessen Folge diese Geister eben aus jener Welt in unsere physische Welt, in unser irdisches Bewusstsein gestürzt worden sind.

«An unsere physische Welt grenzt ja unmittelbar eine andere, eine übersinnliche. Niemals war das Hereinwirken dieser an unsere physische Welt angrenzenden metaphysischen Welt so intensiv wie in dieser Zeit. Nur merken es die Menschen nicht; sie merken es noch nicht einmal, wenn es furchtbar, schauerlich wird, wenn es einem die Seele umdreht.» [19]

Nun enthüllt Rudolf Steiner im Laufe seiner Darstellungen über diesen Sturz der Geister der Finsternis ein weiteres Geheimnis, von dem er sagt, dass es die westlichen Okkultisten, die darum wissen, unter allen Umständen nicht preisgeben wollen, dass es heute aber darauf ankomme, um dieses Geheimnis zu wissen. Dabei macht er darauf aufmerksam, dass sich in dieser an die physische unmittelbar angrenzenden Welt Elementargeister befinden, über deren Existenz die Menschen in der Vergangenheit niemals etwas hätten erfahren sollen. Diese Wesen bezeichnet er als die *Elementargeister der Geburt und des Todes*. Sie seien dazu da, Geburt und Tod zu erzeugen, und die Götter müssten, um Geburt und Tod zustande zu bringen, sich dieser Wesenheiten, die dem Leben feindlich gegenüberstehen und zerstörerischer Natur sind, dennoch bedienen.

«Es war wirklich so, dass diejenigen Persönlichkeiten, die bisher in die Mysterien eingeweiht waren, es als ihre strengste Aufgabe betrachtet haben, in weiterem Umkreise den Menschen gerade von diesen Elementarwesen der Geburt und des Todes nicht zu sprechen.»[20]

Nun holt Steiner an dieser Stelle etwas weiter aus, um zu erklären, was es mit diesen Elementargeistern in der Gegenwart für eine Bewandtnis hat. Er macht nämlich deutlich, dass die Götter in aller Entwicklung an einem bestimmten Punkte immer dazu übergehen müssen, gewisse Kräfte, die der Herrschaft des Menschen vorher entzogen waren, in die Herrschaft der Menschen zu übergeben. Das sei auch schon während der atlantischen Kulturperiode so gewesen. Damals hätten die Götter in der Mitte der atlantischen Zeit die Kräfte des Wachstums, die Elementarwesen, die mit den Wachstumskräften zusammenhängen, an die Menschen übergeben. Dadurch aber sei die Atlantis schließlich zugrunde gegangen, dass die Menschen diese Kräfte nicht anständig gehandhabt, sondern missbraucht hätten.

Dasselbe aber trägt sich nun in der nachatlantischen Zeit wieder zu. Dieses Mal sind es die Elementarkräfte der Geburt und des Todes, die den Menschen übereignet werden. Nur dadurch war es möglich, dass alle die grandiosen Leistungen der Naturwissenschaft und Technik, die technischen Erfindungen der Neuzeit zustande kommen konnten. Alle technischen Erfindungen, insbesondere aber die Elektrizität seien Ausdruck dieses Übergangs von Elementarkräften aus der Hand der Götter in die Hände der Menschen.

«Davor kann man die Menschheit nicht behüten, denn die Kultur muss fortschreiten. Und die Kultur unseres Zeitalters und der Zukunft muss eine solche sein, dass die Elementargeister der Geburt und des Todes, während sie bis zu einem gewissen Zeitpunkt, bisher eben nur beim physischen

Entstehen und Vergehen des Menschen gewirkt haben unter der Direktion der Götter, dass diese Elementargeister mit denselben Kräften, mit denen sie bei Geburt und Tod wirken, innerhalb von Technik, Industrie, Kommerzium und so weiter wirken. ... Und geradeso wie das, was ich Ihnen angedeutet habe in Bezug auf die atlantische Zeit, zum Untergang der atlantischen Zeit führte, damit eine andere Menschheit kommen konnte, so enthält dasjenige, was sich jetzt inauguriert als kaufmännische, industrielle, technische Kultur, die Elemente, welche zum Untergang der fünften Erdperiode führen. Und nur derjenige sieht klar, nur der sieht die Dinge, wie sie sind, der sich gesteht: Damit beginnen wir an dem zu arbeiten, was die Katastrophe herbeiführen muss.»[21]

Man könnte nun meinen, das ließe sich doch aber verhindern, aber Rudolf Steiner weist deutlich darauf hin, dass es sich bei diesen Entwicklungen um eherne Notwendigkeiten handelt, die sich nicht abwenden lassen. Denn jede Form von Entwicklung besteht immer darin, dass es nicht nur aufsteigende Perioden, sondern auch absteigende Perioden gibt, bevor dann ein neuer Entwicklungszyklus beginnt. Diese Gesetzmäßigkeit spiegelt sich auch in der Zahl Sieben wieder, bei der wir es immer mit drei aufsteigenden, einer mittleren und drei absteigenden Perioden zu tun haben.

Nun denken wir noch einmal an die Aussagen bezüglich der Schwellenerfahrung des westlichen Okkultisten. Für den innerhalb des westlichen Volkstums Eingeweihten treten an der Schwelle einseitige Erfahrungen ein:

«Man schreitet über die Schwelle, und seine Begleitung hat man in den ahrimanischen Dämonen, die man vorher nicht gesehen hat, die man da drüben sieht, in den Dienern von Tod, Krankheit, Zerstörung und so weiter. Das rüttelt einen auf zu übersinnlicher Erkenntnis, das bringt einen in die übersinnliche Welt hinein.»[22]

Dieses Wissen aber bleibt denjenigen, die sich als Medienschaffende, als Buchautoren, Filmemacher oder Entwickler von Videogames betätigen, zumeist vollständig unbewusst, mischt sich aber nun hinein in ihre Werke. Und nachfolgend werden wir nun ein weiteres Genre der Jugendmedienlandschaft beschreiben, in dem die hier beschriebenen Kräfte besonders deutlich zum Ausdruck kommen, aber niemals so, dass die Menschen dabei etwas von einer real an die physische Welt angrenzenden übersinnlichen Welt erfahren, keine Rede von einer «Übernatur», stattdessen tritt diese als «Unternatur» in Erscheinung, als die zerstörerischen Kräfte der vom Menschen selbst erzeugten Technik.

Science Fiction – die moderne Form des spirituellen Materialismus

Seit den 80er-Jahren des 20. Jahrhunderts hat sich innerhalb der Science-Fiction-Literatur ein Genre entwickelt, das als «Cyberpunk» bezeichnet wird. Science-Fiction gab es natürlich schon lange, auch sie ist um die Mitte des 19. Jahrhunderts entstanden und hat sich insbesondere im angloamerikanischen Raum entwickelt.

Ausgehend von den Romanen von *Philipp K. Dick*, dem Vater des Cyberpunk aus den 60er-Jahren, und dessen Nachfolger *William Gibson* wurde zum Ende des Jahrhunderts, am deutlichsten und auch am lesenswertesten in den *Otherland*-Romanen von *Tad Williams*, ein von Millionen von Jugendlichen konsumiertes Zukunftsszenario entworfen, in dem die

Menschheit unter die Vorherrschaft der Computer und insbesondere des Internets geraten ist. Hier wird beschrieben, wie sich weltweit viele Kinder in den Tiefen des Internets verlieren und dort in einen abgeschirmten geheimen Bereich eindringen, den sich die Mächtigsten der Welt eingerichtet haben, um hier in virtueller Form auch nach ihrem Tode weiterzuleben, ein an die ägyptische Kulturepoche angelehntes Totenreich. Die vier *Otherland*-Romane von Tad Williams beschreiben in extenso, wie einige Erwachsene sich nun auf die Suche nach den Kindern machen, denn im realen Leben liegen diese nur noch in einer Art Wachkoma, während sie virtuell in den Tiefen des Internets gefangen worden sind. Williams setzt dabei eine weiter entwickelte Form von Interface voraus, durch die es möglich wird, quasi mit allen Sinnen mit dem Internet komplett zu verschmelzen. Die Herrschaft, die die Technik damit über den Menschen erlangt, ist vollkommen. Zwar gelingt es den Erwachsenen, nachdem sie selbst mehrmals der Gefahr einer restlosen Verschmelzung mit der Unternatur des Internets, dem *Otherland-Netzwerk,* nur knapp entgangen sind, die Kinder zu befreien. Die Machination des Netzwerkes aber wird am Ende doch nicht überwunden, sie bleibt als eine Art geschützter Freizeitpark erhalten.

Ähnliches haben am Ende des 20. Jahrhunderts die Brüder Andy und Larry Wachowski in der Film-Trilogie *The Matrix* beschrieben. Hier ist die Menschheit unter die Herrschaft eines Netzwerkes, der «Matrix» von Computern und Robotern geraten. Dabei entwickelt sich ein Kampf in mythischen Dimensionen von einem nicht unterjochten Rest der Menschheit mit der Unternatur der Matrix, auf deren Zusammenhang mit der Entwicklung der Computerwelt wir im nächsten Kapitel noch genauer eingehen werden. Dieser Film hatte auch wegen seiner technischen Innovationen eine nachhaltige Wirkung auf das gesamte Genre.

Aber auch hier gelingt es nicht, der Unternatur eine Übernatur gegenüberzustellen. Im Gegenteil, der im ersten Teil gezeigte Befreiungsversuch von der Matrix, der nach dem Vorbild des platonischen Höhlengleichnisses zu einer Art Erkenntnis des Illusionscharakters der Matrix führt, wird im zweiten und dritten Teil seinerseits als Illusion entlarvt, so dass die Vorherrschaft der Matrix letztendlich nicht durchbrochen werden kann. Hier zeigt sich die von Steiner beschriebene «eherne Notwendigkeit» besonders drastisch, ohne dass jedoch eine hinter all diesen Entwicklungen liegende Übernatur sichtbar gemacht würde.

Eine weitere Form der Auseinandersetzung mit der Unternatur, ohne dass dieser aber eine Übernatur gegenübergestellt würde, findet sich in einem weiteren Genre, den so genannten Dystopien.[23] Auf diesem Felde gibt es in den letzten Jahren eine weitere Flut von Jugendromanen, in denen ähnlich wie im Cyberpunk der 90er-Jahre negative und häufig rein technologisch beherrschte Zukunftsbilder beschrieben werden, so etwa in der *Skinned-Trilogie* der amerikanischen Autorin *Robin Wassermann*, in der es um eine menschliche Existenz in einem roboterartigen Körper geht, oder die Trilogie *Die Auserwählten* von *James Dashner*, die technologische Experimente mit Kindern zum Inhalt hat. Andere Autoren orientieren sich an Orwells *1984* und malen grausame Zustände unter diktatorischen Verhältnissen der Zukunft aus.

Neben den Verfilmungen der oben genannten Literatur treten seit der Jahrtausendwende auch im Fernsehen völlig neue Formate mit so genannten paranormalen Elementen in Erscheinung. Angefangen hat dieser Trend mit den *Terminator*-Filmen von *James Cameron* in den 80er-Jahren, die im Fernsehen als *Sarah Connor Chronicles* weitergeführt wurden. Paranormale Phänomene erscheinen heute zum Beispiel in der Serie *Heroes* oder in Serien wie *Ghostwhisperer*, *Supernatural*, *True Calling* oder *Fringe,* die alle amerikanischer Herkunft sind und von einem überwiegend jugendlichen Publikum konsumiert werden.

Auch bei James Cameron war es ein Traum, durch den er auf die Idee für den ersten Terminator-Film kam. Das Grundmotiv ist, dass in der Zukunft durch die Operation eines gigantischen Computers der Organisation *Skynet* ein atomarer Vernichtungsschlag gegen Amerika ausgelöst werden wird. Derjenige, der diesen Vernichtungsschlag in der Zukunft durch eine Widerstandsorganisation verhindern soll, ist der Junge John Connor. Nun sendet die Computerorganisation aus der Zukunft einen Cyborg, einen menschlichen Roboter in die Gegenwart, um eben diesen John Connor, der in der Gegenwart ja noch ein Junge ist, zu vernichten. Die Rolle dieses *Terminator* genannten Cyborgs spielt in den Kinofilmen *Arnold Schwarzenegger*. Aber es kommt anders als gedacht, denn der Terminator wird umprogrammiert und stellt sich auf die Seite von John Connor. Er wird dadurch zu einer Art Schutzengel, der nun die weiteren aus der Zukunft in die Gegenwart abgesandten Kampfmaschinen vernichtet, um John Connor zu beschützen und ihn so auf seine zukünftige Rettungsaufgabe vorzubereiten.

Diese Story wurde zu vier Kinofilmen ausgearbeitet und nach der Jahrtausendwende als Fernsehserie unter dem Titel *Sarah Connor Chronicles* fortgeführt. Hier ist nun Sarah, die Mutter von John Connor, die Heldin, denn zunächst ist sie es, die ihren Sohn, der hier noch mehr eine Messias-Rolle annimmt als in den Filmen zuvor, beschützt und auf die zukünftige Aufgabe vorbereitet. Dabei wird sie aber ebenfalls von einem Cyborg unterstützt, dieses Mal einem weiblichen namens *Cameron* (eine Anspielung auf den Erfinder der Serie).

Nun geht es in allen Folgen dieser kinoartig inszenierten TV-Serie immer darum, entscheidende Informationen über den zukünftigen atomaren Schlag, über den Superrechner und die Organisation Skynet herauszufinden, um so die zukünftige Katastrophe frühzeitig doch noch verhindern zu können.

Was also wird hier beschrieben? Zuerst setzt die Handlungsweise der Hauptakteure ein anderes Zeitbewusstsein, das Zeitbewusstsein eines Engels voraus. Wir hatten bereits im ersten Kapitel gesehen, dass für den Engel, dessen unterstes Wesensglied der Ätherleib ist, die zeitliche Aufeinanderfolge von Ereignissen, wie wir sie durch den physischen Leib erleben, nicht existiert. Daher überschaut ein Engel alle Ereignisse im Leben eines Menschen mit einem Blick. Durch die Botschaften des *Terminators* in den Kinofilmen, in der Fernsehserie durch das weibliche Pendant *Cameron,* wissen die Akteure um ihr zukünftiges Schicksal. Und hier taucht bereits das entscheidende Gegenbild auf: Während in der geistigen Realität des Ätherischen die über den Menschen stehenden Engel die Überschau über den Zeitenlauf des Schicksals haben, sind es hier die unter dem Menschen stehenden Maschinen, die Cyborgs, die aber bezeichnenderweise für eine Organisation mit dem Namen *Skynet* arbeiten, ein Name, der wiederum auf das Ätherische hindeutet. Und wieder ist es dieselbe Signatur des westlichen Okkultismus: an der Schwelle zur geistigen Welt werden die geistigen Mächte als rein zerstörerische erlebt. Anstelle des Engels tritt der Cyborg, anstelle einer geistig fördernden Macht die Zerstörungskraft des Terminators.

Dabei kommt man nicht umhin festzustellen, dass wir es hier

wiederum mit realen Abbildern der Geister der Finsternis zu tun haben, also jenen von Michael gestürzten, ahrimanisch besessenen Engeln, die eben nicht in der ätherischen Welt bleiben durften, sondern in die irdische Welt hinunter mussten. Aber es tauchen eben *nur* solche Bilder auf, und die eigentliche ätherische Welt wird daher niemals sichtbar.

Ähnliche Gegenbilder finden sich nun in den oben bereits genannten Serien *Heroes, Supernatural, Fringe* oder *True Calling.* Da wir hier nicht eingehender auf alle Details dieser Mystery-Serien eingehen können, nur noch ein paar Beispiele. In der Serie *Heroes* geht es ähnlich wie in *Terminator* um eine bereits bekannte Zukunft, ein Vernichtungsschlag gegen New York, noch gewaltiger als der 11. September. Nun gibt es eine seltsame Gruppe junger Menschen, die sich zwar am Anfang noch nicht kennen, über die Erde verteilt leben und durch den Besitz übernatürlicher Kräfte eine ihnen unbewusste Verwandtschaft haben.

Aber es handelt sich bei diesen Kräften eben nicht um die neuen Fähigkeiten eines erweiterten Ätherleibes, sondern wiederum um materialistische Abbilder dessen. So verfügt ein junges Mädchen dieser Gruppe beispielsweise über die Fähigkeit, auch schwerste Verletzungen seines Körpers im Nu sofort heilen zu können. Ein junger Maler hat Zukunftsvisionen, die ihn quälen und derer er sich durch seine Kunst entledigen muss. Ein japanischer Student verfügt über die Fähigkeit, sich in der Zeit vor- und rückwärts bewegen zu können usw. Dieser Gruppe von jungen *Heroes* ist nun eine Organisation auf der Spur, die sich dieser Fähigkeiten bemächtigen, bzw. diese vernichten will. Es ist aber auch ein indischer Professor auf ihre Spur geraten, der hinter diesen Menschen eine geheimnisvolle Beziehungsformel entdeckt zu haben glaubt. Dieser Professor aber stirbt bereits am Anfang, und nun ist sein Sohn unterwegs, um die Entdeckung seines Vaters weiterzuverfolgen.

Unschwer kann man erkennen, dass dieses Beziehungsnetz das Karma, das Schicksal meint, und deshalb ist wohl dessen Entdecker hier auch ein Inder. Auch die anderen übernatürlichen Fähigkeiten sind niedere Abbilder von Qualitäten eines erweiterten Ätherleibes, etwa dergestalt, dass durch einen erweiterten Ätherleib der Mensch tatsächlich in die Lage kommt, durch ein umfassenderes Gedächtnis sein Schicksal, sowohl sein vergangenes wie auch sein zukünftiges zu überblicken. Darauf werden wir im Abschlusskapitel noch zu sprechen kommen. Aber alles das wird hier auf die physische Ebene heruntergezogen, nie wird eine echte geistige Realität sichtbar, also auch wieder eine Form des spirituellen Materialismus.

Und so könnte man nun alle genannten Fernsehserien durchgehen, ob diese nun wiederum von im Irdischen festsitzenden Verstorbenen oder anderem handeln, immer ist es ein und dasselbe Muster: spiritueller Materialismus, wie wir ihn in diesem Kapitel in Form der Jugendliteratur bereits kennen gelernt haben.

Nun könnte man hier einwenden, dass ja auch in herkömmlichen Filmen, zum Beispiel Kriminalfilmen, von keinem Übersinnlichen gesprochen und schon gar nicht die Tatsachen von Reinkarnation und Karma gezeigt werden. Nehmen wir ein x-beliebiges Beispiel: In dem französischen Geheimdienstthriller *Der Profi*, der von Jean-Paul Belmondo gespielt wird, sehen wir, wie ein französischer Geheimagent den Auftrag bekommen hat, in einem ehemaligen französischen Kolonialstaat den dort herrschenden Diktator zu beseitigen. Aufgrund von politischen Opportunitäten verändern sich aber die Verhältnisse, und die Auftraggeber verraten den Agenten an den

Diktator. Er wird dafür in ein Arbeitslager in dem afrikanischen Land verschleppt, aus dem er sich aber befreien kann. Durch das Komplott gibt es natürlich auch zahlreiche Opfer auf der Seite von Aufständischen, denen sich der Geheimagent angeschlossen hatte. Nun kehrt er nach Paris zurück, und es ist klar, was er vorhat: Er wird sich an seinen Verrätern rächen. Eine typische Situation, wie man sie aus vielen Geschichten, etwa *Der Graf von Monte Christo* kennt. Natürlich ist der Zuschauer auf der Seite des Rächers, der nun einen nach dem anderen von den ehemaligen Auftraggebern «beseitigt». Man meint, ebenso wie der Rächer im Film, dass Mord das einzige «gerechte» Mittel der Rache sei, «Auge um Auge, Zahn um Zahn». Dieser Logik bedienen sich unendlich viele solcher Bücher und Filme, und immer geht der Autor wie auch der Leser bzw. Zuschauer davon aus, dass mit dem Tod eben alles erledigt sei. «Auge um Auge» meint ja: Wenn ich mich desselben Mittels bediene wie mein Gegner, dann sei die Gerechtigkeit wieder hergestellt.

Eine spirituelle Perspektive aber wäre es, nun zu betrachten, wie sich die Untat des einen Lebens im nachtodlichen Kamaloka für den Täter auswirkt und folglich in einem zukünftigen Erdenleben ausgeglichen werden muss. Aber nicht durch Rache, sondern durch Wiedergutmachung erfolgt der Ausgleich. Ein Bewusstsein davon würde den Rächer davor zurückschrecken lassen, persönliche Selbstjustiz zu üben. Psychologisch wäre die Einbeziehung dieser Perspektiven sowohl für einen Romanautor wie auch für einen Filmemacher äußerst reizvoll.

Was aber bedeutet die «Auge um Auge»-Logik, die Einschränkung der Perspektive auf ein Erdenleben? Sie beschränkt das Bewusstsein auf das Irdische, es ist der Materialismus unseres Zeitalters, aber kein spiritueller Materialismus. Es wird kein falsches Gegenbild erzeugt, sondern nur die scheinbare Grenze alles Irdischen hingestellt. Gerade darin aber besteht auch die Chance, nämlich über diese Grenze hinauszukommen, sich zu fragen: Könnte es sein, dass das Leben nach dem Tod nicht zu Ende ist? Der Materialismus erlaubt es, nach Alternativen, nach spirituellen Perspektiven zu fragen, eben weil er sich auf die materielle Sicht beschränkt. Der spirituelle Materialismus hingegen täuscht eine spirituelle Welt vor, stellt diese aber verzerrt dar und verschleiert mithin die spirituelle Perspektive. Darin besteht eben die «Impfung». Es wird ein falsches Spirituelles eingeimpft, wodurch eine Abwehr gegen alles Spirituelle erzeugt wird.

Gerade gegenüber der herkömmlichen Logik des Kriminalromans und des Kriminalfilms lassen sich spirituelle Perspektiven als Alternative, wenn auch zunächst rein spekulativ ausmalen. Gegenüber den Zerrbildern des spirituellen Materialismus jedoch muss man nach den eigentlichen, wahren Bildern fragen und die Schleier der Verzerrung erst beseitigen, was eine doppelte und damit viel schwierige Arbeit ist. An dieser Gegenüberstellung aber kann man auch die gewaltige Macht und Verantwortung der Medienmacher ersehen. Sie entscheiden sozusagen darüber, welche Bilder von einer geistigen Welt für die Menschen heute entstehen oder eben nicht.

Reale Bilder des Ätherischen?

Nun könnte man meinen, der Verfasser befasse sich ausschließlich mit negativen Beispielen des spirituellen Materialismus und habe die doch sicher auch vorhandenen positiven Beispiele übersehen. Das ist nicht der Fall. Daher folgen nun mehrere

Beispiele, die unserer Meinung nach tatsächlich so etwas wie reale Bilder der ätherischen Welt zeigen.

Avatar-Aufbruch nach Pandora kam Ende 2009 in die Kinos und wurde der größte Kinoerfolg nicht nur aller Zeiten, Autor James Cameron hat damit seinen eigenen bisher größten Erfolg *Titanic* noch einmal deutlich übertroffen. Was aber war der Grund für diesen enormen Erfolg? Das viele Geld, das investiert wurde, die neuartige 3D-Technik, die eigentümliche Mischung von Science-Fiction und Fantasy-Elementen oder einfach nur der Mensch James Cameron selbst?

Denn weder die Story von *Avatar*, noch ihr dramaturgischer Aufbau sind sonderlich originell. Cameron ist ein Meister im Sammeln von Motiven, Vorlagen und Bildern. Das Drehbuch könnte in weiten Strecken aus dem Indianer-Film *Der mit dem Wolf tanzt* stammen, die Idee eines Avatarkörpers, der zur Bewegung auf fremden Planeten benutzt wird, stammt von *Poul Anderson* aus dessen SF-Story *Call me Joe*, erstmals erschienen 1957, die fliegenden Berge von Pandora hat in den 70ern *Roger Dean* auf den Plattencovern der Rockgruppe *Yes* grafisch umgesetzt, und das Motion-Capture-Verfahren für computeranimierte Personendarstellung hat erstmals Peter Jackson mit der Gestalt des *Gollum* im *Herrn der Ringe* verwendet.

Hierbei taucht allerdings Cameron erstmals als origineller Schöpfer auf. Denn er war es, der bereits 1993 ein «Digitales Manifest» veröffentlichte, indem er das Motion-Capture-Verfahren erstmals als Vision beschrieb. Cameron ist durch und durch ein Visionär, einer seiner liebsten Sätze ist: «I knew that would happen!» Die in seinen Filmen jeweils neu verwendeten computergestützten Techniken hat er größtenteils selbst mitentwickelt, um damit die Bilder in seinem Kopf in filmische Realität zu verwandeln. So war es auch bei *Avatar*, in dem die von ihm mitentwickelten 3D-Kameras und Projektoren erstmalig eingesetzt wurden.

Jedoch macht technischer Aufwand noch keinen Erfolg. Was also ist es dann, was den Film *Avatar* so erfolgreich gemacht hat? Sicherlich: die politische Situation Amerikas und der übrigen Welt – trotz Barack Obama weiterhin Krieg in Afghanistan, weltweite Finanzkrise aufgrund ruinöser Spekulationspraktiken der führenden Bankinstitute und ein immer mehr kollabierendes globales Klima mit vor allem auch in den USA schlimmsten Folgen für Menschen und Umwelt. All das kritisiert Cameron in drastischer, wenn auch an Klischees angelehnter Form: ein Konglomerat aus egoistischen Wirtschaftsinteressen an wertvollen Rohstoffen, ein damit verbundener militärischer Großeinsatz und alldem unterlegt ein wissenschaftliches Forschungsteam, das die Ökologie und Ethnologie des Planeten Pandora erforschen will, was es aber nur tun kann, weil es vom militärisch-industriellen Komplex finanziert wird. Nie zuvor wurde diese unheilvolle Verstrickung materialistischer Interessen so effektvoll in Szene gesetzt. *Avatar* trifft das Gefühl der Massen, dass diese Art von Umwelt und Menschen ausbeutender und missachtender Wirtschaft, von Machtinteressen gnadenlos durchsetzendem Militär und eine diese Interessen unterstützende Wissenschaft aufhören müssen, wenn unser Planet und in diesem Falle sogar der weitere Kosmos weiter existieren sollen. Auch hier findet sich die aus der Fantasy seit Tolkien bekannte ökologische Botschaft.

Schon in seinem ersten Film von 1984, *Terminator,* hatte Cameron vor den Folgen eines computergesteuerten atomaren Weltkrieges warnen wollen. Damals entwickelte er zu diesem Zweck die ersten computergenerierten Spezialeffekte und Maschinenmenschen. Doch beschlich einen gerade bei diesen Filmen immer das Gefühl, Cameron versuche den Tod mit dem Teufel auszutreiben. Denselben Vorwurf könnte man auch *Avatar* machen: er versuche den Planeten mit eben jener computergenerierten Technik zu schützen, die mit die Ursache für seinen Untergang darstellt.

Aber in *Avatar* ist es anders als in der *Terminator-Serie.* Cameron scheint hier in der Art seiner Bildersprache eine Wende vollzogen zu haben. Denn erstmals stellt er einer Fantasy-Welt, dem Planeten *Pandora,* den militärisch-industriellen Komplex einer nicht allzu fernen Zukunft gegenüber. In der Pandora-Welt wird dem Baum der Erkenntnis, dem Sündenfall des Menschen, der Baum des Lebens, die paradiesartige Lebenswelt der Na'vi gegenübergestellt. Eine urweltliche, vorsintflutartige Menschen-, Tier- und Pflanzenwelt wird mit militärisch-industrieller Hochrüstung konfrontiert.

Auf den Kern, und damit Camerons wohl eigentliches Leitmotiv, trifft im Film die wissenschaftliche Leiterin des Avatar-Programms, Dr. Grace Augustine. Sie hat im Laufe ihrer Studien auf Pandora eine andere, höhere Realität entdeckt: die *Na'vi* nennen sie *Eywa*. Eywa ist die spirituelle Lebens- und Leitkraft der Na'vi, sie durchdringt alle Lebewesen. Alle Lebewesen sind aufgrund dessen miteinander vernetzt, und dieses Netz läuft in einen gemeinsamen Knotenpunkt zusammen, dem *Baum der Seelen*. Hier trifft man nun tatsächlich erstmals auf eine Art von Übernatur, und dieser Lebensbaum erscheint tatsächlich wie ein positives Gegenbild des heutigen globalen Internets. Unter diesem Baum können sich die Na'vi «einloggen» in das alles umfassende, spirituelle Netz ihres Planeten. Hier laufen alle Erinnerungen, alle Erfahrungen der Lebenswelt Pandoras zusammen – eine Art von kollektivem, gewaltigen Gedächtnis, ein ätherisches Lebensgebilde, eine Art von «Akasha-

Chronik» taucht auf. Als Dr. Augustine durch den militärischen Versuch, ihre weitere Erforschung dieser Übernatur zu verhindern, schwer verletzt unter dem Fuß des Baumes stirbt, sagt sie: «Eywa, es gibt sie wirklich!» Am Ende ist ihr materialistischer Zweifel an der Existenz einer geistigen Realität in einer an die äußere Sinneswelt unmittelbar angrenzenden Welt überwunden. Hier wird tatsächlich eine Stufe höherer Erkenntnis erreicht, die natürlich von der militärisch-industriellen Seite unterbunden werden muss, und deshalb muss Dr. Augustine sterben.

Und nicht allein die Liebe zu seiner Na'vi-Partnerin, sondern eben die Erkenntnis einer höheren, geistigen Wirklichkeit treibt den Hauptakteur, den an den Rollstuhl gefesselten Marine-Soldaten Jake dazu, sich schließlich ganz von seiner menschlichen Existenz zu lösen und ein Na'vi zu werden: die Einsicht in das die äußere Materie durchdringende geistige Lebensprinzip, das man tatsächlich als ein echtes Bild der ätherischen Welt bezeichnen könnte.

Diese Erfahrung des Ätherischen ist es, die Cameron zum Ausdruck bringen will, und dieser dient auch die hier erstmals eingesetzte weiter entwickelte 3D-Technik, die die Dinge nicht materieller, sondern immaterieller, durchsichtiger erscheinen lässt. Damit vollzieht Cameron tatsächlich eine Wende weg von der Unternatur seiner *Terminator-Serie* hin zu einer Art Übernatur in Form der *Eywa* von Pandora.

Dennoch bleibt am Ende ein Beigeschmack. Denn der Film endet mit einem grausamen Krieg, mit Zerstörung und Tod, aus dem die Na'vi zwar siegreich hervorgehen, aber dass sich der militärisch-industrielle Komplex mit dieser Niederlage zufrieden geben wird, bleibt fraglich. Cameron hat *Avatar* deshalb auch als Trilogie angekündigt. So bleibt in *Avatar* von all den

Betroffenen ein einziger Mensch, der die andere Wirklichkeit erkannt und anerkannt hat übrig. Aber gerade Jake gibt seine menschliche Existenz auf und nimmt die Na'vigestalt an. Können Menschen diese höhere Form von Erkenntnis also doch nur erreichen, wenn sie sich auf eine frühere Kulturstufe zurückbegeben?

Hayao Miyazaki und die Welt der japanischen Animé

Nun möchte ich aber noch an zwei weiteren Beispielen auf die Existenz realer Bilder vom Ätherischen hinweisen. Diese stammen nicht aus Amerika, sondern aus Japan. Dort finden sich seit vielen Jahren in der Welt der Animéfilme, den Adaptationen der japanischen Manga-Kultur, in mehreren Zeichentrickfilmen vielleicht die sensibelsten Bilder des Ätherischen in der heutigen Populärkultur. Am Beispiel der Filme von Hayao Miyazaki wie etwa *Prinzessin Mononoke*, *Chihiros Reise*, *Das Schloss im Himmel* oder *Nausicaä aus dem Tal der Winde* und des Films *Bleach* nach der Manga-Serie von Tite Kubo soll dieser Seitenblick nach Japan zeigen, dass hier ein deutlich realeres und weniger verzerrtes Verhältnis zur Welt des Ätherischen, vor allem auch in künstlerischer Hinsicht vorhanden zu sein scheint. Stärker noch als in Camerons *Avatar* hat man bei diesen Filmen nicht mehr das Gefühl von Gegenbildern im Sinne der in diesem Kapitel thematisierten «Impfung gegen alles Spirituelle». Vielmehr stellt sich, je länger man sich mit diesen Filmen befasst, das Gefühl einer feineren Sensibilität für die Sphäre des Ätherischen ein. Hier wird man nicht mehr nur mit zerstörerischen Kräften konfrontiert, nicht nur mit Verstorbenen, die ans Irdische gefesselt sind. Sondern hier, in der deutlich asiatisch gefärbten Welt der Manga und Animé von Hayao Miyazaki und Tite Kubo, lebt die Sorge um die Bedrohung der ätherischen Welt, auch um die Welt der Verstorbenen, und deshalb geht es auch nicht um Zerstörung, sondern um Schutz und Pflege der Beziehung zur Übernatur.

Diese aus dem japanischen Shinto-Glauben stammende respektvolle Haltung der Natur und den Verstorbenen gegenüber, die dem chinesischen Taoismus verwandt ist, wird in Miyazakis Animéwelten mit der Zerstörungskraft der menschlichen Technik konfrontiert. Die im Abschnitt über die an die physische unmittelbar angrenzende geistige Welt bereits erwähnten, zerstörerischen Elementarkräfte, die inzwischen in die Hand der Menschen übergegangen sind, werden hier den hilfreichen und im Sinne eines friedlichen Umgangs mit der Natur wirksamen Wesen gegenübergestellt. Der Mensch erscheint somit umgeben von guten und schlechten Geistern, anders als in den amerikanischen Filmwelten, wo es der Mensch immer, wenn er sich dem Übersinnlichen nähert, allein mit zerstörerischen Kräften zu tun bekommt.

Bei Hayao Miyazaki kommt dies in seinem Gesamtwerk zum Ausdruck, das sich schon in seinen ersten Filmen in den 70er- und 80er-Jahren der Welt des Ätherischen zuwendet.[24] Hayao Miyazaki wurde am 5. Januar 1941 als zweites Kind eines Flugzeugunternehmers in Tokio geboren. Nach seiner Schulzeit studierte er zunächst vier Jahre Politische Wissenschaften und Ökonomie, bevor er sich 1963 der Produktionsfirma Studio Toei anschloss. Dort begann er seine Karriere als Zeichner diverser Animationsfilme und -serien, u. a. arbeitete er bei der TV-Umsetzung der Zeichentrickserie *Heidi* (1974) mit. Anfang der 80er-Jahre startete er sein bis dahin größtes Projekt mit *Nausicaä aus dem Tal der Winde*. Nicht zufällig heißt die

Heldin dieses Films *Nausicaä*. Denn die Königstochter aus dem Lande der Phäaken, die Homer in seiner *Odyssee* beschrieben hat, steht in diesem griechischen Mythos ebenfalls als Bild für eine an die physische unmittelbar angrenzende Welt, in der die Gedächtniskräfte des Odysseus regeneriert und gestärkt werden.[25] Schon in diesem 1984 realisierten Animé begegnen uns die Urmotive Miyazakis: das Element der Luft, der Leichte, das Fliegen, die bedrohte Natur, das Ringen um den Erhalt der ätherischen Kräfte der Natur und der Kampf gegen ihre Zerstörung, aber auch der respektvolle Umgang mit den Verstorbenen.[26] *Nausicaä aus dem Tal der Winde* wurde zu einem kommerziellen Erfolg und verschaffte Miyazaki internationale Anerkennung. Dies ermöglichte ihm die Gründung von Studio Ghibli, in dem er fortan seine Filme produzierte.[27] Neben Kurzfilmen produzierte er zahlreiche Spielfilmprojekte für die Ghibli-Studios, die ihn zu einem der wichtigsten Vertreter des japanischen Animationsfilms werden ließen. Nach der Produktion von *Prinzessin Mononoke* als damals erfolgreichster japanischer Film aller Zeiten erklärte Miyazaki 1997 zunächst seinen Rücktritt als Regisseur, um jüngeren Talenten Platz zu machen. Er kehrte jedoch zurück und schuf unter anderem 2001 den Film *Chihiros Reise ins Zauberland*, der neue Verkaufsrekorde aufstellte und zum weltweit meistausgezeichneten Zeichentrickfilm wurde (u.a. Goldener Bär 2002, Oscar 2003). *Das wandelnde Schloss* kam 2004 in die Kinos und der ganz im Element des Meeres, der Tsunamis, spielende Film *Ponyo* erschien 2008.

Miyazakis Filme zeichnen sich vor allem dadurch aus, dass sie ohne die sonst üblichen Effekte amerikanischer Produktionen, ohne Verzerrungen, sinnlose Gewalt und Schadenfreude auskommen. Miyazaki versteht es in einzigartiger Weise, seine stets originär von ihm erschaffenen Geschichten aus der Perspektive der Kinder zu erzählen. Dabei fällt auf, dass er häufig auf Motive aus dem europäischen Kulturraum zurückgreift. So stammt *Nausicaä* aus Homers *Odyssee*, das Eiland in den Wolken in *Schloss im Himmel* heißt *Laputo*, benannt nach einer Insel aus *Gullivers Reisen*, im *Wandelnden Schloss* erscheinen mittelalterlich wirkende Städte wie aus einem europäischen Märchen und das Meermädchen *Ponyo* ist an Andersens *Kleine Meerjungfrau* angelehnt.

Durch seine ihm eigene Bildsprache wird es Miyazaki möglich, sich tatsächlich der Welt des Ätherischen zu nähern. Am eindrücklichsten beschreibt er diese Welt der Leichte, des Ätherischen, wohl in seinem 1986 mit seinem eigenen *Studio Ghibli* realisierten *Das Schloss im Himmel*. Hier steigen die beiden Helden (in der Regel sind Miyazakis Hauptfiguren Kinder, auch wenn sich seine Filme an alle Altersschichten wenden und in Japan praktisch jeder Zweite diese Filme gesehen hat) in die Lüfte auf, nach *Laputa*, einem in den Wolken gelegenen Eiland, dessen Schloss die Geheimnisse des Lebens in sich birgt. *Sheeta* ist ein junges Mädchen, das seit dem Tod der Eltern allein in seiner Hütte in den Bergen lebt und einen wertvollen Edelstein besitzt. Der geheimnisvolle *Muska*, ein Agent der Regierung, schafft es, sie mithilfe der Armee auf ein Luftschiff zu entführen. Als dieses von der Luftpiratin *Dora* und ihren Söhnen angegriffen wird, klettert Sheeta aus einem Fenster und stürzt in die Tiefe. Sie landet jedoch, da ihr Stein die Kraft hat, sie zum Schweben zu bringen, bewusstlos in den Armen von *Pazu*, der ebenfalls Waise und bei den Bergarbeitern einer Minenstadt angestellt ist. Die beiden freunden sich an und machen sich bald auf die Suche nach Laputa, einer verborgenen Stadt im Himmel; Pazus verstorbener Vater soll Laputa gesehen haben und

Sheetas Familie stammt ursprünglich von dort. Sheeta erfährt außerdem, dass sie die rechtmäßige Thronfolgerin von Laputa ist. Es geht hier also von Anfang an um eine Welt, die nicht schwer, also irdisch, sondern leicht, also überirdisch ist.[28]

Die Armee und Muska können Sheeta erneut entführen, allerdings wird sie von Pazu und den Piraten, mit denen er sich angefreundet hat, gerettet. Dabei kommt ihr auch ein riesiger Roboter zuhilfe, der aus Laputa stammt und von ihrem Stein aktiviert wurde. Er richtet in der feindlichen Festung ein Chaos an, wird aber schließlich zerstört; dabei gelangt Muska an Sheetas Stein und kann dessen Macht für seine Pläne ausnutzen.

Man sieht also die sich gegenüberstehenden Fronten, wie sie beinahe in jedem Film Miyazakis auftauchen: die um die höhere Natur hinter der äußeren Welt wissenden Menschen, hier also das Mädchen Sheeta und der Junge Pazu, die in diesem Falle von einer Truppe von Luftpiraten unterstützt werden, und der Agent der Regierung, Muska, der die zerstörerisch-materialistische Welt der Menschen repräsentiert.

Die Armee macht sich also auf den Weg nach Laputa. Jedoch wissen auch Sheeta, Pazu und die Piraten die Richtung, in der die Stadt liegt. Mit Luftschiffen gelangen beide Seiten nach Laputa. Pazu und Sheeta kommen zuerst an und sind überwältigt von den wunderbaren Gärten, der Vielfalt und Friedlichkeit der Natur. Menschen scheint es keine zu geben, jedoch friedliche Roboter, die sich liebevoll um die tierischen und pflanzlichen Bewohner Laputas kümmern. Auch darin sieht man wieder den Zugang Miyazakis zur Übernatur. Keine zerstörerischen Maschinen, sondern pflegende und helfende Roboter, die eher Naturkräften ähnlich erscheinen.

Auch Muska und die Armee kommen bald an und nehmen

die Piraten gefangen. Der Geheimagent Muska, der sich ebenfalls als ein Nachkomme der ursprünglichen Bewohner Laputas entpuppt, öffnet mithilfe des Steins ein geheimes Tor und übernimmt die Macht in der fliegenden Stadt. Mit Sheeta als Geisel an seiner Seite tötet er die Soldaten und will mit den mächtigen Waffen Laputas die Weltherrschaft an sich reißen. Jedoch gelingt es Sheeta und Pazu, ihn zu überwältigen und die Panikformel zu sprechen, durch die der Energiekern der Stadt zerstört wird und Muska mit in die Tiefe reißt. Sie fliegen mit einem Gleiter davon, während der obere Teil Laputas, die friedliche Stadt, die durch einen riesigen Baum vor der Zerstörung geschützt wurde, immer weiter in den Himmel entschwebt.

Man sieht hier genau, worum es eigentlich geht. Den Menschen sind die zerstörerischen Kräfte übergeben worden, der Zugang zur Unternatur der Technik, aber sie können gleichzeitig auch die Übernatur wahrnehmen, hier repräsentiert durch die beiden Nachfahren von Laputo, dem Geheimagenten Muska und dem Mädchen Sheeta. Weil die Menschen aber die zerstörerischen Kräfte eigennützig missbrauchen, repräsentiert durch die Armee, kann das Schloss im Himmel nicht mehr bleiben, wo es von den Menschen noch erreicht werden kann, repräsentiert durch die Luftpiraten, sondern entzieht sich ihrem Zugriff und entschwindet.

In *Prinzessin Mononoke*, wird eine mittelalterliche Szenerie gezeigt, in der aber die geistigen Kräfte der Natur noch nicht völlig verschwunden sind. Prinz *Ashitaka*, der eines Tages einen Naturdämon in Gestalt eines wilden Ebers tötet, muss den seither auf ihm liegenden Fluch zu bannen versuchen. Er gerät dabei in den Kampf zwischen den die Natur zerstörenden Menschen, repräsentiert durch die grausame Fürstin *Eboshi*, und den Geistern und Tieren des Waldes, deren Herr in der

Gestalt eines mächtigen Hirsches erscheint. Diesem Herrn des Lebens dient auch ein junges Wolfsmädchen, das nach dem Verlust seiner Eltern bei den Wölfen aufgewachsen ist und seither über magische Kräfte verfügt. Es wird von den Menschen Prinzessin *Mononoke* genannt. Der Kampf zwischen zerstörerischer menschlicher Herrschaft über die Natur und heilenden, zugleich aber auch bösartigen Naturkräften, zeigt auch hier wieder die Grundmotive Miyazakis.

Auch bei *Chihiros Reise* handelt es sich um eine freie Erfindung Miyazakis, ohne literarische Vorbilder, freilich unter Anlehnung an Märchen- oder Sagenstoffe. Der Film beginnt mit der Übersiedlung von Chihiros Eltern in eine andere Stadt, worüber das zehnjährige Mädchen sehr traurig ist. Unterwegs verfahren sich die Eltern und landen im Wald vor einem dunklen Tunnel. Neugierig und unternehmungslustig durchschreiten sie entgegen den Warnungen der kleinen Chihiro den Tunnel und landen auf der anderen Seite scheinbar in einem stillgelegten Vergnügungspark, in dem es verlockend nach Gebratenem riecht. Die Eltern können der Verlockung nicht widerstehen und greifen hungrig zu den von unsichtbarer Hand aufgetischten Speisen, während Chihiro sich angewidert abwendet und das unheimliche Gelände erkundet. Dabei entdeckt sie jenseits einer Brücke ein riesiges, mehrstöckiges Badehaus im altjapanischen Stil. Plötzlich erscheint ein Junge, der sie davor warnt, sich auf dem Gelände nach Einbruch der Dunkelheit weiter aufzuhalten, aber da ist es schon zu spät. Sie rennt zu den Eltern zurück, die sich aber zu ihrem Entsetzen bereits in zwei grunzende, fette Schweine verwandelt haben. Verzweifelt läuft sie zur Brücke zurück und ihr junger Freund *Haku* taucht wieder auf, um sie auf die andere Seite zu bringen, denn mittlerweile trennt ein gewaltiger Strom die Welt in der sie sich jetzt befindet von der alltäglichen Welt, in die sie vorerst nicht zurückkehren kann.

Was stellt Miyazaki hier dar? Chihiros Eltern sind offensichtliche Repräsentanten der modernen japanischen Gesellschaft, konsumorientiert und auf das eigene Vergnügen versessen, ohne Rücksicht auf die natürlichen Ressourcen. Dass Miyazaki die gewöhnliche Perspektive: moralisches Vorbild = Eltern hier umkehrt, gehört mit zu den bewegenden Motiven dieses Films, denn von Anfang an ist es Chihiro, die, ihrem Gewissen folgend, auf moralische Grundsätze zurückweist. Wie auch in allen anderen Filmen Miyazakis sind es immer die Kinder, die der an die physische Welt angrenzenden Welt am nächsten stehen.

Wohin aber ist sie mit ihren Eltern geraten? Je mehr sie in die Welt des gewaltigen Badehauses eindringt, lernt sie die dort lebenden Geister kennen. Es sind, dem japanischen Shinto-Glauben folgend, Naturgeister, die sich hier in dem geheimnisvollen Badehaus reinigen und regenerieren. Und damit sind wir wieder bei einem Hauptmotiv von Miyazakis Schaffen: der Liebe zur Natur und der Sorge um die Umweltzerstörung. Denn womit Chihiro, die nun dafür sorgen muss, dass ihre Eltern aus ihrer Schweinegestalt zurückverwandelt werden, nun konfrontiert wird, das ist die Welt der erschöpften und verunreinigten Naturgeister, Flussgeister, Pflanzengeister und geisterhafter Gestalten wie *Ohngesicht*, der zwischen den Welten haltlos hin- und her irrt. Nach manchen Abenteuern und mithilfe ihres Freundes Haku, der sich als verzauberter Geist eines Flusses entpuppt, in dem Chihiro als kleines Kind beinahe einmal ertrunken wäre, gelingt es ihr schließlich, den Zauberbann, der über ihre Eltern verhängt ist, zu brechen.

Mit dem Fluss, der die beiden Reiche trennt, könnte aber auch ein Hinweis auf die Welt der Toten gemeint sein. Damit würde noch eine weiter reichende Perspektive auftauchen, nämlich die des Kamaloka. Das Badehaus wäre dann die Welt des reinigenden «Fegefeuers», durch das die Verstorbenen hindurchgehen müssen, und Chihiro würde durch ihre Taten, die in Gestalt der Schweine sichtbar gewordenen Doppelgänger ihrer Eltern lösen.

Miyazaki schafft hier mit den Mitteln des Animéfilmes die Atmosphäre einer höheren, anderen Welt, etwa wenn der Schienenbus, mit dem Chihiro an einen anderen Ort reisen muss, um den Zauberbann zu lösen, durch ein flaches Wattenmeer fährt, wobei es langsam immer dunkler wird und dabei eine wunderbare, dämmernde Abendstimmung erzeugt wird, wie sie so noch nie in einem Zeichentrick-Film gezeigt wurde.

Kommen wir nun abschließend zu *Bleach,* dem Kinofilm zu einer der erfolgreichsten Manga-Serien in Japan. Hier geht es explizit um die Welt der Verstorbenen, die *Soul Society* genannt wird. Es handelt sich zunächst darum, dass zwischen der Welt der Lebenden und der Welt der Verstorbenen ein gewisses Gleichgewicht herrschen muss. Dabei gibt es außer den normalen Menschen noch die *Shinigami*, eine Art von Eingeweihten, die über hellsichtige Fähigkeiten verfügen und die helfen müssen, das Gleichgewicht der Welten zu wahren. Und es gibt so genannte *Hollows,* böse Geister, die versuchen, sich anderer Seelen, sowohl Lebender wie Verstorbener zu bemächtigen.

Das Besondere an *Bleach* ist, dass hier das Leben nach dem Tod tatsächlich als ein Entwicklungsweg angesehen wird, der nach einiger Zeit zu einer Reinkarnation in der Welt der Lebenden hinführt. Die Shinigami-Eingeweihten haben Zugang zur Soul Society, der Welt der Verstorbenen, die in zwei Bezirke unterteilt ist, dem äußeren *Rukon*-Bezirk und dem *Seireitei* im Zentrum.

Nun existierte zwischen den Welten normalerweise nur ein Tunnel, den man *Dangei* nennt. Aber aus irgendeinem noch nicht ersichtlichen Grund hat sich zwischen der Soul Society und der Welt der Lebenden eine Zwischenwelt, das *Tal der Schreie,* gebildet, und zwar dadurch, dass immer mehr Seelen nicht richtig in der Soul Society angekommen sind. Dadurch verlieren sie ihre Erinnerungen und wandeln nun als sogenannte *Blanks* herum. Hier setzt der Film ein. Zwei Shinigami, die wie Jugendliche aussehen, *Ichigo* und *Uryu* begegnen solchen Blanks und wissen zunächst nicht, worum es sich handelt, bis sie von einer eigentümlichen Shinigami namens *Senna* über deren wahre Natur aufgeklärt werden.

Hieran fällt nun gegenüber der angloamerikanischen Science-Fiction und Fantasy gleich mehreres ins Auge. Zum einen wird das nachtodliche Leben als Entwicklungsweg beschrieben, der zu einer Reinkarnation hinführt. Dann gibt es eine Form von Eingeweihten, die diesen Entwicklungsweg überblicken, und es wird der Ätherleib als Erinnerungsleib beschrieben, der sich nach dem Tode nicht in der Welt der Verstorbenen auflöst, sondern in einem Zwischenbereich ans Irdische gefesselt bleibt. Damit erscheinen hier erstmals wirklich realistische Bilder der ätherischen Welt und des Nachtodlichen, aber auch Beschreibungen dessen, was durch die Geister der Finsternis, die hier *Hollows* genannt werden, geschieht. Diese versuchen nämlich, die Ätherleiber der Verstorbenen zu missbrauchen und ans Irdische zu fesseln, wodurch sich das *Tal der Schreie* gebildet hat.[29] Jene verstorbenen Seelen aber müssen als *Blanks* quasi ohne Bezug zu ihrem abgelegten Ätherleib weiter dahin vegetieren.[30] Erstmals hat man hier tatsächlich den Eindruck, dass die an die physische unmittelbar angrenzende Welt nicht entstellt, verzerrt oder ins Gegenbild gedreht, sondern in ihrer Bedrohtheit dargestellt wird.

Der Weg der Einweihung der Shinigami besteht allerdings hauptsächlich aus körperlichen Kampftechniken, wozu vor allem die obligatorischen Samuraischwerter gehören, aber auch magische Kampftechniken. Hierin ähnelt *Bleach* dann allerdings wieder den westlichen Fantasywelten. So sind denn in *Bleach* natürlich auch diverse Kampfszenen zu sehen, ohne die wohl heute kein Kinofilm, der sich an Jugendliche richtet, mehr auskommt. Schade eigentlich! Doch auch in Japan wirkt die Vergangenheit luziferisch weiter, und die alten Kampftechniken werden nach wie vor als *das* Mittel auch gegenüber den heutigen Gegenmächten angesehen.

Die von den Seelen losgekoppelten Erinnerungen sammeln sich nun als eine Art Kraftzentrum im Tal der Schreie, dieses wird *Shinenju* genannt. Es geht im Weiteren nun um die Befreiung dieses Äthergebildes, damit die Blanks erlöst werden können. Und am Ende stellt sich auch heraus, dass die mysteriöse *Senna* eben ein solcher Blank gewesen ist. Sie hilft den beiden Shinigami die Welten wieder ins Gleichgewicht und Frieden in die Soul Society zu bringen.

Auch das ist etwas Besonderes, dass der Autor *Tite Kubo* offensichtlich den Zusammenhang und die Interdependenz von diesseitiger und jenseitiger Welt in seinen Bildern ziemlich exakt beschreibt. Erstaunlich, dass diese wirklich spirituell inspirierte Mangawelt in Japan so ein großer Erfolg ist. Bei uns in Europa ist zwar die Manga-Serie in Übersetzung erschienen, der Film, der künstlerisch zwar nicht ganz an Miyazakis Schöpfungen heranreicht, der aber durch seinen Regisseur *Noriyuki Abe* dennoch sehr viel künstlerischer und anspruchsvoller als die Manga-Serie daher kommt, ist in Deutschland praktisch vollkommen unbekannt und lief auch nicht in den Kinos.[31]

Nun müssen wir uns abschließend noch fragen, welche Bedeutung diese Bilder, seien es nun mehr oder weniger reale Bilder wie die zuletzt beschriebenen oder Zerr- und Gegenbilder der ätherischen Welt für die Zukunft haben? Und wie sieht es mit dem Verhältnis der jungen Menschen zu dieser Welt jenseits unserer Sinneswelt aus? In jedem Falle ist deutlich, dass diese Medieninhalte für einen großen Teil der heutigen Jugend, und zwar weltweit, eine Art Leitbild-Funktion übernommen haben. Aber was geschieht dadurch? Wie wirkt sich diese «Impfung gegen alles Spirituelle», die wir vor allem in den westlich inspirierten Medieninhalten erblickt haben, nun tatsächlich aus? Und was ist mit den östlich inspirierten Medien? Führen deren realere Bilder vom Übersinnlichen tatsächlich dazu, dass sich junge Menschen ernsthaft mit der geistigen Welt befassen wollen?

Schauen wir zur Beantwortung dieser Frage noch einmal auf die Intentionen jener Wesenheit, die den Menschen an die unmittelbar an unsere physische Welt angrenzende übersinnliche Welt heranführen will.

«Michaels Sendung ist, in der Menschen Äther-Leiber die Kräfte zu bringen, durch die die Gedanken-Schatten wieder *Leben* gewinnen; dann werden sich den belebten Gedanken Seelen und Geister der übersinnlichen Welten neigen; es wird der befreite Mensch mit ihnen leben können, wie ehedem der Mensch mit ihnen lebte, der nur das physische Abbild *ihres* Wirkens war.»[32]

Seelen und Geister der übersinnlichen Welt neigen sich zumindest in der Welt der japanischen Animéfilme durchaus zu den Menschen. Was die Menschen aber dazu tun, ist nicht eine Belebung ihrer Ätherleiber, nein, sie trainieren ihre physischen Leiber, üben sich im Schwertkampf usw. Die Notwendigkeit einer Umwandlung eben jener Sphäre, in der sich die Geister der Finsternis angesiedelt haben, nämlich des an die Sinneswelt gebundenen *Denkens*, wird auch in der östlich inspirierten Medienwelt kaum sichtbar. Die körperlichen Kampftechniken könnten allenfalls als eine gewisse Vorstufe zu geistigen Übungen angesehen werden. Die übermächtigen Bilder der Animéfilme und Mangas hingegen wirken auf das eigenständige Denken eher lähmend, weil eigene bildhafte Vorstellungen gar nicht erst entwickelt werden müssen. Insofern können diese Medien selber in keinem Falle ein Ersatz für eine wahre Wissenschaft der geistigen Welt, das heißt im Falle der Kinder und Jugendlichen, eine menschengemäße spirituelle Pädagogik sein.[33]

Der Kampf um die Geisteswissenschaft und die Mission Michaels

Machen wir uns abschließend noch einmal die Ausgangssituation im 19. Jahrhundert deutlich. Michael will die an die physische unmittelbar angrenzende Welt von jenen Angeloi befreien, die in ihrem Bewusstsein von Ahriman so getrübt sind, dass sie in dieser Sphäre nur Finsternis verbreiten. Michael will, dass mit Beginn seiner Herrschaft im Jahr 1879 eine durch das Denken der Menschen erreichbare geistige Welt, eben die an die physische unmittelbar angrenzende, erlebbar wird. Daher stürzt er die Geister der Finsternis auf die Erde, das heißt in das physische Bewusstsein der Menschen. Und hier können sie nun wirksam werden, wie wir anhand der

Geschichte der medizinischen Anthropologie und des Spiritismus im 19. und der Medien im 20. und 21. Jahrhundert gesehen haben.

«Aber nun sind diese Angeloiwesen auf die Erde herabgestürzt und wollen hier Unheil stiften mit dem Herabträufeln, wollen hier dieses Wissen in falsche Bahnen leiten, wollen diesem Wissen seine gute Macht rauben und es in schlechte Kanäle bringen. Kurz, sie wollen das, was sie mit Hilfe der Geister drüben nicht haben erreichen können, hier mit Hilfe der Menschen erreichen, weil sie herabgestürzt sind seit dem Jahre 1879. Zerstören den guten Weltenplan wollen sie, der darinnen besteht, in den richtigen Reifezeitaltern das Wissen von der Beherrschung der Menschenmassen, das Wissen von Geburt, Krankheit und Tod und andern Dingen unter den Menschen zu verbreiten.»[34]

Diese Wirksamkeit Michaels erscheint jedoch paradox. Denn warum hat er die Geister der Finsternis ausgerechnet in das physische Bewusstsein der Menschen gestürzt, das sich doch gerade zum Übersinnlichen entwickeln soll? Auch hier erleben wir wieder die anfangs bereits aufgezeigte Geste aus dem *Faust*-Prolog. Denn was war nun die andere Folge dieses Sturzes? Erst dadurch konnte sich eine durch das Denken ausgebildete Geisteswissenschaft entwickeln! Das Denken musste und muss sich gewissermaßen an der Materie abarbeiten, um zum Geistigen vorzudringen.

«Man kann den ‹Fall› in den Materialismus nur allein beachten, und dann über ihn traurig sein. Aber während das *Anschauen* dieses Zeitalters sich auf die äußere physische Welt beschränken musste, entfaltete sich im Innern der Seele eine *gereinigte, in sich selbst bestehende Geistigkeit* des Menschen als *Erleben.* Diese Geistigkeit muss nun im Michael-Zeitalter nicht mehr unbewusstes *Erleben* bleiben, sondern sich ihrer Eigenart bewusst werden.»[35]

Vor 1879 war der Zugang zur geistigen Welt auf den Wegen des Denkens praktisch nicht erreichbar. Das Bewusstsein konnte nicht voll wach bleiben, wenn man in die Geistwelt eindringen wollte. Rudolf Steiner bezeichnet diese Vorläufer der Geisteswissenschaft als die Rosenkreuzer. Sie konnten sich aber bei der Verbreitung ihres Wissens noch nicht der Geisteswissenschaft bedienen. Sie traten deshalb auch nicht öffentlich in Erscheinung, sondern wandten sich unerkannt nur an einzelne, ausgewählte Schüler, denn für die Öffentlichkeit hätte es eben einer allgemein durch das Denken zugänglichen Wissenschaft bedurft. Stattdessen besaßen sie eine Art Tafellehrwerk, die so genannten «Figuren der Rosenkreuzer». Über sie sagt Rudolf Steiner:

«Wenn man sich so recht vertieft, dann kann man wie durch ein Fenster durch diese Figuren in die geistige Welt hineinschauen. – Sie beschrieben mehr, was sie an ihnen gefühlsmäßig erleben konnten, als dass sie irgendwelche Deutungen oder Interpretationen der Figuren gaben. Und manchmal konnte man, wenn man solche Aussprüche des Fühlens der Personen bei diesen Figuren schildern gehört hatte, nicht recht zurechtkommen mit Gedanken, denn es waren keine Gedanken, die sie gaben. Aber es hatte eine ungeheuer bedeutende Nachwirkung. Man ging nicht nur mit einer warmen Seele davon, sondern man ging davon mit der Empfindung: Du hast eine Erkenntnis bekommen, die in dir lebt, die du gar nicht in Begriffe bringen kannst.

Und das war einer der Wege neben den andern, die ich Ihnen geschildert habe, wie auf gefühlsmäßige Weise in diesem Zeitalter vom 14., 15. Jahrhundert bis zum Ende des 18. Jahrhunderts

Menschlichkeit, Göttlichkeit in weiten Kreisen verkündet und verbreitet worden ist. Man kann nicht ganz sagen, wortlos, man kann aber sagen, ideenlos, jedoch deshalb nicht inhaltslos. Es ist in diesem Zeitalter viel durch Gedankenstummheit zwischen den Menschen verhandelt worden.»[36]

Erst ab 1879 war also die Geisteswissenschaft möglich geworden. Sie ermöglichte nun die Veröffentlichung des vorher nur im Geheimen, weil nur im Fühlen zu erfassenden Wissens von einer übersinnlichen Welt. Dazu musste in den alten Zeiten das Fühlen entsprechend gereinigt und vorbereitet werden. Die Geisteswissenschaft aber verlangt nur ein unvoreingenommenes Denken und kann deshalb veröffentlicht und von jedem Menschen erfasst werden. In seiner *Philosophie der Freiheit,* dem philosophischen Grundlagenwerk der Geisteswissenschaft sagt Rudolf Steiner dazu:

«Die orientalischen Gelehrten lassen die Lernenden erst Jahre eines entsagenden und asketischen Lebens verbringen, bevor sie ihnen mitteilen, was sie selbst wissen. Das Abendland fordert zur Wissenschaft keine frommen Übungen und keine Askese mehr, aber es verlangt dafür den guten Willen, kurze Zeit sich den unmittelbaren Eindrücken des Lebens zu entziehen, und in das Gebiet der reinen Gedankenwelt sich zu begeben.»[37]

Gerade deshalb aber versuchen nun die Geister der Finsternis diesem Denken Steine in den Weg zu legen.

«Sie haben nämlich nicht verhindern können, dass die Zeit gekommen ist, in der das spirituelle Wissen herabträufelt. Dieses spirituelle Wissen ist jetzt da und wird immer weiter und weiter sich entwickeln; die Menschen werden die Fähigkeit haben können, die geistige Welt zu durchschauen.

Aber nun sind diese Angeloiwesen auf die Erde herabgestürzt

und wollen hier Unheil stiften mit dem Herabträufeln, wollen hier dieses Wissen in falsche Bahnen leiten, wollen diesem Wissen seine gute Macht rauben und es in schlechte Kanäle bringen.»[38]

Und eines der Hauptmittel, das sollte in diesem Kapitel gezeigt werden, um das übersinnliche Wissen in falsche Bahnen zu lenken, sind eben die hier beschriebenen Medien, die das Übersinnliche in verzerrter Form, in Gegenbildern darstellen. Diese Medien wenden sich deshalb auch besonders an die Jugend, um möglichst frühzeitig eine wahre Erkenntnis der geistigen Welt durch das ja im Jugendalter noch nicht vollständig ausgebildete Denken zu verhindern.

Wenn man die hier beschriebenen Medieninhalte aber zusammen anschaut, dann kann dabei noch eines auffallen, was wir oben bereits erwähnt haben: dass vor allem in den westlich inspirierten Medien Gegenbilder der geistigen Realität des Sturzes der Geister der Finsternis zur Darstellung kommen. In ihnen wird immer der Eindruck erweckt, als sei die an die physische unmittelbar angrenzende geistige Welt immer noch von den Geistern der Finsternis erfüllt, so als ob der Kampf mit Michael umgekehrt ausgegangen sei und diese Geister den Sieg in der Sphäre des Ätherischen davon getragen hätten.

Früher, als diese Medieninhalte noch nicht so zahlreich auftraten wie heute, hatte der Verfasser persönlich immer den Eindruck, es handele sich dabei um naive Versuche, sich der geistigen Welt zu nähern, daher die Ungenauigkeiten und Verschrobenheiten. Heute ist der Verfasser der festen Überzeugung, dass es sich hier um ganz exakte Gegenbilder geistiger Realitäten handelt, die allein dem Ziel dienen, die geistige Realität im Sinne einer «Impfung gegen alles Spirituelle» zu verdunkeln, ohne dass diese ihren Schöpfern wirklich bewusst wäre.

Die Wirksamkeit dieser Medieninhalte geht über das, was die herkömmlichen Medien bewirken, noch hinaus. Sie binden, wie etwa das herkömmliche Fernsehen, die Vorstellungskräfte an die sinnliche Welt, fixieren diese gleichsam. Aber die hier beschriebenen Inhalte gehen noch einen Schritt weiter: Sie «impfen gegen das Spirituelle», indem sie Gegenbilder desselben verbreiten, Bilder der Unternatur, einer Welt, die von den Geistern der Finsternis beherrscht wird.

Es gehört zu den wichtigsten Aufgaben einer heutigen Jugendpädagogik, sich dieser Stoßrichtung der «Impfung gegen alles Spirituelle» durch die heutige Medienwelt bewusst zu sein. Nur dann kann auch pädagogisch entsprechend damit umgegangen werden.

Für den nicht von diesen Medien betroffenen Erwachsenen aber ist es wichtig zu wissen, dass es diese massiven Beeinträchtigungen des Erwachens des Bewusstseins im Ätherischen gibt, in welcher Form sie heute auftreten und welche okkulten Interessen dahinter stehen.

IV. Der ahrimanische Doppelgänger und die digitalen Medien

Die Notwendigkeit absterbender Kräfte und das dabei entstehende Geistbewusstsein

Rudolf Steiner macht im Zusammenhang seiner Darstellungen des Sturzes der Geister der Finsternis immer wieder deutlich, dass es nicht darum gehen kann, die Zunahme an zerstörerischen Kräften in unserer Zivilisation irgendwie aufhalten oder rückgängig machen zu wollen. Zunächst geht es vielmehr darum, Einsicht in diese Notwendigkeit zu bekommen und ihr auf der anderen Seite etwas entgegen zu setzen:

«An die Stelle der einseitigen, abstrakten Begriffe die Begriffe der Wirklichkeit zu setzen, das wird der gegenwärtigen Menschheit ganz besonders schwer. Das muss aber die gegenwärtige Menschheit lernen, sonst wird sie nicht weiterkommen. Und so muss sie sich auch damit bekanntmachen, dass die Kulturentwickelung selber das Hantieren mit den Elementargeistern der Geburt und des Todes nach und nach notwendig macht. Und damit muss die Menschheit die Einfügung eines zerstörerischen Elementes in die Menschheitsentwickelung kennenlernen. ... Sendboten des Ahriman also sind notwendig, ehern notwendig, um jene Zerstörung hervorzurufen, die der nächste Kulturfortschritt sein wird. Das ist eine furchtbare Wahrheit, aber es ist so. Und es hilft gegenüber dieser Wahrheit nichts anderes, als sich mit ihr bekanntzumachen, klar in sie hineinzuschauen.»[1]

Dieser ehernen Notwendigkeit, dass zu jeder Entwicklung sowohl eine aufsteigende als auch eine absteigende Linie gehört, muss man sich erkennend gegenüberstellen können. Das Gesetz der Siebenheit, das unserer Entwicklung zugrunde liegt, besteht eben darin, dass es drei aufsteigende Perioden, dann eine mittlere und drei absteigende Perioden gibt. Denn in aller Entwicklung wirken nicht nur auf-, sondern immer auch abbauende Kräfte. In den drei aufsteigenden Perioden herrschen die aufbauenden, in den absteigenden Perioden die abbauenden Kräfte vor.

Das menschliche wie auch alles übrige Leben zeigt das in seinem Verlauf auf dieselbe Weise. Am Anfang herrschen aufbauende Kräfte vor, dann gibt es irgendwann ein Gleichgewicht zwischen Auf- und Abbau, und dann nehmen die abbauenden Kräfte überhand, bis es schließlich zum Tode kommt. Der menschliche Organismus selbst, das sei hier nur angedeutet, ist deshalb dreigegliedert, weil in ihm auf der einen Seite, im Nerven-Sinnes-System, abbauende Kräfte vorherrschen, während im Stoffwechsel-Gliedmaßen-System die aufbauenden Vorgänge überwiegen. Dazwischen aber herrscht ein Gleichgewicht dieser Kräfte durch das Rhythmische System.

Überall, wo der Mensch wach und bewusst ist, in seinem Nerven-Sinnes-System, da herrschen abbauende Kräfte vor, und umgekehrt, überall da, wo er unbewusst, schlafend ist, im Stoffwechsel-Gliedmaßen-System, da herrschen aufbauende Kräfte vor. Der Mensch selber ist also ein Abbild der hier beschriebenen Gesetzmäßigkeit von Evolution und Devolution.

«Jede Entwickelung, die vorwärtsschreitet, tritt auch wiederum den Rückweg an. Alles Aufsteigen wird gefolgt von einem Absteigen, und alles Aufsteigen trägt schon die Anlage zum Absteigen in sich. Das gehört zu den verfänglichsten Täuschungen der neueren Menschheit, dass dieser neueren Menschheit abhanden gekommen ist der Zusammenhang zwischen Evolution und Devolution, Entwickelung und wiederum rückläufigem Werden. Denn wo aufsteigende Entwickelung ist, da muss sich die Anlage zu rückläufiger Entwickelung ergeben. Dann geht in dem Momente, wo eine aufsteigende Entwickelung anfängt rückläufig zu werden, das Physische in die geistige Entwickelung hinein. Denn sobald das Physische beginnt rückläufig zu werden, ist für eine geistige Entwickelung Platz.»[2]

Das heißt nun aber zusammen genommen, dass wir es in der absteigenden Phase unserer Entwicklung, nämlich der fünften nachatlantischen Kulturepoche, auf die ja noch zwei weitere Epochen folgen werden, mit einer Zunahme an Bewusstseinskräften, die eben auf Abbauprozessen beruhen, zu tun haben werden. Und genau damit hängt es zusammen, dass wir im 21. Jahrhundert nicht mehr mit einem industriellen Zeitalter, sondern mit einem digitalen Zeitalter der Information konfrontiert sind.

Das Zeitalter der Bewusstseinsseele bringt die Menschheit also nicht nur näher an das Geistige heran und lässt sie die Schwelle zur geistigen Welt unbewusst übertreten, die zunehmende Bewusstheit in Richtung einer Vergeistigung bedingt gleichzeitig auch das Überhandnehmen abbauender Kräfte, denn nur wo die aufbauenden Kräfte zurücktreten, wo Leben zurückgedrängt wird, kann Geistiges in Erscheinung treten. Das ist nicht nur im menschlichen Organismus so,[3] sondern das gilt auch für die Menschheitsentwicklung als ganze.

Was aber müssen wir, wenn wir diesen Zusammenhang nun durchschaut und verstanden haben, den zerstörerischen Tendenzen entgegensetzen? Oder anders gefragt: Wie kann der Mensch menschlich leben, wenn er in einem Zeitalter lebt, in dem die zerstörerischen und abbauenden Kräfte immer mehr überhand nehmen? Diese Frage werden wir erst im letzten Kapitel beantworten können.

Wenn ein Geistiges an die Stelle des Lebens treten soll, wenn also aufbauende Lebenskräfte zurückgedrängt werden, damit an ihrer Stelle Bewusstsein und Geist auftreten können, dann muss dieses Geistige tatsächlich auch bewusst erfasst und erkannt werden können! Daher erscheint ab 1879 die Möglichkeit der Geisteswissenschaft auf der Erde. Es war und ist eben das Anliegen der Anthroposophie, das Geistbewusstsein der Menschheit anzuregen und zu entzünden.

Treten nun aber in Folge des Sturzes der Geister der Finsternis andere Kräfte auf, die dieses Geistbewusstsein verhindern wollen und würde es diesen Kräften tatsächlich gelingen, sich durchzusetzen, dann würde die Menschheit tatsächlich ihrem Untergang entgegengehen. Denn dann träte auf der einen Seite zwar die unabänderlich notwendige Zerstörung ein, an Stelle des dadurch möglichen Geistbewusstseins träte dann aber nur ein abgedumpftes Materiebewusstsein auf.

Und diese Gefahr ist es, auf die Rudolf Steiner besonders in jenen hier immer wieder zitierten Vorträgen im Jahre 1917 hinweisen wollte. Seine Warnungen und Vorhersagen im Hinblick auf die Entwicklung des 20. Jahrhunderts müssen uns daher besonders beschäftigen, weil wir in einer absteigenden Entwicklung begriffen sind, die auf ein zunehmendes Geistbewusstsein hin angelegt ist. Um dieses aber muss gekämpft werden, nach dem Vorbilde Michaels.

Der ahrimanische Doppelgänger und seine Wirkungen

Ein wesentlicher Faktor in dem hier dargestellten Verhältnis von zunehmendem Abbau und zunehmender Zerstörung auf der einen Seite und Geistbewusstsein auf der anderen Seite liegt nun aber in der menschlichen Organisation selber begründet. Im menschlichen Organismus herrscht normalerweise ein Gleichgewicht zwischen abbauenden Kräften im Sinnes-Nerven-Bereich und aufbauenden Kräften im Stoffwechsel-Bereich, wobei das Rhythmische System dazwischen den Ausgleich zu bilden hat.

Nun macht Rudolf Steiner in jenen Vorträgen vom Herbst 1917 auf eine Besonderheit innerhalb des Nervensystems aufmerksam. Dort nämlich, so führt er hier erstmals und einmalig aus, befindet sich ein Wesen, das gar nicht zur menschlichen Organisation gehört, ein ahrimanisches Wesen, das kurz vor der Geburt in den Menschen einzieht und ihn beim Tode wieder verlassen muss. Dieses bildet dann die Grundlage für alles, was wir an elektrischen Strömen in unserem Nervensystem benötigen, um die Sinneswahrnehmungen zu verarbeiten, zu koordinieren und darauf zu reagieren.

«Also der Mensch kommt recht sehr mit seinem Organismus, mit dem er sich bekleidet, in diese Welt herein, ohne dass er mit seiner Seele hinunterlangt in diesen Organismus. Dafür ist aber auch Gelegenheit vorhanden, dass kurze Zeit bevor wir geboren werden – nicht sehr lange bevor wir geboren werden –, außer unserer Seele noch ein anderes geistiges Wesen Besitz ergreift von unserem Leib, von dem unterbewussten Teil unseres Leibes. Das ist schon mal so: kurze Zeit bevor wir geboren werden, durchsetzt uns ein anderes, wir würden nach unserer Terminologie heute sagen, ein ahrimanisches Geisteswesen.

Das ist ebenso in uns wie unsere eigene Seele. Diese Wesenheiten, welche ihr Leben gerade dadurch zubringen, dass sie die Menschen selber dazu benützen, um da sein zu können in der Sphäre, in der sie da sein wollen, diese Wesenheiten haben eine außerordentlich hohe Intelligenz und einen ganz bedeutsam entwickelten Willen, aber gar kein Gemüt, nicht das, was man menschliches Gemüt nennt. – Und wir schreiten schon so durch unser Leben, dass wir unsere Seele haben und einen solchen Doppelgänger, der viel gescheiter ist, sehr viel gescheiter ist als wir, sehr intelligent ist, aber eine mephistophelische Intelligenz hat, eine ahrimanische Intelligenz hat, und dazu einen ahrimanischen Willen, einen sehr starken Willen, einen Willen, der den Naturkräften viel näher steht als unser menschlicher Wille, der durch das Gemüt reguliert wird.

Im 19. Jahrhundert hat die Naturwissenschaft entdeckt, dass das Nervensystem von elektrischen Kräften durchsetzt ist. Sie hatte recht, diese Naturwissenschaft. Aber wenn sie glaubte, wenn die Naturforscher glauben, dass die Nervenkraft, die zu uns gehört, die für unser Vorstellungsleben die Grundlage ist, irgendwie mit elektrischen Strömen zu tun hat, welche durch unsere Nerven gehen, so haben sie eben unrecht. Denn die elektrischen Ströme, das sind diejenigen Kräfte, die von dem Wesen, das ich eben jetzt geschildert habe, in unser Wesen hineingelegt werden, die gehören unserem Wesen gar nicht an: wir tragen schon auch elektrische Ströme in uns, aber sie sind rein ahrimanischer Natur.»[4]

Aus der Medizin ist bekannt, dass sowohl in unserem Gehirn wie im übrigen Nervensystem elektrische Ströme, sogenannte Aktionspotenziale aufgebaut und weitergeleitet werden. Diese sind per EEG oder EKG messbar. Fließt ein Strom, so wird dadurch eine Botschaft übermittelt, die entsprechende chemische Reaktionen auslöst, fließt kein Strom, so bedeutet das auch eine Botschaft und es wird keine chemische Reaktion mehr bewirkt.

Unser gesamtes Nervensystem ist durchzogen von solchen Strömen. (Abb. 5) Durch sie werden einerseits die Reize der Außenwelt, die über die Sinnesorgane aufgenommen werden, an das Gehirn weiter vermittelt. Auf der anderen Seite werden über die Nervenbahnen und -zellen (Abb. 6) die Bewegungen des muskulären Apparates koordiniert und auf die Sinnesreize abgestimmt.

Erfolgt zum Beispiel über die Handfläche ein starker Reiz von einer heißen Herdplatte, so reagiert der Arm unmittelbar und die Hand wird sofort zurückgezogen. Zu dieser Reaktion braucht es keinen Denkvorgang und keine Gefühlsregung. Der seelische Bereich bleibt hier völlig ausgeklammert, der Körper reagiert reflexartig und spontan.

Bei den für die Informationsübertragung im menschlichen Organismus speziell im Bereich des Nervensystems verantwortlichen Kräften handelt es sich um eben jene ersterbenden Kräfte, die dafür sorgen, dass wir ein Bewusstsein von uns und der Außenwelt haben. Überall, wo Bewusstsein entsteht, kann kein Leben herrschen, muss das Leben dem Bewusstsein Platz machen.[5]

Rudolf Steiner weist nun in diesem Zusammenhang darauf hin, dass die Menschheit im 20. Jahrhundert in der Lage sein wird, diese abbauenden, absterbenden Kräfte, die elektrischen und magnetischen Kräften entsprechen, auf Maschinen zu übertragen.

«Ich habe vollbedacht öfter jetzt darauf aufmerksam gemacht, auch in öffentlichen Vorträgen, dass das Bewusstsein des Menschen zusammenhängt mit abbauenden Kräften. …

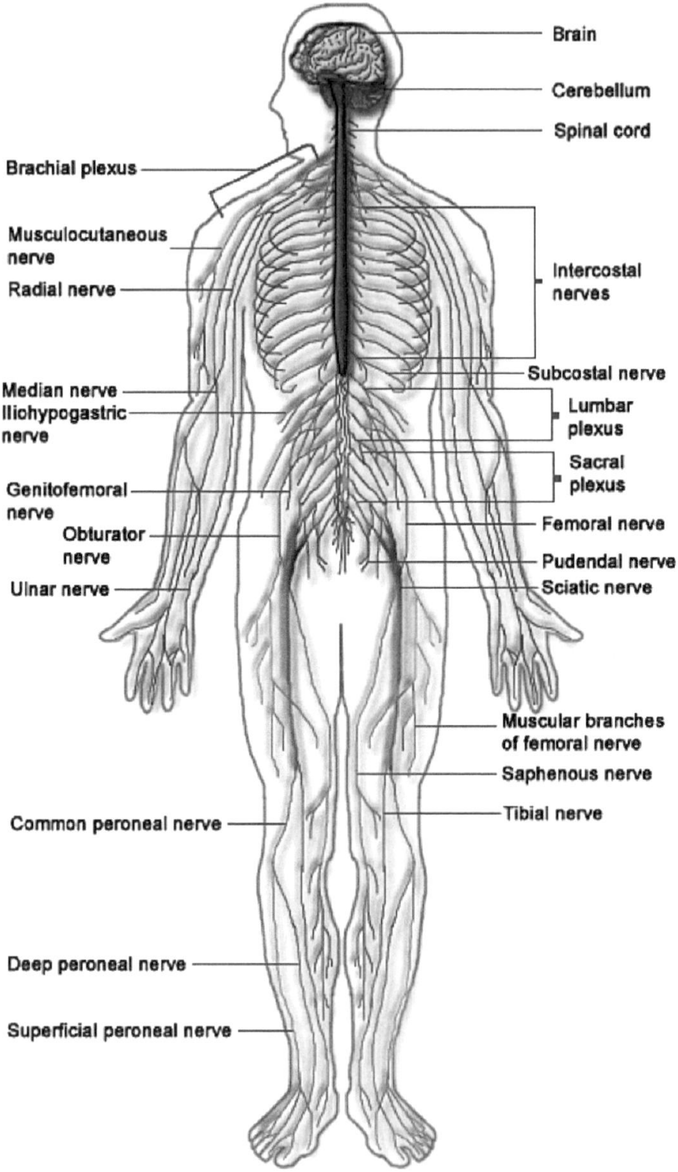

Abb. 5: Nervensystem des Menschen.

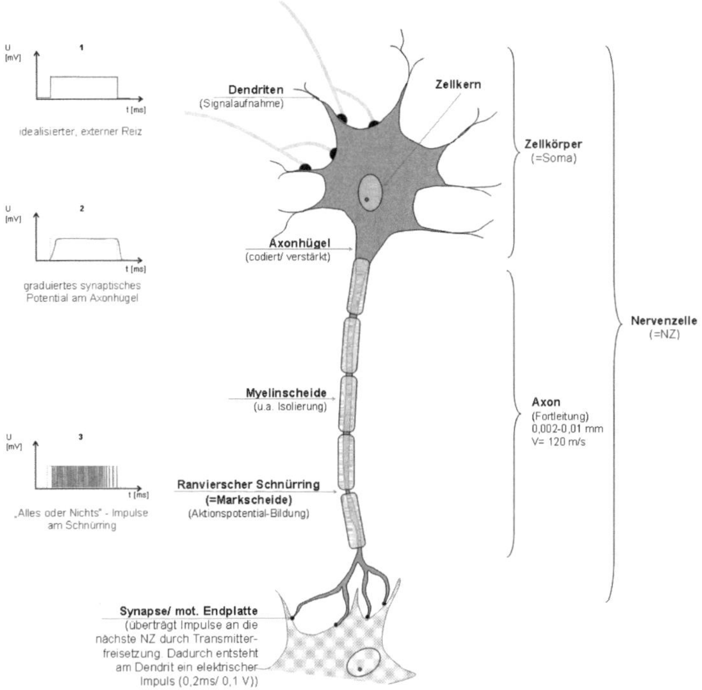

Abb. 6: Nervenzelle.

In unser Nervensystem hinein ersterben wir. – Diese Kräfte, diese ersterbenden Kräfte, sie werden immer mächtiger und mächtiger werden. Und es wird die Verbindung hergestellt werden zwischen den im Menschen ersterbenden Kräften, die verwandt sind mit elektrischen, magnetischen Kräften und den äußeren Maschinenkräften. Der Mensch wird gewissermaßen seine Intentionen, seine Gedanken hineinleiten können in die Maschinenkräfte. Noch unentdeckte Kräfte in der Menschennatur werden entdeckt werden, solche Kräfte, welche auf die äußeren elektrischen und magnetischen Kräfte wirken.»[6]

Und in der Tat hat John von Neumann, einer der Pioniere

der Computertechnik in Amerika, in den 50er-Jahren sein Vorgehen bei der Entwicklung der Computer so beschrieben:

«Beim Entwurf der Maschine versuchten meine Mitarbeiter und ich, einige der bekannten Vorgänge im lebenden Gehirn zu imitieren. Dieser Aspekt veranlasste mich, mich mit Neurologie zu beschäftigen ... und endlich Vorträge über die Möglichkeiten zu halten, ein stark vereinfachtes Modell des lebenden Gehirns für von Menschen zu bauende Maschinen zu kopieren.»[7]

Das an die Sinne gebundene Bewusstsein beruht physiologisch gesehen auf abbauenden Kräften, die mit elektrischen Kräften einhergehen, welche aber wiederum die Grundlage der Computertechnik bilden. Ebenso wie im Nervensystem bildet auch im Computer die Polarität *Strom – Nichtstrom* die Grundlage jeglicher Informationsübermittlung. Wobei im menschlichen Organismus noch ein gehöriges Maß an Chemie, sogenannte Botenstoffe oder Neurotransmitter eine Rolle spielen.

In jedem Falle ist das Nerven-Sinnes-System beim Menschen von abbauenden Todeskräften beherrscht, weshalb wir nach einer gewissen Zeit des Wachseins so stark ermüden, dass wir das Bewusstsein ausschalten, also schlafen müssen. Würden wir nicht schlafen können, würden die abbauenden Kräfte solange überwiegen, bis wir alleine durch unser Wachsein sterben müssten. Nur im Schlaf können die abgebauten Kräfte wieder aufgebaut werden.

Was außerdem deutlich wird ist, dass wir es bei der Computertechnologie nun mit einem ins Äußere versetzten ahrimanischen Doppelgänger, den wir nun auch als «elektronischen Doppelgänger» bezeichnen können, zu tun haben. Nicht umsonst wird der Computer schon seit Langem als PC, als «Personal Computer» bezeichnet. Alles, ja fast alles, was wir heute bewusstseinsmäßig leisten, erfolgt mittlerweile ausschließlich mit Hilfe von Computern und deren Vernetzung durch das Internet. Unsere persönlichen Daten, unsere Arbeit, unser Konsum, fast alle Lebensbereiche sind von Computern erfasst. Der PC begleitet uns nun seinerseits wie eine Art von elektronischem Doppelgänger.

Und sein Wesen ist exakt so, wie Rudolf Steiner den ahrimanischen Doppelgänger beschrieben hat:

«Und wir schreiten schon so durch unser Leben, dass wir unsere Seele haben und einen solchen Doppelgänger, der viel gescheiter ist, sehr viel gescheiter ist als wir, sehr intelligent ist, aber eine mephistophelische Intelligenz hat, eine ahrimanische Intelligenz hat, und dazu einen ahrimanischen Willen, einen sehr starken Willen, einen Willen, der den Naturkräften viel näher steht als unser menschlicher Wille, der durch das Gemüt reguliert wird.»[8]

Der Computer ist eine kalte Maschine von hoher Intelligenzkraft und unbeugsamem Willen, sprich Effizienz. Unzählige Bewegungsvorgänge bis hin zur Kriegsführung werden heute durch Computer gesteuert, und auch unser Wirtschaftsleben mit all seinen Geldströmen wird heute weitgehend von diesen Maschinen beherrscht.

Damit wird deutlich, dass Rudolf Steiner die technischen Entwicklungen des 20. Jahrhunderts soweit überschaute, dass er die Ablösung des industriellen Zeitalters durch das digitale Zeitalter voraussagen konnte! Aus dem hier dargestellten Zusammenhang kann verständlich werden, warum er das vermochte. Weil ihm aufgrund der dargestellten Gesetzmäßigkeit der Zunahme abbauender Kräfte in der absteigenden Periode unseres Entwicklungszyklus klar war, dass auf der anderen Seite die Bewusstseinskräfte immer mehr zunehmen würden.

Aufgrund des Sturzes der Geister der Finsternis aber, so konnte er es prognostizieren, würde gleichzeitig auch der Versuch unternommen, das erwachende Bewusstsein des Geistes, eben das Bewusstsein vom Ätherischen, zu unterdrücken, und zwar durch die Erfindung von Maschinen, die die an die Sinne gebundenen Bewusstseinsvorgänge im menschlichen Organismus, die auf elektrischen Strömen und letztlich auf einem ahrimanischen Doppelgänger beruhen, imitieren können.

Auch dieses Entstehen neuer Maschinen, mit denen die Menschen immer mehr zusammenwachsen würden, sah Rudolf Steiner nicht als etwas zu Vermeidendes an, sondern gerade hier setzte seine Forderung nach der Entwicklung eines wahren Geistbewusstseins an. Umso mehr warnte er davor, dass diese Bewusstseins- und Wissenstechnologien nicht einseitig im Sinne der bereits erwähnten Interessen des westlichen Okkultismus ausgenutzt würden, um auf diese Weise noch stärkere Finsternis über alles Spirituelle zu verbreiten.

«An solchen Stellen ist der Wille dazu vorhanden, die Menschenkraft zusammenzuspannen mit Maschinenkraft. Diese Dinge dürfen nicht so behandelt werden, als ob man sie bekämpfen müßte. Das ist eine ganz falsche Anschauung. Diese Dinge werden nicht ausbleiben, sie werden kommen. Es handelt sich nur darum, ob sie im weltgeschichtlichen Verlaufe von solchen Menschen in Szene gesetzt werden, die mit den großen Zielen des Erdenwerdens in selbstloser Weise vertraut sind und zum Heil der Menschen diese Dinge formen, oder ob sie in Szene gesetzt werden von jenen Menschengruppen, die nur im egoistischen oder im gruppenegoistischen Sinne diese Dinge ausnützen. Darum handelt es sich. Nicht auf das Was kommt es in diesem Falle an, das Was kommt sicher; auf das Wie kommt es an, wie man die Dinge in Angriff nimmt. Denn das Was liegt einfach im Sinne der Erdenentwickelung. Die Zusammenschmiedung des Menschenwesens mit dem maschinellen Wesen, das wird für den Rest der Erdenentwickelung ein großes, bedeutsames Problem sein.»[9]

Nun überschauen wir die ganze Größe der Problematik unseres Zeitalters:

- Die fünfte nachatlantische Kulturepoche leitet eine Periode zunehmender Zerstörungen und abbauender Kräfte in einem siebengliedrigen Entwicklungszyklus ein.
- Mit der Abnahme des Lebendigen und der Zunahme des Abbaus und der Zerstörung tritt ein zunehmendes Geistbewusstsein auf, das mit der Entwicklung der Bewusstseinsseele selbst zusammenhängt.
- In diesem Zusammenhang wird die Schwelle zur geistigen Welt unbewusst überschritten.
- Gleichzeitig beginnen die Ätherleiber der Menschen sich vom physischen Leib zu lösen, wodurch neue geistige Fähigkeiten möglich werden.
- Im Zusammenhang mit den an die Sinne gebundenen Bewusstseinskräften, die wiederum auf abbauenden Kräften beruhen, gibt es aber in jedem Menschen einen Todesbereich, den Bereich elektrischer Ströme und Aktionspotenziale, der durch ein ahrimanisches Wesen getragen wird.
- Die aus der ätherischen in die physische Welt, das heißt in die irdischen Bewusstseine der Menschen gestürzten Geister der Finsternis benutzen nun insbesondere diese Kräfte, um das menschliche Bewusstsein von einem Erwachen für das Geistig-Ätherische abzuhalten.
- Gleichzeitig sind in den abbauenden und zerstörerischen Prozessen des Bewusstseinszeitalters ahrimanische Elemen-

tarwesen am Werke, mit deren Hilfe die Menschen unbewusst alle ihre technischen Erfindungen hervorbringen.

- Aus dieser Summe von Kräften ergibt sich folgerichtig die Entdeckung der Übertragbarkeit menschlicher Bewusstseinsvorgänge auf Maschinen, die «elektronischen Doppelgänger».
- Mit diesen, Computer genannten, Maschinen beginnen die Menschen nun zunehmend zusammenzuwachsen.

Erst jetzt wird uns deutlich, was mit der Rede Rudolf Steiners von der «Unter- und der Übernatur» eigentlich gemeint ist:

«Der Mensch muss die Stärke, die innere Erkenntniskraft finden, um von Ahriman in der technischen Kultur nicht überwältigt zu werden. Die Unter-Natur muss als solche begriffen werden. Sie kann es nur, wenn der Mensch in der geistigen Erkenntnis mindestens gerade so weit hinaufsteigt zur außerirdischen Über-Natur, wie er in der Technik in die Unter-Natur heruntergestiegen ist. Das Zeitalter braucht eine *über* die Natur gehende Erkenntnis, weil es innerlich mit einem gefährlich wirkenden Lebensinhalt fertig werden muss, der unter die Natur heruntergesunken ist. Es soll hier natürlich nicht etwa davon gesprochen werden, dass man zu früheren Kulturzuständen wieder zurückkehren soll, sondern davon, dass der Mensch den Weg finde, die neuen Kulturverhältnisse in ein rechtes Verhältnis zu sich und zum Kosmos zu bringen.

Heute fühlen noch die wenigsten, welche bedeutsamen geistigen Aufgaben sich da für den Menschen herausbilden. Die Elektrizität, die nach ihrer Entdeckung als die Seele des natürlichen Daseins gepriesen wurde, sie muss erkannt werden in *ihrer* Kraft, von der Natur in die Unter-Natur hinabzuleiten. Es darf der Mensch nur nicht mitgleiten. …

In einer Geistwissenschaft wird nun die andere Sphäre geschaffen, in der ein Ahrimanisches gar nicht vorhanden ist. Und gerade durch das erkennende Aufnehmen derjenigen Geistigkeit, zu der die ahrimanischen Mächte keinen Zutritt haben, wird der Mensch gestärkt, um *in der Welt* Ahriman gegenüberzutreten.»[10]

Darin besteht die Aufgabe des Bewusstseinsseelenzeitalters:

- Auf der einen Seite nehmen abbauende Kräfte und damit Technik und Zerstörung zu, die Menschheit gerät dadurch immer mehr in den Sog einer Unternatur, von Maschinen, die zunehmend auch ihre Bewusstseinskräfte in Beschlag nehmen.
- Auf der anderen Seite wird gerade dadurch erst das Bewusstsein befreit, um nun für das Geistig-Ätherische, die an die physische unmittelbar angrenzende Welt, die Übernatur zu erwachen, das heißt die von leiblicher Gebundenheit frei gewordenen Ätherkräfte zur Ausbildung übersinnlicher Fähigkeiten, zum Erwachen im Ätherischen oder der Ausbildung von Imaginationen, das heißt aber auch künstlerischer Fähigkeiten, zu nutzen.

Den Abbau und die Zerstörung, die zunehmende Mechanisierung und, wenn man so sagen will, Computerisierung sah Rudolf Steiner als notwendig an, denn er wusste, dass erst dadurch ein neues Geistbewusstsein möglich sein würde. Und es kam ihm darauf an, die Menschen wach zu machen für diese bedrohliche und umkämpfte Bewusstseinssituation, in der er ganz klar machte, dass es Kräfte gibt, die eine aufgeklärte Geisteswissenschaft zu verhindern suchen.

Aber noch in einer weiteren Hinsicht ist die Computertechnologie ein Schattenbild des menschlichen Bewusstseins. Wir hatten gesehen, dass unseren Bewusstseinskräften, insbesondere aber den Kräften von Gedächtnis und Erinnerung, umgewandelte Wachstumskräfte, frei gewordene Lebenskräfte zugrunde liegen.

Die durch die Verwandlung von arteriellem Blut in klares, stofffreies Gehirnwasser frei gewordenen Bildekräfte können in der Berührung des Gehirnwassers mit der Ein- und Ausatmung, in der der Astralleib tätig ist, von diesem zur Vorstellungsbildung genutzt werden. Indem die dabei tätigen Bildekräfte nicht wieder in leiblich tätige Bildekräfte zurückverwandelt werden, können sie die Vorstellungsinhalte aufbewahren. Dabei dienen entsprechende Teile des Gehirns als materielle Grundlage. Lässt der Astralleib die Bildekräfte wieder los, entsteht solchermaßen die Gedächtnisvorstellung, eine rein ätherische Form, die uns nicht mehr im Bewusstsein ist. Die auf diese Weise im ätherisch gebildeten Gedächtnis aufbewahrten Formen oder Zeichen werden beim Erinnerungsvorgang vom Astralleib «gelesen». Dabei werden die betreffenden Lebensvorgänge im Ätherleib erneut aufgerufen, wodurch die Erinnerung lebendig vor unserem inneren Auge auftritt.

Derselbe Vorgang nun liegt der Computertechnik zugrunde, denn das Wesentliche am Computer ist ja sein Speichervermögen. Ohne die Möglichkeit des Speicherns und wieder Abrufens von Daten wären alle Rechenoperationen des Computers für uns wertlos. Aber wie geht der Vorgang hier vor sich?

Der Computer setzt an die Stelle der freien ätherischen Bildekräfte, die im Gehirn dem Gehirnwasser entsprechen, keine lebendige Flüssigkeit, sondern das kristallisierte, festgewordene, aber in sich reine Silicium. In seiner Leitfähigkeit ähnelt es den Nervenzellen. Wir können hierin eine Ablähmung des

Lebendigen in das Tote, Nervenartige, nicht mehr von Leben durchdrungene, erblicken. Wo im Menschen sich die Materie in Richtung der Übernatur entwickelt und die Bildekräfte frei und dem Seelischen zugänglich werden, schließt sich im Computer die Materie vom Leben ab und öffnet sich der Unternatur der elektrischen Potenziale, denen im Menschen der ahrimanische Doppelgänger zugrunde liegt. Die solchermaßen gleichsam kristallisierten Daten sind daher dem Seelischen nicht mehr zugänglich, können also nicht verlebendigt werden.

Je mehr wir uns also bewusstseinsmäßig an den Computer fesseln lassen und die frei gewordenen Bewusstseins- und Gedächtniskräfte nicht dazu verwenden, das hinter unserem Denken, hinter den Bewusstseinsvorgängen, hinter den Erinnerungskräften liegende Ätherische zu erfassen, je mehr wir uns also von der Technik und von deren schillernder Oberfläche blenden lassen, desto mehr tritt an die Stelle eines neuen Bewusstseins vom Ätherischen die Scheinwelt der Computertechnik, vor allem aber des Internets.

Freilich kann man den Computer als Werkzeug nutzen, als Hilfsmittel, das die Gedächtnisfunktionen lediglich unterstützt und erweitert. Indem ein Autor zum Beispiel ein Buch am Computer schreibt, wird ein lebendiger Gedankenzusammenhang, sein im Denken entwickelter Inhalt, in Schriftzeichen umgesetzt, die wiederum als elektronische Daten im Computer gespeichert und von diesem getreu aufbewahrt werden. Die Abgestorbenheit des Speichers Computer gewährleistet dann, dass der vom Autor formulierte Inhalt unverändert erhalten bleibt. Er kann ihn jederzeit wieder aufrufen, verändern, hier und dort ergänzen, wobei er das Ganze, den Gesamtzusammenhang immer im Blick behalten kann. Hätte er wie früher mit der Hand geschrieben, hätte er die

Einfügungen jeweils auf extra Blättern hinzufügen müssen und dabei vielleicht den Überblick verloren. Solange er den Computer also nur als elektronisches Papier, als reines Speichermedium für seine Schrift nutzt, kann er seine Gedankeninhalte jederzeit erneut verlebendigen.

Anders ist es, wenn ich den Computer nun als Kommunikationsmittel nutze und dabei auf nicht von mir gebildete Gedankeninhalte, das heißt fremde elektronische Daten zugreife. Das ist überall da der Fall, wo ich den Bereich meines persönlichen Computers verlasse und mich im Internet bewege.

Das Internet bietet die Möglichkeit, durch die weltweite Vernetzung der Computer, Zugang zu einem weltumspannenden, universellen Gedächtnis, einer Art Weltgedächtnis zu bekommen. Es vermittelt mir den Zugang zu einer enormen Überfülle an Daten, an abgestorbenen und entpersonalisierten, anonymen Gedankeninhalten, deren Vernetzung nicht ich selber, sondern die Elektronik besorgt. Dadurch gewinne ich den Eindruck, in einem riesigen Gedankenzusammenhang zu leben. Aber das ist eben eine Täuschung. Das sonst vom eigenen Seelischen im Zugriff auf die freien Ätherkräfte gebildete Vorstellungsleben in seiner Lebendigkeit wird mir hier auf untersinnliche Weise als Surrogat angeboten. Das Internet vermittelt vom Lebensgefühl her einen Schatten, ein Gegenbild der Welt des Ätherischen.

Im technischen Medium des Internets entsteht mithin ein Gegenbild der Ätherwelt des Bewusstseins, der menschlichen Gedanken, Erinnerungen und Gefühle auf der Stufe der Unternatur. Die Vernetzung suggeriert die Lebendigkeit, die ich im Vorstellen oder beim Erinnerungsvorgang durch meine seelische Eigentätigkeit mit Hilfe der freien Ätherkräfte selbst erzeugen muss. Ähnlich wie bei der Pseudospiritualität der Jugendmedien, dem spirituellen Materialismus, wird auf diese Weise eine Art Surrogat für das eigentlich zu erreichende Ätherbewusstsein geschaffen.

Diese Täuschung durch das elektronische Surrogat wird erst dann durchschaubar, wenn ich lerne, die im Vorstellungs- und Erinnerungsleben wirksamen Kräfte bewusst zu ergreifen.

Interessanterweise taucht in der Welt der Jugendmedien, insbesondere in der *Matrix*-Trilogie, besonders in deren erstem Teil, eine Art Ahnung dieses Zusammenhanges auf, dass uns nämlich die Computertechnik abschneidet von einer höheren Realität, dass wir mit unserem irdischen Bewusstsein nur in einer Scheinwelt leben, deren Scheincharakter es zu zerstören gilt. Aber ähnlich wie in der Welt der Fantasy-Romane sind die Waffen, mit denen hier nun gegen die Scheinwelt der Maschinen angekämpft wird, nicht geistiger Natur, sondern materieller Art. An die Stelle einer Verstärkung geistiger Kräfte, der Kräfte, die hinter dem Denken liegen, treten äußere Waffen und körperliche Kampftechniken. Die im Geistigen liegende Schulung des Bewusstseins wird auf die körperliche Ebene herunterprojiziert, womit das Bewusstsein eben auch im Irdischen gefesselt bleibt. Insofern ist die *Matrix-Trilogie* dann sogar konsequent, als sie am Ende zeigt, dass die Befreiung nur ein Schein war, weil am Ende alles wieder von vorn beginnt. In Form einer Kreisbewegung endet die Trilogie da, wo sie angefangen hat – die ewige Wiederkehr des Gleichen. Und ähnlich verhält es sich mit all den anderen Mythen des Cyberpunk. Immer geht es letztlich darum, dem Gespinst der Unternatur auf rein materiell-technischer Ebene etwas entgegenzuhalten. Eine Übernatur wird deshalb nirgends sichtbar.

Der ahrimanische Doppelgänger und der «mechanische Okkultismus» des Westens

Rudolf Steiner macht noch auf eine weitere Gesetzmäßigkeit des ahrimanischen Doppelgängers aufmerksam, nämlich auf dessen geografische Abhängigkeit. Er schildert in den besagten Vorträgen von 1917, wie die Erde selbst auch Elektrizität und Magnetismus enthält. Bekannt ist ja, dass es auf der Erde in der Nähe des Nordpols einen magnetischen Nordpol gibt, auf den hin die magnetischen Kräfte der Erde sich von Süden nach Norden orientieren. Nun ist der ahrimanische Doppelgänger besonders in den geografischen Gebieten stark wirksam, in denen die Gebirgszüge von Süden nach Norden orientiert sind. Das ist auf der Erde vor allem in Nord- und Südamerika der Fall, denn auf allen anderen Kontinenten, vor allem Europa und Asien, verlaufen die Gebirge von Osten nach Westen. Deshalb aber treten nun die Wirkungen des «ahrimanischen Doppelgängers» besonders stark in Amerika auf:

«Aber ein gewisser Teil des Erdbodens zeigt die meiste Verwandtschaft mit jenen Kräften. Wenn der Mensch sich dorthin versetzt, kommt er in ihren Bereich; sobald er dort weggeht, ist es ja wieder nicht so, denn das sind geografische, das sind nicht ethnografische, nicht nationale, sondern das sind rein geografische Dinge. Dasjenige Gebiet, wo am meisten Einfluss hat auf den Doppelgänger das, was von unten heraufströmt, und wo es dadurch, dass es beim Doppelgänger am meisten Verwandtschaft eingeht mit dem Ausströmenden, also sich auch wieder der Erde mitteilt, das ist dasjenige Erdengebiet, wo die meisten Gebirge nicht von Westen nach Osten, in der Querrichtung hin, sondern wo die Gebirge hauptsächlich von Norden nach Süden gehen – denn das hängt auch mit diesen Kräften zusammen –, wo man den magnetischen Nordpol in der Nähe hat. Das ist das Gebiet, wo vor allen Dingen Verwandtschaft entwickelt wird mit der mephistophelisch-ahrimanischen Natur durch die äußeren Verhältnisse. Und durch diese Verwandtschaft wird vieles bewirkt in der fortschreitenden Entwickelung der Erde.» [11]

Rudolf Steiner weist auch darauf hin, dass es wegen der machtpolitischen Verhältnisse auf der Erde notwendig ist, das Geheimnis des ahrimanischen Doppelgängers zu kennen, um damit die Gefahren, die für die Erde von Amerika ausgehen, wenn sich die Menschen dort der Wirksamkeit des ahrimanischen Doppelgängers nicht bewusst werden, zu durchschauen.[12] Das unbewusste Wirken des ahrimanischen Doppelgängers würde nämlich eben jenem westlichen Okkultismus in die Hände arbeiten, der versucht, das geistige Bewusstsein, das Erwachen des Bewusstseins im Ätherischen zu verhindern. Diesen nennt Rudolf Steiner deshalb auch den «mechanischen» oder «materiellen Okkultismus», weil er die Kräfte des ahrimanischen Doppelgängers ausnutzen wird, um damit Macht über die Erde auszuüben.

«Vor allen Dingen wird von dieser Seite angestrebt, Elektrizität, und namentlich Erdmagnetismus auszunützen, um Wirkungen hervorzubringen über die ganze Erde hin. Ich habe Ihnen ja gezeigt, wie in dem, was ich den menschlichen Doppelgänger genannt habe, aufsteigen die Erdenkräfte. Hinter dieses Geheimnis wird man kommen. Es wird ein amerikanisches Geheimnis sein, den Erdmagnetismus in seiner Doppelheit, im Nord- und Südmagnetismus zu verwenden, um dirigierende Kräfte über die Erde hin zu senden, die geistig wirken.» [13]

Diese dirigierenden Kräfte sind es, die im Internet wirksam

sind. Das Internet ist quasi ein gewaltiger, auf die ganze Erde hin ausgedehnter ahrimanischen Doppelgänger.

Rudolf Steiner beschreibt den «mechanischen» oder auch «materiellen Okkultismus» mehrmals auch so, dass er vor allem darauf aus ist, menschliche Kräfte durch Maschinenkräfte in einem bis zum Beginn des 20. Jahrhunderts noch undenkbaren Ausmaße zu ersetzen.

«Aber man wird, wenn das, was ich jetzt vor Ihnen mechanischen Okkultismus nenne, in das Gebiet der praktischen Wirksamkeit tritt, was ein Ideal jener geheimen Zentren ist, man wird nicht nur für fünf- oder sechshundert Millionen Menschen Arbeit leisten können, sondern man wird für tausend und mehr Millionen Menschen Arbeit leisten können. Dadurch wird die Möglichkeit gegeben sein, dass innerhalb des Gebietes der englisch sprechenden Bevölkerung neun Zehntel der Menschenarbeit unnötig wird. Aber der mechanische Okkultismus macht möglich nicht nur, dass man neun Zehntel der Arbeit, die heute noch von Menschenhänden geleistet wird, entbehren kann, sondern er macht es auch möglich, dass man jede aufständische Bewegung der dann unbefriedigten Menschenmasse paralysieren kann.»[14]

Die immer mehr um sich greifende Arbeitslosigkeit, die ja besonders in Amerika, aber auch in großen Teilen Europas immer mehr Probleme schafft, aufgrund der Computerisierung von immer mehr Lebensbereichen, hat auch dazu geführt, dass die Unterhaltungsindustrie sich immer mehr ausbreiten konnte, um die immer mehr aus den Arbeitsprozessen herausgezogenen Massen zu «paralysieren». Dass die Arbeitslosigkeit vor allem die Jugend betrifft, und es in manchen Ländern Europas über 40 Prozent arbeitslose Jugendliche gibt, macht deutlich, dass der von Rudolf Steiner erwähnte Paralysierungseffekt hier besonders stark in Betracht kommt. Wir wenden uns an dieser Stelle erneut der Medienwelt zu, nämlich jenem Medium, das nun direkt im Zusammenhang steht mit jenem «materiellen Okkultismus», der sich der Wirksamkeit des ahrimanischen Doppelgängers bedient, indem er in der Computerwelt ein Abbild, einen elektronischen Doppelgänger erschaffen hat.

Computerspiele – das Leitmedium des 21. Jahrhunderts und seine Wirkungen

Computerspiele oder «Games»[15] sind heute keine Randerscheinung mehr, keine Nische, in der sich ein paar Kinder oder männliche Jugendliche herumtreiben. Ob nun das viel beklagte *Counterstrike*, das bei Jungen immer noch die Beliebtheitsskala anführt, *Die Sims* oder das Online-Rollenspiel *World of Warcraft*: die Games sind heute ein weithin verbreitetes von beinahe allen Alters- und Bevölkerungsschichten genutztes Medium, das wir als Kulturphänomen in der selben Weise ernst nehmen müssen, wie wir es mit anderen Medien wie Romanen oder Filmen auch tun.

Laut einer Befragung von 2009 spielen in Deutschland 67 Prozent der männlichen und 63 Prozent der weiblichen Bevölkerung mit Internetzugang Computerspiele, und zwar wöchentlich fünf bzw. vier Stunden. Da aber in Deutschland heute über 75 Prozent aller Haushalte über einen Internetanschluss verfügen, zeigt sich hier die enorme Ausbreitung dieses Mediums, die in den USA, was die wöchentliche Nutzung betrifft, bereits doppelt so stark ist.

Welche Tendenz spricht sich in dieser immer weiter um sich greifenden Tendenz der Mediennutzung aus? Im Hinblick auf die Wirkung von Computerspielen auf Kinder und Jugendliche gab es bisher mehrere Forschungsansätze. Diese lassen sich grob gesprochen in drei Richtungen unterteilen:

- Als erstes wurden die Games im Hinblick auf ihre negativen Wirkungen auf Kinder und Jugendliche vor allem unter dem Aspekt der Gewalthaltigkeit gesehen. Dabei wurde aber das Medium selbst in seiner Eigentümlichkeit eher mit gewalthaltigen Filmen verglichen und nicht in seiner Eigentümlichkeit untersucht.[16]
- Dann gibt es zweitens den euphorisch-verherrlichenden Ansatz, der das neue Medium aufgrund der neuen Fähigkeiten, die Kinder dadurch ausbilden, wie etwa Reaktionsgeschwindigkeit, Multitasking, soziales Interagieren etc. emphatisch preist.[17]
- Ein dritter Ansatz verfolgt die Games vor allem aufgrund ihres sozialen und politischen Aspektes und sieht in ihnen vor allem ein Mittel politischer und wirtschaftlicher Einflussnahme, wie es andere Medien auch tun.[18]

Der hier verfolgte Zugang jedoch wurde bisher gar nicht gesucht:

- Es ist dies ein phänomenologisch-anthropologischer Forschungsansatz, der das Phänomen der Computerspiele vor allem aus einer ästhetischen und anthropologischen, durch selbst gemachte Erfahrungen mit dem Medium gewonnenen Perspektive untersucht. Dabei soll das Medium weder gepriesen noch verdammt, sondern vor allem im Hinblick auf seinen heutigen Stellenwert in der Entwicklung von Kindern und Jugendlichen auch im Vergleich zu den anderen, im dritten Kapitel bereits behandelten Medien untersucht werden.

Innerhalb der Medienwelt haben wir es grob gesprochen mit drei verschiedenen Bereichen zu tun:

Denken und Vorstellen	Schrift, Bilder, Bücher Film und Fernsehen
Fühlen	CD, MP3
Handeln, soziale Beziehungen	Computerspiele, Internet, Handy

Wir sehen an dieser Übersicht, dass jedem Bereich des menschlichen Erlebens ein Bereich der Medienwelt zuzuordnen ist.

Im Bereich des Denkens und Vorstellens haben wir auf der einen Seite die Schrift, die Bücher und Bilder. Aber Schrift muss gelesen werden, sie bewegt sich nicht, sie unterhält einen nicht von alleine, man muss sich anstrengen und erstens Lesen lernen und dann zum Gelesenen auch Vorstellungen und innere Bilder entwickeln.

Beim Film und Fernsehen ist das schon anders: da kommen die Bilder, die man sonst eigenständig entwickeln muss, schon vorgefertigt von der Leinwand bzw. vom Bildschirm. Deshalb wird Film und Fernsehen zunächst auch angenehm erlebt, weil man sein Vorstellungsvermögen nicht anzustrengen braucht.

Ähnliches gilt für die Musikmedien: Wo ich als Musiker selbst Töne hervorbringen müsste, da kommen durch CD oder MP3 die Töne auf Knopfdruck. Aber jetzt befinden wir uns in einem anderen Bereich. Nicht Bilder oder Vorstellungen werden hier geliefert, sondern Gefühle. Diese werden zwar auch beim Fernsehen erregt, womöglich sogar in stärkerer Form als beim Musikhören. Aber die durch die Musik erregten Gefühle haben einen stärkeren Gefühlscharakter, das heißt sie verfügen über keinen Vorstellungsinhalt, sind also weniger an das Vorstellen des Kopfes gebunden. Musik spricht mich unmittelbar an, geht sozusagen direkt in den emotionalen Bereich, ohne Umweg über den Kopf.

Einen ganz anderen Bereich, und darauf kommt es jetzt in unserem Zusammenhang besonders an, sprechen die Computerspiele, aber auch das Internet und Handys an. Hier geht es um den Bereich des Handelns und der sozialen Beziehungen, also um unseren Willen. In einem Computerspiel werden Handlungen simuliert, im Internet und in den virtuellen sozialen Netzwerken soziale Beziehungen. Aber während beim Film die Bilder von der Leinwand, beim MP3 die Musik vom Kopfhörer oder den Lautsprechern, so werden bei den Games die Aktionen, Handlungen und Beziehungen vom Computer geliefert. Ich muss selbst nichts dazu tun, jedenfalls nichts Körperliches oder Seelisches. Meinen Handlungen am Bildschirm entspricht keinerlei körperliche oder seelische Aktivität. Aktionen in den Games und soziale Beziehungen in virtuellen Netzwerken entstehen ebenso auf Knopf- bzw. Mausdruck wie die Bilder aus dem Fernsehgerät oder die Musik aus dem MP3-Player. Aber wir bewegen uns im Bereich der Games eben nicht primär im Vorstellen und nicht in der Gefühlswelt, sondern scheinbar im Bereich unseres Willens und unserer sozialen Aktivitäten.[19]

Schaut man sich die Mediennutzungsstatistiken von Kindern und Jugendlichen an und die Medienpräferenz, dann ergibt sich seit Beginn des 21. Jahrhunderts mehr und mehr eine Verlagerung weg vom Fernsehen hin zum Computer und zwar mit zunehmendem Alter einhergehend: Geben Kinder von sechs bis dreizehn Jahren noch den Fernseher als Leitmedium an, so ist es bei den Jugendlichen eindeutig das Internet und der

Computer. Im Hinblick auf die Dreigliederung der Medienwelt drückt sich darin eine Verlagerung der Medienpräferenz vom Bereich des Vorstellens in den Bereich des Willens aus, aber eben nur des virtuellen Handelns.

Schauen wir uns die Genese dieses neuen Mediums genauer an. Das Medium der Computerspiele existiert in seiner heutigen Form eigentlich erst seit etwa der Jahrtausendwende. Noch in den 90er-Jahren waren die Computerspiele und die dazugehörige Hardware im Vergleich zum heutigen Entwicklungsstand relativ primitiv. Ja, für die Zeit vor Einführung des Internets müsste man eigentlich sagen, dass der Computer als Freizeitmedium keinerlei Rolle spielte. Niemand wäre damals auf die Idee gekommen, seinen Computer in der Freizeit als Medium zu nutzen. Dennoch wurden Computerspiele auch damals schon gespielt, jedoch nicht zu Hause, sondern in Spielhallen.

An solchen Automaten konnte man bereits wie in den späteren Konsolen- oder PC-Spielen Shooter-Games oder auch Autorennen spielen. Der SF-Autor und Erfinder des Cyberspace, *William Gibson* schreibt darüber: «Ich hatte nicht viel Erfahrung mit Videospielen, und es war mir peinlich, eine dieser Spielhallen aufzusuchen, weil alle dort viel jünger waren als ich. Doch als ich dann hineinging, merkte ich an der Intensität ihres körperlichen Einsatzes, wie versunken diese Kids waren. Es kam mir vor, als wäre eines der geschlossenen Systeme aus einem Roman von Pynchon Wirklichkeit geworden: Eine Rückkopplungsschleife aus Photonen, die aus dem Bildschirm heraus in die Augen der Kids strömten, Neutronen, die durch ihren Körper flossen, und Elektronen, die durch den Computer flossen. Und diese Kids *glaubten* offensichtlich an die Realität des Raumes, den diese Spiele projizierten.»[20]

Was war die Vorstufe dieser elektronischen, computergesteuerten Games in den Spielhallen?

Das elektronische Flippergerät ist die Vorstufe der Games, die sich nur noch am Bildschirm steuern lassen. Bei einem Flippergerät der 80er-Jahre hatte der Spieler noch einen geringen Rest körperlicher Aktivität, die im Bedienen der beiden Flipperhähne bestand. Jedoch zeigt schon ein Vergleich mit einem Flipperautomaten der 60er-Jahre, dass hier ursprünglich ein viel direkterer Kontakt zwischen Spieler und Kugel vorhanden war. Denn bei diesen rein mechanischen Geräten blieb die Kugel die ganze Zeit über für den Spieler sichtbar. Sie wurde noch mit einem federgestärkten Hebel abgeschossen und der Lauf der Kugel wurde noch direkter vom Spieler beeinflusst als bei den bereits elektronisch gesteuerten Geräten der 80er-Jahre, bei denen die Kugel häufig für den Spieler nicht mehr sichtbar verschwand, plötzlich andere Kugeln ins Spiel kamen, die der Spieler gar nicht abgeschossen hatte etc. Hier wurde der Lauf der Kugel nun praktisch vollständig vom elektronisch gesteuerten Automaten bestimmt, während beim mechanischen Gerät der 60er-Jahre die Einflussnahme des Spielers noch deutlich höher war.

Jedoch zeigt unsere phänomenologische Studie der Genese der Computerspiele bereits beim Flipperautomaten, dass der Spielverlauf auch auf der einfachsten Stufe dieser Geräte bereits weitgehend von der Maschine beherrscht wurde.

Was ist nun genealogisch gesehen die Vorstufe des Flipperautomaten? Hier stoßen wir nun auf das Billardspiel, denn worauf beruht dieses? Der Spieler muss selbst den Verlauf, den die Kugel nehmen soll, berechnen. Soll die Kugel nach dem Willen des Spielers ihr Ziel erreichen, dann darf kein fremder Einfluss, den der Spieler nicht unter Kontrolle hat, den Verlauf stören. Er muss die Kugel so präzise wie möglich in Bewegung versetzen, dann läuft sie im besten Falle genau an den Ort, den er vorausberechnet hat. Das heißt hier unterliegt im Idealfall der gesamte Spielablauf der Kontrolle des Spielers, und keine Maschine hat darauf irgendeinen Einfluss.

Wenn wir also das heutige Computerspiel genealogisch über seine Werdestufen zurückverfolgen, sehen wir, dass beim Computerspiel die gesamte Steuerung des Bewegungsablaufes von der Rechenmaschine Computer übernommen worden ist. Im Laufe des 20. Jahrhunderts hat der Spieler Stufe für Stufe die Kontrolle der spielerischen Bewegungsabläufe der Maschine überlassen.

Verfolgen wir nun in ähnlicher Weise die Entwicklung des Spielzeugs im 20. Jahrhundert. Ich wähle dazu ein naheliegendes Beispiel, die Firma Lego. Diese wurde 1934 von einem dänischen Tischler namens Ole Kirk Kristiansen gegründet. Durch die Weltwirtschaftskrise erhielt er keine Aufträge mehr und sattelte auf Holzspielzeug um.

Nach dem Zweiten Weltkrieg setzte sein Sohn die expandierende Firma fort und erfand den berühmten Legobaustein, der 1958 patentiert wurde. Mit diesem konnte man nun zwar keine lebendigen Wesen mehr nachbilden, dafür aber umso besser Häuser, ja ganze Städte aufbauen. Die nächste Stufe erfolgte dann in Richtung einer immer mehr technisierten Umwelt. So ließen sich schon ab den 70er-, 80er-Jahren hochmoderne Düsenjäger nachbauen. Dabei sieht man deutlich, wie die Vielfalt der Gestaltungsmöglichkeiten zugunsten der technischen Perfektion immer mehr eingeschränkt wird.

Interessant ist aber nun die nächste Stufe, die Ende der 90er-Jahre vollzogen wurde. Lego war in schwere wirtschaftliche Pro-

Abb. 7: Bionicle-Actionspielfigur.

bleme geraten, auch infolge der immer stärker aufkommenden Computerspielindustrie. Zunächst hatte man versucht, mit den *Star-Wars*-Figuren von George Lucas den Anschluss wieder zu finden. Doch verlangte Lucas derart hohe Tantiemen, dass für Lego quasi nichts übrig blieb. Da kam man auf die Idee, eine eigene Serie von Action-Spielfiguren auf den Markt zu bringen. Der Name dieser neuen Produktserie, die seit 2001 auf dem Markt ist, war *Bionicle*.

Schaut man sich nun eine dieser Figuren an (Abb. 7), so fragt man sich, was mit diesen Figuren nachgebildet werden sollte. Man wird dazu in der realen Welt keinerlei Vorbilder mehr finden. Denn sie stellen Fantasiegebilde dar, die durch eine umfangreiche, von Lego eigens entwickelte Mythologie erst belebt werden mussten. Die *Bionicle*-Figuren stellen darin eine Mischung aus biologischen Lebewesen und computergesteuerten Maschinen dar. Diese Geschichten wurden ab 2000 in Form von Comics, Videos und Büchern, vor allem aber über das Internet verbreitet. Die davon angezogenen Kinder und Jugendlichen wurden zum Kauf animiert, um diese Mischung aus Fantasy und Science-Fiction nachzuspielen. Gerade bei der hier abgebildeten Figur hat man den Eindruck, dass es sich um eine exakte, imaginative Nachbildung des ahrimanischen Doppelgängers, so wie ihn Rudolf Steiner beschrieben hat, handelt.

«Und wir schreiten schon so durch unser Leben, dass wir unsere Seele haben und einen solchen Doppelgänger, der viel gescheiter ist, sehr viel gescheiter ist als wir, sehr intelligent ist, aber eine mephistophelische Intelligenz hat, eine ahrimanische Intelligenz hat, und dazu einen ahrimanischen Willen, einen sehr starken Willen, einen Willen, der den Naturkräften viel näher steht als unser menschlicher Wille, der durch das Gemüt reguliert wird.»[21]

Um diesen Zusammenhang anhand der oben abgebildeten Figur noch genauer nachzuweisen, sei an dieser Stelle etwas detaillierter auf die Inhalte der *Bionicle*-Mythologie eingegangen. Wie schon erwähnt, wurden diese Action-Spielfiguren dadurch vermarktet, dass es sowohl im Internet wie auch in gedruckter Form und in Form von Videofilmen zu allen Figuren eine ausgearbeitete Mythologie gab. Deren Autor ist *Greg Farshtey*, der im Internet rasch zum Kultautor avancierte mit Millionen Kindern und Jugendlichen als Fans.

Die oben gezeigte Figur trägt in der Bionicle-Mythologie den Namen *Mata-Nui.* Diese Figur gab es ganz zu Beginn der Serie schon einmal. Damals gehörte sie zu den mächtigsten Wesen, aus denen alle späteren Wesen entsprungen sind. Sie war sozusagen eine Art Riese, aus dessen Leib sich die späteren Welten entwickelt haben. Die obige Figur stellt nun eine spätere Inkarnation dieser Wesenheit dar. Diese wird in einer der letzten Teile der Bionicle-Mythologie dargestellt, die den Titel *Bionicle – The legend reborn* trägt. Hier wird nun gleich zu Beginn erzählt, dass Mata-Nui in seiner früheren Verkörperung eine mächtige Wesenheit war. Sein Körper war zugleich der Wohnsitz vieler anderer Wesenheiten, die er als sein Volk beschützte. In dem dazugehörigen Video wird uns das gezeigt: Man staunt nicht schlecht, denn vor uns steht ein gewaltiger Roboter, eine Maschine, in deren Innerem kleine Maschinenwesen an Bildschirmen sitzen und offensichtlich irgendeiner Programmiertätigkeit nachgehen. Und in der Mitte dieses Riesenrumpfes sieht man einen mächtigen Strom, einen elektrischen Strom! Da tritt also zum ersten Mal die hier in Betracht kommende Beziehung zu der Wesenheit des ahrimanischen Doppelgängers in Erscheinung.

Dann wird weitererzählt, dass Mata-Nui durch eine ihm feindliche Wesenheit, die sich innerhalb seines Körpers befand, überwältigt wurde und dass sich diese Macht namens *Makuta* seines Körpers bemächtigte. Sein «Geist» aber überlebte in Form einer Maske, der *Maske des Lebens*. Damit wird nun auf die Welt des Ätherischen angespielt. Aber diese Maske siedelt sich nun auf einem fremden Planeten wieder an, um sich dort einen neuen Körper zu erschaffen und sich wieder zu inkarnieren. Diese «Reinkarnation» sieht so aus, dass die Maske auf einem vollkommen toten, mondähnlichen Planeten niedergeht. Da taucht mit einem Mal eine Masse von Skarabäen auf (ein Skarabäus ist in der ägyptischen Mythologie das Zeichen für den sich ständig erneuernden Lauf der Sonne oder die Wiederverkörperung). Als einer von ihnen die seltsame Maske berührt, fängt diese an, lebendig zu werden. Aber was für ein Leben nimmt sie an? Im Film sieht man, wie elektrische Ladungen sich blitzartig entladen, ein kleiner Sandsturm aus totem Mondenstaub entsteht, wobei eben jener Körper sich bildet, den wir oben abgebildet sehen. Ein Leib, der eben nur Wille und Intelligenz, aber kein Gemüt, keine Mitte besitzt, das perfekte Abbild des ahrimanischen Doppelgängers ein elektronischer Doppelgänger. Schaut man sich die goldene Maske genauer an, dann erkennt man in ihr einen Menschen in Form eines Fünfsterns.

Man könnte diese und andere Geschichten aus dem Bionicle-Universum endlos weitererzählen, und es würden sich lauter solche Gegenbilder des Ätherischen zeigen. Diese Spielewelt eines eigentlich aus Dänemark stammenden Unternehmens, die aber ganz und gar in den USA erstellt worden ist, denn in Dänemark könnte man solche Dinge gar nicht erfinden,[22] gehört also ganz und gar in den Bereich des spirituellen Materialismus, wie wir ihn im Abschnitt über die Science-Fiction im dritten Kapitel bereits kennen gelernt haben.

Verfolgt man den Gang der Entwicklung auch hier, so ergeben sich dabei folgende Stufen:

1. Holzspielzeug – Nachbildung der lebenden Natur
2. Legobausteine – Nachbildung der toten Umgebung
3. Düsenjäger – Nachbildung der technisierten Umgebung
4. Bionicle-Actionspielfigur – Nachbildung von Wesenheiten der Unternatur

Damit ist man auch in der Entwicklung des Spielzeugs im Laufe des 20. Jahrhunderts bei einer Technisierung angelangt, die das Spiel immer mehr in den Bereich der Unternatur heruntergezogen hat. Man kann sich die Frage stellen: In was für eine Welt tauchen Kinder, die mit solchen Figuren spielen, ein? Der

Vergleich mit der phänomenologischen Betrachtung der Computerspiele soll dazu die Antwort geben.

Schauen wir uns nun an, was bei einem Computerspiel eigentlich abläuft. Dieser Ablauf gilt im Wesentlichen für alle Computerspiele, egal welchen Genres oder welcher Altersstufe. Der Spieler bewegt mit der Maus oder einer entsprechenden Spielsteuerung eine Spielfigur und reagiert in rasendem Tempo auf bestimmte Reize, die von der Maschine Computer in grafischer Form generiert werden. Aber: bewegt der Spieler tatsächlich die Figur?

Vergleichen wir den Ablauf mit einer Kasperlepuppe: Hier steckt man mit seiner Hand in der Figur und bewegt durch seine Finger Kopf, Arme und Hände der Figur. Die eigenen Bewegungen kommen direkt in den Bewegungen der Figur zum Ausdruck. Beim Computerspiel aber bewegt man keine Figur, sondern diese wird durch das Programm des Computers bewegt. Man kann mit der Maus lediglich die Richtung bestimmen, nicht aber den Bewegungsablauf selbst. Der Spieler bewegt hier also gar nichts, und er bewegt auch sich selbst in keinster Weise.

Der Computerspieler unterliegt in einer sonst kaum vorkommenden Form einem permanenten Reiz-Reaktions-Schema. Jeder Reiz löst unmittelbar eine Reaktion aus. Dies gilt in besonderem Maße für alle Shooter-, Action-, Jump-and-run-, Fantasy-Rollenspiele, Online-Rollenspiele und Sportspiele, also den größten Teil aller, insbesondere von männlichen Kindern und Jugendlichen gespielten Spiele. Die bei diesen Spielen ausgeübte Form des Reiz-Reaktions-Mechanismus beruht nun aber ebenso wie der Computer selbst auf einer Steuerung durch elektrische Ströme.

Wir haben oben bereits die Elektrophysiologie des Menschen

im Zusammenhang mit dem ahrimanischen Doppelgänger untersucht. Wir sehen nun also, dass der Computerspieler sich dessen Wirksamkeit vollständig unterwerfen muss. Der Spieler agiert in einem permanenten Reiz-Reaktions-Mechanismus, durch den sowohl sein seelischer, wie auch sein übriger leiblicher Organismus völlig ausgeblendet werden, mit Ausnahme der Zeige- und Mittelfinger beider Hände, die dem Reiz-Reaktions-Schema permanent unterworfen sind. In seinem Nervensystem, insbesondere im Gehirn laufen sozusagen die «Drähte» heiß, während die übrigen Bereiche, die mehr dem Seelischen oder dem muskulären Willensbereich zugehörig sind, vollkommen lahm gelegt werden.

Im Gegensatz zu allen anderen Medien ist der Computerspieler seinem Medium, nämlich dem Computer und dessen Software viel direkter ausgesetzt als etwa der Hörer einer CD oder der Zuschauer eines Films. Wenn der SF-Autor William Gibson sagt: «Es kam mir vor, als wäre eines der geschlossenen Systeme aus einem Roman von Pynchon Wirklichkeit geworden: Eine Rückkopplungsschleife aus Photonen, die aus dem Bildschirm heraus in die Augen der Kids strömten, Neutronen, die durch ihren Körper flossen, und Elektronen, die durch den Computer flossen»,[23] dann beschreibt er instinktiv genau diese intensive Symbiose, wie sie zwischen Mensch und Maschine beim Computerspiel geschaffen wird.

Hören wir dazu noch die Beschreibung eines erwachsenen Spielers, der das Computerspiel als «Eintritt in eine höhere Form von Transzendenz» beschreibt:

«Das Geheimnis eines guten Spiels ist es, seinen Körper zu verlassen. Denn Reisen, Abheben, in See stechen wollen wir, und der Körper hält uns fest, wie ein tonnenschwerer Anker aus Stahl, unser Geist kauert auf dem Boden eines zyklopischen

Hangars aus Beton und kann nicht fliegen, solange sich das Tor nicht öffnet. Hinaus, hinaus wollen wir, hinein, hinein in das Erlebnis, jemand anders zu sein. Spielen wir ein Rollenspiel oder einen Ego-Shooter, so verbindet sich unser Sein mit dem der Figur auf dem Bildschirm bis wir eins werden. Spielen wir ein Strategiespiel, wo wir Armeen bewegen und ganze Reiche zerschmettern, so schwebt unser Geist wie Gott über dem Wasser und lässt die Mächtigen verzweifeln.

Es mag bei jedem unterschiedlich lange dauern, aber es gibt eine Zeit, in der sich entscheidet, ob wir mit einem Spiel wirklich glücklich werden. Wir nehmen Kontakt auf mit seiner Essenz, dem Kern seines Wesens, ... Das zieht uns immer tiefer hinein und lässt uns unseren Körper vergessen ... Einige schwören darauf, dass gerade der bewusst erlebte Schlafentzug eine so stabile Verbindung mit dem Spiel schafft, dass diese auch die Standby-Phasen übersteht.»[24]

Dieser erwachsene Spieler bemerkt nicht, dass alles das, was er auf seinem Bildschirm zu sehen meint, mit dem er zu verschmelzen scheint, nichts weiter ist als die Simulation einer elektronischen Maschine, die sich dabei derselben elektrischen Übertragungssysteme bedient, die in seinem Körper der ahrimanische Doppelgänger zur Verfügung stellt. Während er in einer vermeintlich «höheren Form von Transzendenz» zu schweben scheint und dabei seinen Körper künstlich wach hält, ist er in Wirklichkeit eins geworden mit der Maschine und zwar auf der Grundlage seines ahrimanischen Doppelgängers. Dieser ist es, der ihm das Gefühl verleiht, außerhalb seines Körpers zu sein. Er ist eins geworden mit dem Doppelgängerwesen, wie Rudolf Steiner es beschrieben hat:

«Denn die elektrischen Ströme, das sind diejenigen Kräfte, die von dem Wesen, das ich eben jetzt geschildert habe, in unser

Wesen hineingelegt werden, die gehören unserem Wesen gar nicht an: wir tragen schon auch elektrische Ströme in uns, aber sie sind rein ahrimanischer Natur.»[25]

Dem entsprechend beschreibt dieser Spieler auch, dass auf die Phase der Synchronisation mit dem Spiel (mit der Maschine) am Ende jedes Spiels eine Phase der Desynchronisation folgt. Er gibt dazu folgende Zeiten an:

– Dauer der Synchronisation mit dem Spiel: 1 – 3 Stunden
– Dauer der Desynchronisation: 8 – 12 Stunden (!).
– Dazwischen spielt sich das Spiel ab, das wie gesagt auch bewussten Schlafentzug mit in Kauf nimmt.

Was bedeutet das nun aber für Kinder und Jugendliche? Das Kind und der Jugendliche befinden sich ihrer Natur nach noch im Wachstum. Besonders der Gliedmaßenbereich ist noch nicht fertig ausgebildet, das Wachstum findet besonders in diesem Bereich statt. Die Beschäftigung mit den aus dem menschlichen Nervensystem abgeleiteten Reiz-Reaktions-Mechanismen, wie sie insbesondere bei den reizintensiven Actionspielen, den Shooterspielen etc. vorherrschen, liefert das Kind bzw. den Jugendlichen in intensivster Weise jenen Kräften aus, die eigentlich mehr dem Alter entsprechen, den abbauenden, absterbenden Bewusstseinskräften. Dazu kommt, dass anstelle des realen Spiels, wie es eigentlich diesem Lebensalter entsprechen würde, weder körperliche Bewegungen, noch damit verbundene Gefühle wie etwa Schmerz oder Mitgefühl, sondern lediglich Reiz-Reaktions-Mechanismen ablaufen, die ausschließlich ganz bestimmte Areale des Gehirns und des Nervensystems in Anspruch nehmen. Die Folgen liegen viel tiefer, als das gewöhnlich vermutet wird. Hier geht die «Impfung gegen alles Spirituelle» nun tatsächlich bis in den leiblichen Bereich hinein, so wie es Rudolf Steiner vorausgesagt hat:

«Ich habe Sie darauf hingewiesen, dass ja freilich die Menschenleiber sich so entwickeln werden, dass in ihnen eine gewisse Spiritualität Platz finden kann, dass aber der materialistische Sinn, der sich immer mehr ausbreiten wird durch die Anweisungen der Geister der Finsternis, dagegenarbeiten und mit materiellen Mitteln dagegenkämpfen wird. Ich habe Ihnen gesagt, dass die Geister der Finsternis ihre Kostgeber, die Menschen, in denen sie wohnen werden, dazu inspirieren werden, sogar ein Impfmittel zu finden, um den Seelen schon in frühester Jugend auf dem Umwege durch die Leiblichkeit die Hinneigung zur Spiritualität auszutreiben.»[26]

Und noch ein Weiteres kommt hinzu. Erinnern wir uns an die beschriebenen Ätherisierungsvorgänge, die aus den den Leib aufbauenden Kräften freie, unserem Vorstellungsvermögen zur Verfügung stehende Kräfte machen. Diese physiologische Grundlage unserer Freiheit wird durch die hier beschriebene Medienwirksamkeit quasi zerstört. Das Vorstellungsleben wird, anstatt sich in lebendigem Erleben mit dem Atemrhythmus zu verbinden[27] vollständig an das Nerven-Sinnes-System gebunden, es erstirbt innerlich, die vormaligen Lebensbildekräfte werden aus dem Vorstellungsleben herausgeworfen. An ihre Stelle tritt das «Leben der Maschine», die untersinnliche, tote Simulation des Lebens, die von den Spielern als *Action* erlebt wird, in Wahrheit aber nichts anderes ist, als die Umkehrung des Lebens in ihr totes Gegenbild.

Nicht vermehrte Gewaltbereitschaft aufgrund gewalthaltigen Medienkonsums ist die Gefahr, sondern eine völlige Vereinseitigung des menschlichen Organismus im Hinblick auf den Nerven-Sinnes-Bereich, ein übermäßiges Wachsein und eine Verkümmerung des Bewegungsorganismus und damit einhergehend ein immer stärker materialisiertes Bewusstsein sind die Folge. Dabei ist zu berücksichtigen, dass die emotionale Reifung des Kindes und Jugendlichen ja doch wesentlich an die Ausbildung eines gesunden Gleichgewichts zwischen Nerven-Sinnes-Prozessen und Bewegungsprozessen gebunden ist. Die Mitte, das Atmungssystem wird vollkommen vernachlässigt und stirbt quasi ab. Die Maschine Computer hat damit die vollständige Herrschaft über die zur Freiheit veranlagte Physiologie des Menschen übernommen.[28]

Die zunehmende Einschränkung der Wirklichkeitserfahrung auf virtuelle Räume in Computerspielen und Internet geht daher besonders einher mit der Gefahr der emotionalen Verarmung, um nicht zu sagen Erkaltung. Denn anders als im realen Spiel und in der realen körperlichen Begegnung mit anderen Menschen, bei der der Körperkontakt, der Blickkontakt immer mit emotionalen Regungen einher geht, die durchaus auch negativer Art sein können, wird bei den Reiz-Reaktionsabläufen der Computerspiele nur der Nerven-Sinnes-Bereich in einseitiger Weise überbetont.

So wie ich beim Berühren der heißen Herdplatte nicht erst emotional reagieren muss, sondern unmittelbar zurückzucke, noch bevor irgendein Gefühl oder Gedanke auftaucht, so ist auch im Computerspiel keinerlei emotionale Reaktion erforderlich. Der Leib als Bezugspunkt realer Welterfahrung wird im Computerspiel auf ein schmales Band von Nerven-Sinnes-Reizen und wenigen intensiven Fingerbewegungen reduziert.

Gleichzeitig wird aber im Hinblick auf die von Rudolf Steiner im Zusammenhang mit dem «mechanischen Okkultismus» erwähnte «Paralysierung» deutlich, wie geschickt die Welt der Computerspiele diese Paralysierung leistet. Denn den äußerlich vor allem durch Arbeitslosigkeit immer untätiger werdenden Menschen wird in den Computerspielen ja ständig suggeriert, dass sie sich mit ihrem Willen betätigen, dass sie etwas leisten, ja dass sie sogar Großartiges leisten, mitunter die ganze Menschheit vor dem Untergang bewahren. Die in den Games zu erfüllenden Missionen sind schwierig, mit Gefahren verbunden und gleichzeitig in hohem Maße nützlich und wirksam. Die Computerspieler erleben sich als äußerst hilfreich und notwendig für die Rettung der Menschheit. Dadurch wird ihnen die nach außen fehlende Wirksamkeit und Betätigung sowie eine von außen kommende Bestätigung auf virtuelle Weise suggeriert. Vor allem mit diesem Faktor ist die große Verbreitung und die hohe Attraktivität dieses Mediums bei männlichen Jugendlichen, aber auch Erwachsenen zu erklären.

Abschließend können wir mit Blick auf die hier beschriebenen Inhalte der Games erneut feststellen, dass die bereits mehrfach beschriebene Wirksamkeit des westlichen Okkultismus sich heute insbesondere in diesem Medienbereich ausgebreitet hat. Denn mit was hat man es neben dem eben beschriebenen Paralysierungseffekt außerdem permanent zu tun? Mit zerstörerischen Kräften! Hier leben sich offensichtlich die bereits mehrfach erwähnten Schwellenerfahrungen des westlichen Okkultismus aus und mit ihnen einhergehend die in die Hände der Menschheit übergebenen Elementargeister von Geburt und Tod in Form eines neuen Mediums, dessen Wirksamkeit über diejenige von Büchern oder Filmen bei Weitem hinausreicht. Die Spieler operieren in der Mehrzahl der Spiele ständig mit zerstörerischen und abbauenden Kräften, die der Mensch in Form eines ahrimanischen Doppelgängers auch in sich selber trägt und der dabei vom Computerspieler mehr und mehr Besitz ergreift.

Die Scheidung der Geister – Ahriman als Medienschaffender

Nun ist nach allem, was wir bisher über den westlichen Okkultismus und seinen Einfluss insbesondere auf die Medienwelt gehört haben, natürlich die Frage, in welcher Weise dieser Einfluss sich geltend macht. Handelt es sich dabei um bestimmte Personenkreise, und wenn ja, welche? Wenn Rudolf Steiner für das 19. Jahrhundert von bestimmten Bruderschaften der «linken Hand» spricht, existieren solche Gruppierungen heute immer noch?

Wir wollen uns hier bewusst keinen Spekulationen über Gruppierungen dieser oder anderer Art hingeben, sondern verfolgen eine andere Richtung, die uns erklären kann, wie es zu dem hier aufgezeigten Einfluss des westlichen Okkultismus auf die Medienwelt, das heißt aber auf die Medienschöpfer kommen konnte.

Wir haben bis hierher gesehen, dass Rudolf Steiner von einem Sturz der Geister der Finsternis, also ahrimanisch tingierter Engelwesen, während des 19. Jahrhunderts gesprochen hat und haben verfolgt, wie sich dieser Sturz dann auf die Entwicklung des 20. Jahrhunderts ausgewirkt hat. Nun haben Rudolf Steiner zufolge westliche okkulte Kreise aufgrund ihrer einseitigen Machtinteressen dieses Ereignis ausnutzen und durch die Verbreitung eines spirituellen Materialismus vor allem verhindern können, dass sich wahrhaftige spirituelle Interessen und Erkenntnisse in größerem Ausmaße durchsetzen konnten. Wie aber kommt es dazu, dass, wenn man so will, x-beliebige Buchautorinnen, Filmemacher oder Gamesentwickler diesem westlich-okkulten Einfluss unterliegen?

Bei den beschriebenen Medieninhalten hat man, wenn man

diese zusammen auf sich wirken lässt, den folgenden Eindruck: Die im dritten Kapitel und im Abschnitt über die Computerspiele beschriebenen Medieninhalte erscheinen in bestimmter Hinsicht so konform und unisono, dass man zu der Auffassung kommen könnte, alle diese Autoren seien in dieselbe «Schule» gegangen, in der sie gemeinsam «unterrichtet» wurden. Diese «Schule» könnte man die «Schule des spirituellen Materialismus» nennen. Aber wie soll man sich diese vorstellen? Sicher nicht so, dass irgendwelche okkulten Bruderschaften beliebige Autoren quasi anheuern, diese dann ausbilden und diese dann anfangen zu produzieren. Eigentlich darf man, wenn man dieser Hypothese einmal folgen will, sich eine solche «Schule» überhaupt nicht äußerlich vorstellen.

Stattdessen möchte ich die folgende Hypothese aufstellen, die mir zumindest sehr wahrscheinlich erscheint. Dabei geht es nun um Zusammenhänge, die Rudolf Steiner gegen Ende seines Lebens ausführlich dargestellt hat. Diese haben es mit Michael und seiner Mission zu tun. In den bisher herangezogenen Vorträgen über den Sturz der Geister der Finsternis war von Michael generell die Rede, er wurde dort so geschildert, wie er auch aus der Apokalypse bekannt ist, als Drachenkämpfer. In seinen späteren Darstellungen, insbesondere in den so genannten *Michael-Briefen,*[29] ergänzt Rudolf Steiner aber seine bisherigen Ausführungen zu Michael und schildert ihn als den «Herrn der kosmischen Intelligenz». Was ist mit «kosmischer Intelligenz» gemeint?

Das lässt sich am besten dadurch verstehen, dass man betrachtet, in welchem Verhältnis der Mensch zu seinem Gedankenleben steht. Erlebt er die Gedanken als von ihm selbst hervorgebracht, wie das im Wesentlichen seit Beginn der Neuzeit der Fall ist, dann ist der physische Leib der Träger der Gedanken, so wie auch der Erinnerungen. Menschen, die die Gedanken nur noch als Erzeugnisse des Menschen erlebten, waren im späten Mittelalter die «Nominalisten». Erlebt der Mensch die Gedanken aber als geistige Realität, als wesenhaft und sich selbst nur als den Schauplatz, auf dem diese auftreten, dann erlebt er sie im ätherischen Leib, also dort, wo die Erinnerungen lebendig sind. Menschen, die diesen Realitätscharakter der Gedankenwelt noch erlebten, waren im Mittelalter die so genannten «Realisten». Sie wussten auch, dass sich im Gedankenleben das Bewusstsein des an die physische Welt unmittelbar angrenzenden Engels in der Sphäre der Intelligenz mit dem des Menschen berührt. Deshalb sprach man von den Engelwesenheiten auch von «Intelligenzen». Alles Leben des Kosmos, die göttliche Weltenordnung wurde als «intelligent» erlebt, von «Intelligenzen» geordnet.

Und so wie der Ätherleib Träger des Gedächtnisses ist, das sich, im Moment des Todes, wenn es sich vom physischen Leib ablöst, als Panorama, also gleichzeitig, quasi räumlich darstellt, so können auch die Gedanken im Ätherleib erlebt werden, als ein miteinander zusammenhängendes ätherisches Gebilde, als kosmische Intelligenz. Davon kann man sich leicht überzeugen, wenn man beginnt, einen Begriff wirklich zu denken. Kein Begriff ist nämlich ohne die anderen, zu ihm gehörigen, für sich stehend denkbar. Alle Begriffe hängen miteinander zusammen, und das Denken ist in diesem Sinne nur das Wahrnehmungsorgan für diesen Zusammenhang der Ideenwelt.

In den Vorträgen über die karmischen Zusammenhänge der anthroposophischen Bewegung[30] schildert Rudolf Steiner die Entwicklungen, die sich im Zusammenhang mit dem Absinken der kosmischen Intelligenz auf die Ebene der physischen Leiber der Menschen vollzogen. Ein wesentliches Ziel

Michaels war es, die ätherische Welt von den in ihr lebenden Geistern der Finsternis zu befreien, um dadurch den Menschen einen Aufstieg in eine gereinigte Ätherwelt der Gedanken zu ermöglichen. Dazu müssen aber die Menschen die ihnen eigene, an den physischen Leib gebundene Intelligenz von ihrem irdischen Erleben ablösen und in die ätherische Welt erheben, sie müssen ihr Denken verlebendigen, ätherisieren.

Nun schildert Rudolf Steiner zum einen, wie Michael seit Beginn der Neuzeit in der übersinnlichen Welt eine Lehrschule einrichtete, in der diejenigen Seelen, die im weitesten Sinne karmisch mit der anthroposophischen Bewegung verbunden sind, so unterrichtet wurden, dass sie in ihrem zukünftigen Erdenleben zu einer Spiritualisierung des Lebens auf der Erde beitragen können. Gleichzeitig aber, so Rudolf Steiner, hat Ahriman unter der Erde eine Art von Gegenschule errichtet, die nun zunächst darauf aus ist, durch den Buchdruck die mit Beginn des Michaelzeitalters zu erwartende Spiritualisierung zu unterbinden.

«Während Michael oben seine Scharen schulte, wurde eine Art unterirdischer, unmittelbar unter der Oberfläche der Erde liegender ahrimanischer Schule gegründet. Daher kann man davon sprechen, dass im Überirdischen die Michael-Schule ist; unmittelbar in der Region, auf der wir stehen – denn auch im Unterirdischen ist Geistiges tätig und wirksam –, wurde die ahrimanische Gegenschule begründet. Und wenn von Michael jetzt gerade in dieser Zeit keine Impulse herunterströmten, um die Intelligenz himmlisch zu inspirieren, wenn die Intelligenz auf der Erde sich zunächst selbst überlassen war, so bemühten sich um so mehr die ahrimanischen Scharen, von unten herauf Impulse in die intelligente Menschheitsentwickelung hineinzusenden.»[31]

Wenn Rudolf Steiner hier nur den Buchdruck erwähnt, dann deshalb, weil es zu seiner Zeit im Prinzip nur dieses eine Medium gab, während die Bildmedien und die digitalen Medien noch gar nicht entwickelt waren.

Nun spricht er aber davon, dass es in der Vorbereitung des Michael-Zeitalters in der geistigen Welt eine Art von Spaltung gegeben hat. Nämlich dadurch, dass die von Michael verwaltete kosmische Intelligenz, das lebendige Gedankenwesen des Kosmos, seiner Herrschaft entfallen ist und auf die Erde herunter, zu den Menschen herabgesunken ist. Dadurch erst konnten die Menschen sich als die Erzeuger des Gedankenlebens erleben, dadurch erst konnte auch der Nominalismus entstehen.[32] Nun trennten sich die zu den Menschen gehörigen Wesenheiten auf, ein Teil der Engel blieb bei Michael und mit ihnen die zu ihnen gehörigen Menschen. Für sie waren die Gedanken keine vom Menschenhirn erdachten Nomina, für sie blieben die Gedanken geistiger Natur. Der andere Teil der Engel aber begab sich zur Erde hin, wurde sozusagen irdisch, materialistisch und mit ihnen die zu ihnen gehörigen Menschenseelen. Diese waren es auch, die Ahriman durch seine unterirdische Gegenschule «unterrichten» konnte, während Michael im Überirdischen seine Geistesschule abhielt.

Hier haben wir das grandiose Bild, das sich von heute aus gesehen aus Rudolf Steiners Darstellungen von 1924 fortschreiben lässt: Während überirdisch die spirituellen Inhalte der alten Mysterien wieder erneuert und das Michael-Zeitalter vorbereitet wurden, wird unterirdisch der spirituelle Materialismus in die Wege geleitet. Daher rühren meiner Meinung nach die oftmals so präzisen Gegenbilder in den besagten Medien, daher die Ablenkung von der an die physische Welt unmittelbar angrenzenden ätherischen Welt hin auf die Unternatur. Oftmals handelt es sich nämlich bei diesen von den zum Materialismus hinneigenden Seelen um äußerst intelligente, oft hochbegabte Menschen. Aber ihr Engel ist eben durch das ihnen eigene Karma ahrimanisch tingiert. Deshalb kann dann ein solcher Mensch ahrimanisch inspiriert werden:

«Da ist nun ein solcher Mensch auf Erden, er hat menschliche Begabung, menschliche Intelligenz, die er auslebt, vielleicht genial auslebt, aber für eine gewisse Zeit, wo sein Bewusstsein getrübt ist, nimmt eine ahrimanische Angeloi-Intelligenz in ihm Platz. Da kann dann diese Erscheinung auftreten: Da ist ein Mensch, er scheint so, als ob er ein gewöhnlicher Mensch wäre und aus seiner Menschheit heraus dieses oder jenes schreibt. Nun kann das Ahrimanische gerade durch dasjenige an den Menschen heran, was man heute in intelligenten Formen aufnimmt. Man muss seine Persönlichkeit geltend machen, wenn man heute nicht überflutet werden soll von all dem, was ich angedeutet habe im Laufe dieser Vorträge. Und deshalb ist es, dass Ahriman als Schriftsteller auftreten kann.»[33]

Und was Rudolf Steiner hier für die Schriftstellerei sagt, gilt nun heute nicht nur für den Bereich der Literatur, sondern man muss die Aussagen heute ausdehnen auf alle anderen Medieninhalte, auf Filme und Videospiele.

Zum einen wären deren Autoren also bereits vor ihrer Inkarnation durch jene ahrimanische Gegenschule gegangen und neigen daher besonders stark zum Materialismus, zum anderen haben sie aber gewisse spirituelle Sehnsüchte, mitunter herrührend von den oben beschriebenen toten Einschlüssen in ihren Ätherleibern. Dadurch wären sie nun besonders empfänglich für die entsprechenden Inspirationen, die durchaus als aus dem Bereich der Finsternis stammende angesehen werden können. So wirken also, unserer Hypothese entsprechend, die verschiedenen Einflüsse von ahrimanischer Seite zusammen. Wobei man für Amerika noch zusätzlich den geografisch verstärkten Einfluss des ahrimanischen Doppelgängers ansetzen muss, der sich nun vor allem im Bereich der Entwicklung der Computerindustrie und der Computerspiele geltend macht.

Als Fazit aber muss man deutlich sagen, dass die «Impfung gegen alles Spirituelle» da am wirksamsten zu sein scheint, wo sie sich tatsächlich bis in den Leib hinein physiologisch geltend macht. Von den drei Medienarten Buch, Film und Computerspiel greift letztere am tiefsten in die leibliche Organisation ein. Im Film werden durch die vorgegebenen Bilder, die freien Vorstellungskräfte jedoch auch massiv beeinträchtigt. Am freiesten werden diese immer noch durch das Medium Buch gelassen, weshalb dem Lesen bei der Mediennutzung prinzipiell der Vorzug zu geben ist.[34] Im Zusammenhang mit dem oben erwähnten Slogan eines Jugendbuchverlags: «Wenn das Übernatürliche an deine Tür klopft, wirst du ihm öffnen?» kann man sehen, dass eben gerade auch das Feld der Jugendliteratur zu einem Hauptangriffspunkt der Wirksamkeit der Gegenmächte geworden ist. Auch hier sieht man die Wirksamkeit des spirituellen Materialismus am Werke. Es wird das täuschende Bild erzeugt, als seien die Geister der Finsternis immer noch in der unmittelbar an die physische Welt angrenzenden ätherischen Welt tätig und müssten dort bekämpft werden, während sie aber eigentlich in den physischen Bewusstseinen, in unseren materialistischen Vorstellungen tätig sind, wo sie auf ganz andere Art überwunden werden müssen als uns der spirituelle Materialismus mit seiner Magie und Zauberei weißmachen will.

An dieser Darstellung kann man nun deutlich die Aufgabe

der anthroposophischen Geisteswissenschaft erleben, die eigentlich genau das Gegenteil dessen darstellt, was hier insgesamt als das Wirken der Geister der Finsternis in der Medienwelt beschrieben worden ist.

V. Die Belebung des Ätherleibes und das Schicksal der freien Kräfte

Der Mensch zwischen Über- und Unternatur

Was Rudolf Steiner als die Unternatur oder auch als «untersinnlich» bezeichnet hat, wurde in den beiden vorangehenden Kapiteln betrachtet. Vor allem im Bereich der Computertechnik und den damit verbundenen Medien haben wir es nicht mehr mit einer sichtbaren Natur, sondern mit nicht sichtbaren Kräften zu tun. Am Beispiel der *Bionicle*-Figuren wird deutlich, wie hier ein Bereich sinnlich anschaubar gemacht wird, der eigentlich nicht menschlich ist, und den Rudolf Steiner deshalb als den ahrimanischen Doppelgänger bezeichnet. Er ist der Träger der elektrophysischen Kräfte im menschlichen Leib, die eben untersinnlicher Natur sind, die wir aber als Kräfte für unser Bewusstsein benötigen. Das ist auch der Grund, warum wir als Menschen überhaupt mit der Unternatur konfrontiert werden.

Wenn wir im Vorangehenden hauptsächlich von negativen Einflüssen auf Kindheit und Jugend gesprochen haben, dann muss uns als Erwachsenen, um diesen Einflüssen vor allem auch im Pädagogischen etwas entgegensetzten zu können, zunächst daran gelegen sein, der Unternatur durch ein eigenständiges Erleben der Übernatur zu begegnen. Wir müssen sowohl die Unternatur wie auch die Übernatur selbst erst kennen gelernt haben, um zu verstehen, welche Bedeutung sie für die Pädagogik haben. Erst dadurch lassen sich dann auch die Quellen zu einer lebendigen Pädagogik finden, wie wir weiter unten am Beispiel der Eurythmie noch sehen werden.[1]

Als Summe des vorangehend Dargestellten können wir aber sagen, dass es um das Schicksal der dem Astralleib vom Ätherleib zur Verfügung gestellten freien Kräfte geht, die mit unserem Atemsystem in engem Zusammenhang stehen. Dieser physiologische Angelpunkt unserer Freiheit, die Art der Vorstellungsbildung, die Art, wie die freien Bildekräfte unseres Ätherleibes genutzt werden, ist der Hauptangriffspunkt für die Wirksamkeit der Gegenmächte.

Wenn wir die freien Kräfte nicht selbstständig handhaben lernen, dann werden sie von den Gegenmächten besetzt. Es gibt zwei Richtungen der Ausbildung der freien Kräfte, wie wir noch sehen werden: die eine hängt zusammen mit den Kräften der Vorstellung, auch der Assoziation, sie mündet auch hinein in die Ausbildung der Fantasie. Diese Richtung geht mehr in die Zukunft. Die andere Richtung besteht in den auf die Vergangenheit gerichteten Kräften der Erinnerung, geht also mehr in die Vergangenheit. Beide Richtungen müssen vom Ich her ergriffen und geschult werden. Wenn wir diese Schulung vernachlässigen oder gänzlich unterlassen, dann bedienen sich die Gegenmächte dieser Kräfte, Luzifer der auf die Vergangenheit gerichteten und Ahriman der auf die Zukunft gerichteten. Der freie Mensch lebt zunächst in der Gegenwart und muss von dort aus sein Verhältnis zur Vergangenheit und zur Zukunft gestalten. Physiologisch gesehen kommen diese Verhältnisse in der Atmung zum Ausdruck, also im Bereich des Astralischen.

Das Schicksal der freien Kräfte des Menschen zwischen Über- und Unternatur entscheidet sich, so könnte man sagen, im

Zusammenhang mit einem gesunden Atem, einem gesunden Verhältnis zwischen Innen- und Außenwelt, weshalb Rudolf Steiner den Lehrern der ersten Waldorfschule gegenüber sagte:

«Die wichtigsten Maßnahmen in der Erziehung werden daher liegen in der Beobachtung alles desjenigen, was in der rechten Weise den Atmungsprozess hineinorganisiert in den Nerven-Sinnesprozess.»[2]

Ein gesundes Verhältnis vom Astralischen zum Ätherischen, darum also wird es auch gehen, wenn wir uns nun der Selbsterziehung des Menschen zuwenden, die allein vom freien Ich her geleistet werden kann, die aber bis in den physischen Leib hinein ihre Auswirkungen zeigt.

Die Gestaltung der freien Kräfte vom Denken aus und ihre Bedrohung durch Ahriman

Wir leben im Bewusstseinsseelenzeitalter und nähern uns dadurch mehr und mehr der Erfahrung des Geistigen an. Geistbewusstsein kann aber nur da auftreten, wo Natürliches, wo Leben zurückgedrängt wird. Der Charakter des Bewusstseinsseelenzeitalters ist daher bestimmt von abbauenden Kräften, die zugleich Bewusstseinskräfte sind. Diese Entwicklung hängt mit der Gesamtentwicklung der Menschheit auf der Erde zusammen, die über ihre Mitte hinaus, entsprechend einem Siebenerrhythmus, in einer absteigenden Einwicklung begriffen ist.

Die Aufgabe unseres Zeitalters besteht nun in der Schwierigkeit, auf der einen Seite den Umgang mit den unter die Natur herunterführenden Kräften zu lernen, dabei aber nicht mit dem neu entwickelten Denkbewusstsein an diese Kräfte gefesselt zu werden, sondern diese nun auf der anderen Seite zu nutzen, um mit dem Bewusstsein *über* die Natur hinauszukommen. Das aber ist nur dadurch möglich, dass die Denkkräfte selber ihrer eigentlichen Natur, nämlich ihrer geistig-ätherischen Natur nach erkannt werden. Im Verhältnis, das das Denken zur leiblichen Organisation des Menschen hat, zeigt sich die ganze Dimension des hier beschriebenen Problems unseres Zeitalters.

Den entscheidenden Moment hat Rudolf Steiner in seinem philosophischen Hauptwerk, der *Philosophie der Freiheit* in einem Zusatz zur Neuauflage von 1918, also in der Zeit, in der er die hier beschriebenen Zusammenhänge um den Sturz der Geister der Finsternis bereits dargestellt hatte, so formuliert:

«Man erkennt, dass diese [leibliche] Organisation an dem *Wesen* des Denkens nichts bewirken kann. Dem *scheint* zunächst der ganz offenbare Tatbestand zu widersprechen. Das menschliche Denken tritt für die gewöhnliche Erfahrung nur an und durch diese Organisation auf. Dieses Auftreten macht sich so stark geltend, dass es in seiner wahren Bedeutung nur von demjenigen durchschaut werden kann, der erkannt hat, wie im Wesenhaften des Denkens nichts von dieser Organisation mitspielt. Einem solchen wird es dann aber auch nicht mehr entgehen können, wie eigentümlich geartet das Verhältnis der menschlichen Organisation zum Denken ist. Diese bewirkt nämlich nichts an dem Wesenhaften des Denkens, sondern sie weicht, wenn die Tätigkeit des Denkens auftritt, zurück; sie hebt ihre eigene Tätigkeit auf, sie macht einen Platz frei; und an dem freigewordenen Platz tritt das Denken auf. Dem Wesenhaften, das im Denken wirkt, obliegt ein Doppeltes: Erstens drängt es die menschliche Organisation in deren eigener Tätigkeit zurück, und zweitens setzt es sich selbst an deren Stelle. Denn auch das erste, die Zurückdrängung der Leibesorganisation, ist Folge der Denktätigkeit.

Und zwar desjenigen Teiles derselben, der das *Erscheinen* des Denkens vorbereitet.»[3]

Es sind also die Denkkräfte, die die Zurückdrängung vom Astralleib aus bewirken. Im ersten Kapitel hatten wir zu Beginn bereits gesehen, wie diese Zurückdrängung aussieht. Die physischen Stoffe, die den Ätherleib im arteriellen Blut an den physischen Leib binden, werden im Aderngeflecht (Plexus chorioidei, siehe Abb. 1) aus dem Gehirnwasser verdrängt – daher findet der Ätherleib hier keine physische Betätigungsmöglichkeit mehr, er wird frei für die Denkkräfte. Bleiben das Denken und der Astralleib nun aber an die Sinneseindrücke fixiert, so kann es die freien Kräfte nicht nutzen. Es bleibt an die Sinnes-Nerventätigkeit und damit an das physische Gehirn gebunden. Das freie, schöpferische Denken hingegen kann sich von dieser physischen Unterlage auf dem beschriebenen Wege befreien.

Betrachtet man das Denken also allein als an die Sinne gebunden, so kann auch der Ätherisierungsvorgang, der mittels des Gehirnwassers geschieht, in seiner Bedeutung nicht erkannt werden. Die Beobachtung richtet sich dann nur auf die im Zusammenhang mit der Sinnestätigkeit ablaufenden Nervenprozesse.

«Zu einer positiven Vorstellung über die Nerventätigkeit kommt man, wenn man in ihr dasjenige materielle Geschehen sieht, durch das ... die rein geistig-seelische Wesenhaftigkeit des lebendigen Vorstellungsinhaltes zu dem unlebendigen Vorstellen des gewöhnlichen Bewusstseins herabgelähmt wird.»[4]

Die dabei im physischen Leib ablaufenden, physikalisch messbaren Vorgänge entsprechen eben nur dem an die Sinne gebundenen, abgestorbenen Denken. Diese Vorgänge sind es auch, die sich die Entwickler der Computertechnik zunutze gemacht haben, wie *John von Neumann,* einer ihrer Pioniere bezeugt hat:

«Beim Entwurf der Maschine versuchten meine Mitarbeiter und ich, einige der bekannten Vorgänge im lebenden Gehirn zu imitieren. Dieser Aspekt veranlasste mich, mich mit Neurologie zu beschäftigen ... und endlich Vorträge über die Möglichkeiten zu halten, ein stark vereinfachtes Modell des lebenden Gehirns für von Menschen zu bauende Maschinen zu kopieren.»[5]

Dadurch kommt der Beobachter des Denkvorganges aber nicht zur Übernatur, sondern eben zur Unternatur. Indem diese in der Computertechnik heute ein vollständiges Eigenleben und eine gewaltige Eigendynamik entwickelt hat, wird dieser Effekt nur noch verstärkt.

Stattdessen aber geht es für die Bewusstseinsseele um etwas ganz Anderes, nämlich darum, sich der geistig-ätherischen Natur der Bewusstseinskräfte des Denkens bewusst zu werden: *dem Wesenhaften, das im Denken wirkt*. Was aber meint Rudolf Steiner damit?

Diese Frage kann man nur dadurch beantworten, dass man das Denken selbst zum Beobachtungsgegenstand macht, also nicht die physikalischen Vorgänge, die im Gehirn ablaufen, sondern die mit der Ätherisierung zusammenhängenden Vorgänge, in denen das Zusammenwirken des Leiblichen mit dem Seelisch-Geistigen zu Tage tritt. Die ganze Problematik des Menschen zwischen Über- und Unternatur entfaltet sich letztlich auf dem Hintergrund der Vorgänge im menschlichen Bewusstsein selber, der Mensch wird selbst zum Schauplatz eines Kampfes um seine eigene Zukunft.

Dabei kommt der naturwissenschaftlich geschulte Beobachter in eine große Schwierigkeit. Er ist es nämlich gewohnt, die Dinge nur von außen, in der so genannten Dritte-Person-

Perspektive, wahrzunehmen. Eine Grundforderung der Naturwissenschaft ist Wiederholbarkeit und Überprüfbarkeit. Diese Kriterien erfüllt die Dritte-Person-Perspektive, denn an meine Stelle, kann genauso gut ein anderer treten. Es ist bei aller Naturwissenschaft eigentlich egal, wer beobachtet, entscheidend ist die Perspektive. Der Beobachter bleibt außen, in Distanz, nur dadurch kann er sein Objekt genau beobachten und beschreiben.

Um die nun gestellte Aufgabe der Beobachtung des Denkens aber zu lösen, muss der Beobachter die Erste-Person-Perspektive einnehmen, er muss etwas beobachten, was er selbst hervorbringt, was in *seinem* Bewusstsein abläuft: *seelische Beobachtung nach naturwissenschaftlicher Methode,* so hat Rudolf Steiner sein Vorgehen bezeichnet. Der Naturwissenschaftler aber schreckt vor jeglicher Erste-Person-Perspektive zurück, weil er dadurch seine gewohnte Außenperspektive verlassen muss und so scheinbar in einen Subjektivismus zu fallen scheint. Dieser Gefahr aber entgeht er bei der Beobachtung des Denkvorganges, denn was beobachte ich denn, wenn ich denke?

In meinem Bewusstsein erscheint ja beim Denken gar nichts Subjektives! Das Denken selbst verläuft – so zeigt nämlich die Beobachtung – in *seinen eigenen*, objektiven Gesetzmäßigkeiten. Wenn ich wirklich streng meinem Denken folge, dann ist dabei nicht entscheidend, dass es *mein* Denken ist. Mein Bewusstsein bildet nur den Hintergrund, vor dem das Denken in Erscheinung treten kann. Und was ich dann als Erscheinung des Denkens wahrnehme, das ist nun kein physiologisches Etwas, das sind keinerlei Messwerte, das ist der geistige Inhalt des Denkens selbst.

Stelle ich mir etwa einen einfachen Gegenstand, einen Bleistift vor, und versuche dabei, sein Wesen zu erfassen, das, was den Bleistift zum Bleistift macht, also den *Begriff* des Bleistiftes, so erfasse ich dabei etwas vollkommen Eindeutiges, ein geistiges Gebilde, einen geistigen Zusammenhang, den ich letztendlich nicht mehr in Worte fassen kann. Das Wort Bleistift deutet nur auf dieses geistige Etwas, das wir als Begriff bezeichnen, hin, im Falle des Bleistifts: eine feste, begrenzte Hülle, die ein zum Schreiben geeignetes Material umfasst, das an einem Ende so zugespitzt wird, dass ich es zum Schreiben benutzen kann. So oder so ähnlich würde das Ergebnis meiner Denkbeobachtung lauten, die in dem Begriff *Bleistift* zusammengefasst wird.

Gewöhnlicherweise beobachten wir *das Wesenhafte das im Denken wirkt* nicht, sondern nur dessen Ergebnisse, die Denkinhalte. Begeben wir uns aber mit unserer Beobachtung *vor* das Denken, in *das Denken vor dem Denken,* dann bemerken wir zugleich, dass wir es hier mit einer höchst lebendigen Angelegenheit, mit einem *Lebenszusammenhang* zu tun haben. Dieses Geistige, das wir da zu erfassen beginnen, lebt nur in Zusammenhängen, und schon der hier beschriebene einfache Versuch der Erfassung des Wesens eines Bleistiftes zeigt, dass wir mit unseren Begriffen eigentlich nur ein totes Abbild eines geistigen Lebenszusammenhanges haben, deren geistige Natur uns nur deshalb entgeht, weil wir uns sonst aus diesem Lebenszusammenhang gar nicht herauslösen, uns von ihm nicht unterscheiden, ja uns in ihm verlieren würden.

Denken wir dabei zum Vergleich an unser Bewusstsein während eines Traumes. Auch da verlieren wir uns ganz an den Inhalt. Zum Beispiel hören wir im Traum die ganze Zeit eine bestimmte Melodie, wir rätseln herum, warum diese immer wiederholt wird, wir wissen nicht, woher und warum sie ertönt. Im Traum ist es nicht möglich festzustellen, dass es die

Weckmelodie unseres neben unserem Kopfkissen stehenden Weckers ist, die da ertönt. Im Traum gehört die Melodie zum Kontext des Traumes. Erst wenn wir erwachen, können wir uns von der bezaubernden Melodie lösen und sie unserem Wecker zuordnen.

In derselben Weise dient unser abstraktes Denkbewusstsein dazu, uns aus der lebendigen Welt der zusammenhängenden Begriffe herauslösen zu können, d.h. den einzelnen Begriff als toten zu erfassen.

Bei einem Bleistift würden wir noch in einen überschaubaren Zusammenhang eintauchen, wenn wir seinen Begriff unmittelbar lebendig erfassen würden, was aber ist mit den Zusammenhängen der Natur? Zum Beispiel mit dem Wesenhaften einer Rose? Beim Bleistift haben wir es mit etwas vom Menschen Geschaffenen zu tun, wir können im Denken alle Vorgänge erfassen, die zu seiner Entstehung beigetragen haben, den Herstellungsprozess und die in ihm wirksamen Kräfte. Bei der Rose aber würden wir nun in die Lebensvorgänge der Rose, was sie zur Rose macht, also in ein Lebendiges eintauchen müssen. Hierbei würden wir bemerken, dass die im Denken erfassten Zusammenhänge, die die Rose zur Rose machen, den tatsächlichen Lebenskräften, die *in* der Rose wirksam sind, entsprechen. Wir würden die in ihr wirksamen *ätherischen* Kräfte erfassen. Diese sind es, die die Rose zur Rose, nicht zur Nelke, nicht zur Tulpe werden lassen, die in ihr während ihres ganzen Lebens, also *in der Zeit,* ihr *Wesen* zur Erscheinung bringen. Ätherische Kräfte also sind es, die das Wesen, das Geistige zur Erscheinung bringen, und unser Denken erfasst diese Kräfte ihrer geistigen Natur nach, während diese in der äußeren, materiellen Welt eben die materielle Erscheinung dieses Wesens bewirken.

Im Denken kann ich geistig erfassen, was äußerlich materiell erscheint. Ich erfasse die *bildenden* Kräfte der Erscheinungen. Würde ich aber tatsächlich in dieses ätherische Leben eintauchen, dann würde ich mich mit meinem Bewusstsein darin verlieren, würde dieses Leben quasi mitmachen. Dann aber hätte ich kein Eigenbewusstsein, sondern würde mit dem Lebendigen eins sein, das Leben der Rose quasi wie in einem Traum miterleben.

Das Selbstbewusstsein wird auf Kosten des Zusammenhanges mit dem Lebendigen errungen. Um die Lebenszusammenhänge so zu erfassen, dass ich mein Eigenbewusstsein dabei bewahren kann, habe ich die Begriffe. Wie aber komme ich nun von dieser Stufe des materiellen Eigenbewusstseins wieder zurück zum Lebendigen, wie kann ich ein Bewusstsein vom Ätherischen erwerben, ohne mich darin zu verlieren?

Ich muss nicht bloß ein Bewusstsein *vom* Ätherischen ausbilden, ich muss mit meinem Bewusstsein *im* Ätherischen erwachen, darin besteht die Aufgabe. Also nicht um die gewohnte Dritte-Person-Perspektive geht es jetzt, sondern um die an der Denkbeobachtung geschulte Erste-Person-Perspektive: *Eintauchen in einen objektiven, aber von mir selbst hervorgebrachten geistigen Zusammenhang!* Das ist es, was Rudolf Steiner mit dem Ausdruck der *Übernatur* meint.[6]

Da es sich, wie oben gezeigt, bei der Computertechnik aber um ein exaktes technisches Abbild der leiblichen Seite des Denkens handelt, findet sich hier nun auch das Gegenbild der Übernatur des Denkens. Das heißt, dass Ahriman mithilfe des ahrimanischen Doppelgängers und dessen äußerer physischer Verkörperung in der Computertechnik versucht, sich der freien Kräfte zu bemächtigen und diese nicht nur an den Leib, sondern zusätzlich an die Computerwelt zu fesseln. Durch die

Unternatur der Computertechnik wird das Bewusstsein nun noch tiefer ins Materielle hereingezogen als durch das ohnehin schon tote, abstrakte Denken.

Nehmen wir, um ein Beispiel zu haben, die Erfahrung des Surfens im Internet etwa bei der Suche nach einem Produkt, dem so genannten «Online-Shopping» und vergleichen wir diese mit dem realen Einkaufen in einem Geschäft. Besonders beim Kauf von Geräten mit elektronischen Funktionen wie etwa einer Digitalkamera zeigt sich Folgendes: Der Suchende stößt bei der Eingabe eines gesuchten Artikels in einer Suchmaschine zunächst auf eine enorme Fülle von Angeboten. Prüft er diese nun genauer, stößt er neben den Angaben zum Produkt, dem Preis etc. zum Beispiel auch auf eine Fülle von Benutzermeinungen, die ihn nun weiterhin über die Qualitäten des gesuchten Artikels informieren. Er erfährt aber auch von Testberichten, nach denen er nun weiter suchen kann. Darüber erhält der Käufer eine solche Fülle an zum Teil widersprüchlichen Informationen, dass er unweigerlich nach Alternativen Ausschau hält. Dadurch vervielfachen sich natürlich die Informationen, denen er sich ausgesetzt sieht. Man fühlt sich umgegeben von einem unendlichen Netz von Informationen, die alle um besagtes Produkt herumgesponnen sind, und man droht sich in diesem unendlichen Informationsnetz zu verlieren. Man kommt aus diesem Netz nicht so leicht heraus, denn eine Information zieht die nächste nach sich, diese wiederum führt zu weiteren Verbindungen, und so landet man in einem Beziehungsnetz, das einen wie gefangen nimmt. Dabei ist allerdings das Begehren und der Wunsch, die betreffende Digitalkamera zu besitzen, entscheidend. Ist dieses Begehren nicht vorhanden, erlischt natürlich auch der Wunsch und damit auch die Fesselung an das Internet. Der Wunsch wird regelrecht zur Begierde verstärkt durch die Vervielfachung der sinnlich-untersinnlichen Präsenz des begehrten Gegenstandes.

Würde man aber wie früher, sozusagen analog, in ein Ladengeschäft gehen und sich dort nach der betreffenden Kamera umsehen, dann wäre die Fesselung längst nicht so stark. In der realen Welt des Ladengeschäftes ergeben sich sofort zahlreiche Einschränkungen, das betreffende Modell ist nicht vorrätig, dafür aber ein anderes, Nutzermeinungen und Testberichte stehen nicht zur Verfügung, und der Verkäufer preist eventuell ein ganz anderes als das gesuchte Modell an. Nach kurzem Überlegen, entschließt man sich aufgrund der übersichtlichen Auswahlmöglichkeiten beherzt zum Kauf. Die Wirksamkeit des sinnlichen Begehrens, des Habenwollens ist im analogen Fall sozusagen auf einen Kanal beschränkt.

Ganz anders in der digitalen Welt des Internets. Durch das Prinzip der Verlinkung kann es passieren, dass man mitunter für Stunden wie gefesselt am Bildschirm hängen bleibt. Dahinter verbirgt sich etwas Zwanghaftes. Dieses geht einerseits von dem mich beherrschenden Begehren aus, das ich durch die unbegrenzten Möglichkeiten der Verlinkung und Information viel tiefer auskoste, als ich das in der analogen Welt, die immer durch die jeweiligen realen Verhältnisse begrenzt ist, könnte. Andererseits führt die scheinbar grenzenlose Freiheit des Internets in Wirklichkeit zu einer stärkeren Bindung an die materiellen Dinge. Und diese hört, um beim angeführten Beispiel zu bleiben, mit dem Kauf nicht auf. Durch das so genannte «Tracking» werden die «Spuren» meines Kaufes elektronisch festgehalten und als Information im Internet an entsprechend dafür ausgerüstete Anbieter weitervermittelt. Die Folge ist, dass ich nun plötzlich in ganz anderen Zusammenhängen Werbebanner auftauchen sehe (wenn ich keinen Werbeblocker einrichte), die mir Produkte anbieten, die genau dem bereits gekauften entsprechen oder damit im Zusammenhang stehen. Es wird auf diese Weise ein genaues Profil des Internetnutzers erstellt, das ihn, wenn er nicht aufpasst, wie ein elektronischer Doppelgänger begleitet.[7] Ein subtil verstärkter Egoismus auf der einen und eine verstärkte Beziehung zur materiellen Welt auf der anderen Seite werden so zum eigentlichen Ausdruck des digitalen Zeitalters.

Das maschinell erzeugte Gegenbild der ätherischen Welt der Übernatur wirkt dadurch, dass die Beziehungen, die man bei der oben beschriebenen bewussten Denktätigkeit selber herstellen muss, beim Computer und im Internet wie von alleine hergestellt werden. Daher die beinahe magische Anziehungskraft, die vor allem für Kinder und Jugendliche von diesen Maschinen ausgeht. Die Maschine ersetzt die eigene Denktätigkeit, wirkt dadurch aber wie zwanghaft, weil die Beziehungen und Verknüpfungen erstens unübersehbar sind und zweitens per Rechenbefehl hergestellt werden. Diesem Zwang setzt sich der Nutzer des Internets freiwillig aus, bemerkt aber aufgrund der magischen Wirkung dieser automatisierten, untersinnlichen Beziehungswelt häufig den Zwang gar nicht.

Diese magische Wirkung besteht auch darin, dass durch die dauernde Nutzung des Internets beim Nutzer auch das Gefühl einer gewissen «Geborgenheit» entsteht. Der Sog, sich *online* zu begeben, sein Handy anzuschalten, um noch rasch nach neuen E-Mails zu schauen usw., ist deshalb so stark, weil man sich der magischen Kraft der Verbindungen, in die man online eingebunden wird, kaum entziehen kann. Die Unternatur des Internets entfaltet deshalb von sich aus eine so enorme Anziehungskraft, weil diese Kräfte das Gegenbild unserer eigenen Gedankenkräfte darstellen, ohne dass wir diese dabei betätigen müssten. Das Leben *online* suggeriert somit eine Welt der Beziehungen, die es als ätherische Welt tatsächlich gibt, und nach der heute aus den beschriebenen Zeitumständen heraus eine überaus große Sehnsucht besteht, bindet den Nutzer aber in Wirklichkeit in eine Unternatur ein, in der es kein Leben mehr gibt.

Bei genauer Beobachtung kann man *online* also genau die entgegengesetzte Erfahrung zur Übernatur des Denkens machen. Das Internet erweist sich in seiner Zwanghaftigkeit und in seiner dem eigenen Willen entzogenen Eigendynamik als Gegenbild zur eigenen Denktätigkeit, also zur ersten übersinnlichen Erfahrung einer an die physische Welt unmittelbar angrenzenden geistigen Welt. Es zeigt sich als Unternatur, als eine auch an die physische Welt, aber eben nach «unten» angrenzende Welt. Wo auf der einen Seite die Erfahrung der eigenen Denktätigkeit zur Welt des Ätherischen hinaufführt, sinkt man auf der anderen Seite hinein in die Welt des zwanghaften, spinnennetzartigen Internets. Dadurch wird das ursprünglich frei veranlagte Verhältnis des Astralleibes zum Ätherleib an dieser Stelle ahrimanisch fixiert. Die freien Kräfte des Ätherleibes kommen damit unter die Herrschaft Ahrimans. Sich dieses Verhältnisses von Unter- und Übernatur bewusst zu sein, ist die Voraussetzung für einen freien Umgang mit der immer mächtiger werdenden Welt der Computernetze.

Die bewusste Schulung des ätherischen Bewusstseins – Katharsis und Erleuchtung

Mit der oben beschriebenen Steigerung der eigenen Denktätigkeit ist nun aber auch gesagt, dass der Aufstieg zu einem neuen Bewusstsein, das Erwachen im Ätherischen, nicht irgendwie von außen durch Einwirkung auf den physischen oder ätherischen Leib geschehen kann. Jegliche Art von stimulierender Manipulation etwa durch bewusstseinsverändernde Drogen, aber auch andere Techniken, die auf leiblicher Ebene, etwa durch Beeinflussung der Atmung, ansetzen, würden den Ätherleib sozusagen von außen verändern und damit auch das Bewusstsein. Dadurch würde die Freiheit des Menschen umgangen werden, denn die betreffende Manipulation des Ätherleibes würde als notwendige Folge, wie unter Zwang, das Bewusstsein verändern.

Der anthroposophische Schulungsweg geht umgekehrt vor: er setzt beim Bewusstsein, also beim Astralleib an. Aus dem bisher Dargestellten ist deutlich geworden, dass die Bewusstseinsentwicklung des Menschen entscheidend von der Verwendung der freien Kräfte des Ätherleibes abhängt. Nur wenn diese in der richtigen Weise verwendet werden, kann sich der Mensch zu einem Bewusstsein des Ätherischen hin entwickeln. Es ist der Astralleib, der den Ätherleib in seiner Lebenstätigkeit zurückdrängt und seine Kräfte dadurch befreit. Nur ein gereinigter Astralleib aber ist in der Lage, die freien ätherischen Kräfte so zu handhaben, dass sich daraus ein höheres Bewusstsein entwickelt.

Diese «Reinigung» oder Katharsis wird durch entsprechende Übungen, die vom Ich her bewusst ergriffen werden müssen, in der genannten Erste-Person-Perspektive eingeleitet. Die von Rudolf Steiner angegebenen Bewusstseinsübungen – Konzentration und Meditation –, in unserem Beispiel oben die denkende Erfassung des Begriffes des Bleistiftes, bildet im Astralleib einen Bewusstseinsinhalt, der vom Ich zugleich beobachtet wird. Der von mir selbst hervorgebrachte Denkinhalt wird in seinem Zusammenhang erfasst, die freien ätherischen Kräfte, die dem Bewusstseinsinhalt seine Form geben – ein ätherischer Lebensvorgang –, werden dadurch ins Bewusstsein gehoben.

Zu beachten ist dabei allerdings, dass mit der Steigerung der Eigentätigkeit im verlebendigten Denken notwendigerweise auch ein stärkeres Selbsterleben verbunden ist. Damit dieses aber nicht außer Kontrolle gerät, hat Rudolf Steiner die so genannten «Nebenübungen» angegeben, die dem unkontrollierten Ausleben eines verstärkten Selbstgefühls entgegen wirken.[8]

Was bedeutet ein «unkontrolliertes Ausleben eines verstärkten Selbstgefühls»? Auf dem Hintergrund der im zweiten Kapitel angesprochenen, durch das unbewusste Überschreiten der Schwelle ausgelösten Spaltung der Seelenkräfte, besteht bei der Ausbildung der Denkkräfte die Gefahr, dass die dadurch auftretende Imaginationsfähigkeit sich unkontrolliert verselbstständigt. Es sind ja die freien ätherischen Kräfte, die dabei verwendet werden. Wird die Fähigkeit ihres Gebrauches nun verstärkt, dann kann, wenn das Ich nicht die Oberherrschaft behält, diese Fähigkeit leicht entgleiten. Dadurch treten dann möglicherweise ungewollte «Imaginationen» auf, im einfachsten Falle zum Beispiel Wunschbilder, man meint plötzlich, dieses oder jenes haben zu müssen, ein bisher so nicht aufgetretener Konsumzwang stellt sich ein usw. Die «Nebenübungen» haben also die Aufgabe, die Herrschaft des Ich über die sich verselbstständigende Fähigkeit der Imagination zu sichern.

An dieser Stelle sei eine methodische Zwischenbemerkung bezüglich einer weiteren Gefahr eingeschoben. Es könnte, bei allem, was wir im dritten und vierten Kapitel über die Gefährdungen des Bewusstseins gehört haben, so erscheinen, als sei derjenige, der nun als aufgeklärter Zeitgenosse mit all diesen Medieninhalten gar nichts zu tun hat, und der sich überdies kritisch distanziert der Computertechnik gegenüber verhält, sich hingegen intensiv mit der Geisteswissenschaft Rudolf Steiners befasst, auf der «sicheren» Seite. Das mag zwar den hier beschriebenen Gefahren gegenüber so sein, es entsteht aber gerade hierbei eine andere Gefahr: *die Täuschung des naiven Realismus dem Geistigen gegenüber.*

Die Beschäftigung mit der Anthroposophie kann leicht den Eindruck erwecken, man sei, allein dadurch, dass man sich mit ihr beschäftige, schon «dort». Doch muss man sich eines immer bewusst machen: So wie ein Kunstbetrachter, der die Gemälde Raffaels bewundert und studiert, noch lange nicht in der Lage ist, solche Gemälde nun auch selbst zu schaffen, so ist der Studierende der Geisteswissenschaft auch noch nicht dazu in der Lage, geistige Erkenntnisse wie die in der Anthroposophie beschriebenen, selbst hervorzubringen.

Mit anderen Worten: Der Gefährdung durch einen naiven Realismus dem Geistigen gegenüber entgeht man dadurch, dass man sich immer bewusst ist, dass es ein Geistiges außerhalb des eigenen Bewusstseins nicht gibt! Nur das, was man selbst in sich an Geistigem hervorbringt, kann man in aller Bescheidenheit als Realität wirklich anerkennen. Nur davon kann man, wenn man wirklich ehrlich ist, als einer geistigen Realität sprechen.

Der Wirklichkeitsbegriff der Erkenntnistheorie Rudolf Steiners eröffnet dem Menschen einen *freien Zugang* zur geistigen Welt. Dieser Wirklichkeitsbegriff besagt: Der Materialismus ist die notwendige Voraussetzung unserer Freiheit! Erst dadurch, dass sich in unser Wahrnehmen *kein Geistiges* mehr *von außen* hereinmischt, dass wir nicht *gezwungen* werden, von einem Geistigen zu sprechen und an der Erfahrung der Materie nun das Geistige durch *unsere eigene* Tätigkeit zur materiellen Wahrnehmung hinzubringen können, erschließt sich uns in der

Vertiefung der Erfahrung der eigenen Denktätigkeit eine geistige Welt. Ohne die notwendige Auseinandersetzung mit dem Materialismus, ohne die Begegnung mit der Unternatur wäre also eine freie, vom Menschen selbst gewollte, geistige Entwicklung gar nicht möglich!

Kommen wir nun also zurück auf den Schulungsweg, auf die Verlebendigung des Denkens. Wie kommt es nun nach den anfänglichen Bemühungen einer Verlebendigung des Denkens zu einer dauerhafteren Erweiterung des Bewusstseins im Ätherischen? Nur dadurch, dass durch diese und andere Übungen *neue Wahrnehmungsorgane* gebildet werden. Denn Bewusstsein von etwas erfordert immer, dass ich über ein entsprechendes Wahrnehmungsorgan verfüge. Im Falle des Begriffes des Bleistiftes ist es das Denken selbst, das zum Wahrnehmungsorgan wird. Und wie wir an diesem Beispiel gesehen haben, erfordert diese Wahrnehmung meine eigene *Tätigkeit.* Geht es nun aber um weitergehende Erfahrungen des Ätherischen, der Lebenszusammenhänge selbst, so müssen dafür weitere Organe nach demselben strengen Muster der Denktätigkeit ausgebildet werden. Denn wie wir gesehen haben, könnte ich sonst nicht ohne mein Bewusstsein zu verlieren in die Lebenszusammenhänge eindringen.

Diese Erkraftung meines Bewusstseins geschieht durch die Meditationsübungen.[9] Die Wirkungen, die durch die Meditation erreicht werden, bewirken eben die oben angesprochene Reinigung des Astralleibes. Diese Umwandlung des Astralleibes hat Rudolf Steiner deshalb auch zum Gegenstand seiner zentralen Meditation, der *Rosenkreuzmeditation* gemacht. Denn zunächst ist unser Bewusstsein, unser Astralleib nicht unmittelbar in der Lage, sich der ständig auf ihn wirkenden Sinneswelt einfach zu entziehen und sich auf einen frei gewählten

Bewusstseinsinhalt auszurichten. Die Rosenkreuzmeditation beschreibt das, was sie bewirkt, in klaren Bildern. Sie sei hier zur Vergegenwärtigung in kurzer Form dargestellt:[10]

Man stelle sich eine Pflanze vor, das Grün ihrer Blätter, ihr festes, in der Erde verwurzeltes Dasein, ihre sich dem Licht öffnende Blüte, ihr unschuldiges, reines Wesen. Dann stelle man sich daneben einen Menschen vor, seine Bewegungs- und Handlungsmöglichkeit, seine Emotionalität, aber zugleich seine Fehlbarkeit, seine Unlust, seine Unbeherrschtheit, seine Fehltritte. Anstelle der pflanzlichen Unschuld stelle man sich das Grün der Pflanze vor, anstelle der Unbeherrschtheit des Menschen das Rot seines Blutes. Man erlebe dabei einerseits die vollkommenere Entwicklung des Menschen gegenüber der Pflanze, andererseits die Reinheit und Unschuld, die die Pflanze dem Menschen voraus hat. Nun stelle man sich vor, wie der Mensch seine Unbeherrschtheit verwandelt. Man lasse dabei das Rot des Blutes übergehen in das Rot einer blühenden Rose. Und man stelle sich als Sinnbild der überwundenen Unbeherrschtheit ein schwarzes Kreuz vor. Man erlebe das Beseligende der überwundenen Triebe in dem Rot der Rose, man erlebe den Ernst der zu überwindenden Unbeherrschtheit in dem schwarzen Kreuz. Und man stelle sich nun da, wo die Balken sich kreuzen, einen Kreis von sieben solchen roten Rosen vor. Man vertiefe sich in dieses so entstandene Bild des Rosenkreuzes und erlebe dabei die Reinigung des vorher unbeherrschten Blutes.

Entscheidend für die Meditation ist der vorbereitende Aufbau des Bildes des Rosenkreuzes, und zwar sowohl was die Intensität wie die Gefühlstingierung der dabei verwendeten, inneren Bilder betrifft. Empfinde ich beim Aufbau der Bilder nichts, so können die Bilder auch nicht wirken. Warum nicht?

Weil der Astralleib von Gefühlen gespeist wird. Will ich in ihm etwas bewirken, so muss es gefühlshaltig sein. Was aber bewirkt die Meditation? Sie bewirkt eben genau das, was das Bild des Rosenkreuzes aussagt: die Reinigung, die «Katharsis». Dadurch, dass ich mich nur der eigenen Gedankentätigkeit, den durch mich selbst hergestellten Gedankenverbindungen und den damit erzeugten Gefühlen hingebe, habe ich den Astralleib von allem, was von außen, ohne mein Zutun, ständig in ihm hin und her wabert, wenigstens für Momente, befreit.

Das Meditationsbild aber wirkt nun nach. Und zwar dann, wenn ich im Schlaf von Ätherleib und physischem Leib abgetrennt bin. Bei Tag wird das Bild durch die dann notwendig wieder eintretenden Alltagseindrücke überlagert. Bei Nacht aber fallen diese weg, es klingt aber die durch die starke Eigentätigkeit erzeugte «Schwingung» nach. Die Form der «Schwingung», die Kraft meiner in der Meditation erzeugten Eigentätigkeit bildet nun im Astralleib ein bestimmtes Wahrnehmungsorgan, ein «Chakra» oder eine «Lotusblume» aus.[11]

Die hier beschriebene Katharsis bedeutet im Hinblick auf die im ersten Kapitel dargestellten physiologischen Vorgänge, dass die Vorstellungskraft des Astralleibes, die sich der Bildekräfte des Ätherleibes bedient, sich dessen Reinheit aneignet. Das von Stoffen durchzogene, arterielle Blut wird in das Gehirnwasser verwandelt oder ätherisiert und bildet damit die Grundlage reiner Vorstellungsbilder. Diese können aber nicht auftreten, solange der Astralleib nicht seinerseits gereinigt ist. Solange Triebe und Leidenschaften ihn beherrschen, überträgt sich seine Unreinheit auf die Gedankenbildung und verunreinigt diese. Die hier beschriebene Übung des Rosenkreuzes versinnbildlicht also gleichsam auch den physiologischen Prozess, der mit ihr einhergeht. Da sich aber die Tätigkeit des Astralleibes auf dem Wege des Atmungsrhythmus auf den Ätherleib überträgt, geht mit der Reinigung des Astralleibes auch eine Harmonisierung des Atemrhythmus einher. Da diese Harmonisierung aber nicht auf dem unbewussten Wege über Atemtechniken oder dergleichen, sondern auf bewusstem Wege durch eine Schulung der Bewusstseinskräfte erreicht wird, spricht Rudolf Steiner in diesem Zusammenhang von einem «neuen Yogawillen» bzw. einem «Lichtseelenprozess».[12]

Durch diese «Katharsis» kommt es nun allmählich zu ersten imaginativen Erlebnissen. Diese sind zunächst noch nicht beherrschbar, vielleicht sogar täuschend und können erst dadurch «verifiziert» werden, dass sie sich im Ätherleib ausprägen, und damit Sicherheit und Festigkeit erlangen. Die zunächst im Astralleib veranlagten, neuen Bewusstseinskräfte werden nun ihrerseits auf die freien Kräfte des Ätherleibes übertragen und befestigen dadurch die übersinnliche Wahrnehmungsfähigkeit. Diese nächste Stufe der übersinnlichen Entwicklung wird «Erleuchtung» genannt. Sie wird durch weitere Übungen unterstützt. Alles Genauere sowie die weiteren Übungen, die diesem Prinzip der Schulung folgen, findet man in Rudolf Steiners Grundlagenwerk der esoterischen Schulung *Wie erlangt man Erkenntnisse der höheren Welten?* ausführlich dargestellt.

Die «Erleuchtung» bedarf dabei gleichzeitig auch der Klärung unseres Verhältnisses zu jenem Teil unseres Ätherleibes, den wir noch nicht in unser Wesen integrieren konnten und der uns deshalb als Doppelgänger begleitet. Die infolge der Katharsis auftretenden Imaginationen sind auch deshalb noch vage, weil wir im Ätherischen auch die unserem Schatten angehörigen Erinnerungsinhalte, die ebenfalls imaginativen Charakter annehmen können, mit uns tragen. Um nun unterscheiden zu können, was an Imaginationen unserer eigenen bewussten Imaginationstätigkeit, was unserem unbewussten Schatten oder Doppelgänger entspringt, hilft nur eines: Wir müssen den Doppelgänger anschauen, ihn genau kennenlernen, denn sonst mischen sich ständig dessen Anteile in unsere Imaginationen hinein.[13] Zur Ausbildung der Erkenntnisorgane für das Ätherische gehört also auch die Auseinandersetzung mit dem Doppelgänger, das heißt mit unserem Schatten. Da diese aber den Willen zur Selbsterkenntnis benötigt, kann immer nur so viel von der ätherischen Welt real erkannt werden, wie wir bereit sind, unseren Schatten tatsächlich wahr-zu-nehmen.

Die Erkenntnisstufe der Imagination und deren Gegenbild

Wir haben am Beispiel der Rosenkreuzmeditation gesehen, wie eine gesteigerte Denktätigkeit, wie wir sie am Beispiel der «Bleistiftübung» nachvollzogen haben, nun in ein Bilderleben übergeführt wird. Diese Stufe der Entwicklung eines höheren Bewusstseins nennt Rudolf Steiner «Imagination». Wir haben gesehen, worin eine Imagination besteht. Sie ist der Ausdruck wirkender Denkkräfte – in dem Bild des Rosenkreuzes kommen die vorher denkerisch aufgebauten Vorstellungen zusammengefasst zum Ausdruck. Man könnte die Imagination auch als ein *Kraftbild* bezeichnen.

Der Übende ist auf dieser Stufe der Ausbildung der Imagination nun auch in der Lage, geistig Wesenhaftes in Bildern wahrzunehmen.[14] In reiner Form finden wir solche Imaginationen in den Bildern der Mythen und Märchen wieder. In den Mythen werden einerseits die Entwicklungsschritte der Evolution der

Menschheit dargestellt, in den Märchen dagegen tiefe Lebenswahrheiten zum Ausdruck gebracht.[15]

In der Imagination lebt der Schauende einerseits ganz in einem von Denkkräften durchdrungenen Zusammenhang, andererseits schaut er diesen in bildhafter Form, eben als eine Imagination. Von der Ebene des sinnlichkeitsgebundenen Denkens ist er aufgestiegen zu einem verlebendigten Denken, das nun in einer Imagination als eine Stufe über der sinnlichen Natur, als Übernatur erfasst wird.

Diese tritt aufgrund ihres ätherischen Charakters aber wie eine Erinnerung auf. Denn auch unsere Erinnerungen leben in der Welt des Ätherischen. Sie haben, wie wir bereits im ersten Kapitel gesehen haben, unseren Ätherleib als Grundlage. Allerdings sind wir an deren Bildung nicht bewusst beteiligt, denn durch die physische Wahrnehmung sind wir auf der Ebene des Astralleibes, also des Bewusstseins, ganz auf den Inhalt des Erlebten fixiert, während sich in unserem Ätherleib ein unbewusster Lebensvorgang vollzieht, der dann später als Erinnerungsvorstellung wieder belebt werden kann. Dabei ist aber entscheidend, dass die Erinnerungsvorstellung sich der physischen Grundlage des Gehirns bedient, die wir als Gedächtnis bezeichnen. Erst diese ermöglicht es, die Erinnerung tatsächlich wieder hervorrufen zu können.

«Erinnerung ist, grob verglichen, ein Lesen der Seele in einer späteren Zeit dessen, was mit der Vorstellungsbildung parallel gegangen ist. Die Seele hat unterbewusst dieses Vermögen, in sich zu lesen, was sich gebildet hat, während ich vorgestellt habe.»[16]

Die Imagination unterscheidet sich nun von der Erinnerungsvorstellung vor allem dadurch, dass sie nicht erinnert werden kann, weil sie aufgrund der Lösung der Denktätigkeit vom physischen Leib sich nicht mit dem physischen Gehirn verbindet. Daher kann sie nur dadurch erinnert werden, dass die gesteigerte Denktätigkeit, die zu ihrer Erfassung geführt hat, wiederum neu erzeugt wird. Diesen Vorgang kann der Imaginierende allerdings zum Beispiel dadurch unterstützen, dass er sich in einem Notizbuch gewisse Anhaltspunkte, die bei der Gedankenbildung eine Rolle gespielt haben, festhält. Anhand solcher Notizen kann es dann leichter gelingen, sich die Imagination wieder ins Bewusstsein zu holen.

Anhand des so beschriebenen Charakters der Imagination kann nun aber auch deutlich werden, womit wir es bei den in Kapitel 3 und 4 beschriebenen Medieninhalten überwiegend zu tun haben. Da deren Autoren in der Regel kein geschultes imaginatives Bewusstsein mit entsprechendem kritischem und denkerisch ausgebildetem Urteilsvermögen besitzen, bringen sie Imaginationen zum Ausdruck, die zwar auch einem Kräftezusammenhang entsprungen sind, sie sind sich aber des Ursprungs dieser Kräfte, der eben ahrimanischer Natur ist, nicht bewusst.

Daran zeigt sich nun die Wirkung der Geister der Finsternis: Sie haben das Bestreben, so zu wirken, als ob sie in der Welt des Ätherischen noch anwesend wären. Das sind sie aber aufgrund ihres Sturzes schon längst nicht mehr. Sie können daher aufgrund ihres nun in unsere physische Welt gebannten Daseins nur Zusammenhänge erfassen, die zwar auch imaginativer Natur sind, aber aus der Sphäre unter der Natur stammen. Sie bilden dadurch Ausdrucksformen aus, die zwar imaginativen Charakter haben, weil sie nun einmal Wesen sind, die als unterstes Wesensglied keinen physischen Leib, sondern nur einen Ätherleib haben. Aber diese Imaginationen stammen nicht mehr aus der Übernatur des Ätherischen, sondern sie tragen den Charakter der Unternatur.

Dadurch erklärt sich auch, warum diese Bilder, die wir oben ausführlich beschrieben haben, solch eine Faszination ausüben und so ungeheuer weite Verbreitung finden: weil sie der Tendenz nach dem Entwicklungsbedürfnis und dem Entwicklungsstand der heutigen Menschen nach imaginativer Anschauung entsprechen. Wir hatten ja im ersten Kapitel gesehen, wie sich die einstmalige Verdichtung der Ätherleiber auf die Grenzen des physischen Leibes mit dem Beginn des lichten Zeitalters umgekehrt hat, und wie andererseits bei vielen Menschen aus früheren Inkarnationen zurückgebliebene Erinnerungen an übersinnliche Erlebnisse als «tote Einschlüsse» in den Ätherleibern weiterwirken. Außerdem hatten wir gesehen, wie der unbewusste Schwellenübertritt, den die Menschheit ebenfalls aufgrund ihres Entwicklungsstandes vollzogen hat, dazu geführt hat, dass sich die Kräfte des Denkens, Fühlens und Wollens verselbstständigen und, wenn sie nun nicht bewusst ergriffen und geschult werden, von anderer Seite her besetzt werden.

Die solchermaßen «gelockerten» Denkkräfte besagter Autoren können auf diese Weise von den Geistern der Finsternis ergriffen und dadurch mit den oben beschriebenen Gegenbildern erfüllt werden.

Umso wichtiger erscheint es in der Gegenwart, die Denkkräfte bewusst zu schulen, sie nicht zum Spielball fremder, widergeistiger Einwirkungen und Wesenhaftigkeit werden zu lassen. Deshalb erachtete es Rudolf Steiner als so wesentlich, dass sich der noch nicht zur Imagination fähige Mensch auf einer vorbereitenden Stufe mit dem *Studium der Geisteswissenschaft* befasst. Dadurch nämlich werden die Gedanken des Studierenden schon in die Richtung des Geistigen, der Übernatur gelenkt, weil der Geistesforscher in der Lage war, seine Imaginationen in gedankliche Form zu übersetzen. Würde er nur bei der Darstellung in imaginativer Form geblieben sein, dann erginge es der Anthroposophie so wie vormals dem Rosenkreuzertum: Sie könnte nur von dafür speziell Vorbereiteten, also nicht öffentlich, verbreitet werden. Durch die gedankliche Form aber kann sie von jedem denkenden Menschen erfasst werden.[17]

«Aber der Darsteller der Imaginationen aus der Geistwelt kann gegenwärtig nicht bloß diese Imaginationen hinstellen. Er stellte damit etwas dar, das als ein ganz anderer Bewusstseinsinhalt neben dem Erkenntnisinhalt unseres Zeitalters, ohne allen Zusammenhang mit diesem, stünde. Er muss das gegenwärtige Bewusstsein mit dem erfüllen, was ein anderes Bewusstsein, das in die Geistwelt schaut, erkennen kann. Dann wird seine Darstellung diese Geistwelt zum Inhalte haben; aber dieser Inhalt tritt in der Form von Gedanken auf, in die er hineinfließt. Dadurch wird er dem gewöhnlichen Bewusstsein, das im Sinne der Gegenwart denkt, aber noch nicht in die Geistwelt hineinschaut, voll verständlich.»[18]

Das Studium der Geisteswissenschaft bereitet das Bewusstsein auf die imaginative Erfahrung vor, es schult dieses Bewusstsein und macht es dadurch auch wach gegenüber Gesinnungen, die eben das Gegenteil bewirken, die den Menschen an die Unternatur binden wollen und kein Interesse an der Entwicklung eines Erwachen des Bewusstseins im Ätherischen haben.

Die Erfahrung des Ätherischen als Zeitgestalt

An der Beschreibung der Rosenkreuzmeditation und noch mehr natürlich aus deren eigener Erfahrung kann also das Wesen des Ätherischen bereits deutlicher werden. Wir erleben darin die eigenen Denkkräfte, die, zur Gestaltung der Imagination aufgerufen, zu Bildekräften werden. Diese Bildekräfte, die wir hier in Form von Denkkräften, die wir bewusstseinsmäßig handhaben, benutzen, beleben das Bild des Rosenkreuzes. Die gedankliche Vorbereitung verläuft in einem zeitlichen Nacheinander, im Bild des Rosenkreuzes aber treten diese Kräfte nun in einem Augenblick, panoramaartig vor uns hin. Die Gedankenkräfte werden zu Bildekräften dieser Imagination.

Diese Kräfte wirken in anderer Form, nämlich unbewusst auch in unserem Ätherleib. Da bilden sie unseren Leib. Aber sie bilden ihn nicht einmalig, sondern sie bilden ihn in seiner Zeitgestalt, das heißt, ein Leben lang. Der Ätherleib enthält, wenn wir geboren werden, unseren Leib in seiner Zeitgestalt wie in einem Keim in sich. So wie der Keim einer Eiche in sich den ganzen Riesenbau und die Gestalt des späteren Eichbaumes in allen seinen Entwicklungsstadien in sich trägt, so unser Ätherleib die Entwicklungs- oder Zeitgestalt unseres Leibes.

Die Erfahrung des Ätherischen besteht also darin, dass eine in der Zeit auseinander gebreitete Gestaltung quasi räumlich, das heißt in einem Augenblick, erlebbar wird. Am deutlichsten tritt diese Erfahrung in dem nach dem Tode auftretenden Lebenspanorama in Erscheinung. Hier erlebt der Verstorbene im Moment des sich Ablösens seines Ätherleibes die Zeitgestalt seiner Biografie als Lebenspanorama ausgebreitet.[19]

Im irdischen Dasein kann die Wahrnehmung dieser Zeitgestalt nur bei sich entwickelndem imaginativem Bewusstsein auftreten. Diese leise und zarte Fähigkeit kann sich dann im Leben zunächst darin zeigen, dass beim Wahrnehmen der Gestalt eines anderen Menschen dessen Lebensalter spontan verändert erscheint. Beispielsweise erscheint einem in der Gestalt eines Fünfzigjährigen imaginativ die Gestalt eines älteren Mannes von fünfundsiebzig Jahren, oder es erscheint einem in der Gestalt einer Dreißigjährigen imaginativ die Gestalt eines jungen Mädchens von zwölf Jahren. Diese Art der Wahrnehmung kann zunächst nicht willentlich beeinflusst werden, sie tritt spontan und nur für kurze Augenblicke auf. Sie tritt auch nicht bei guten Bekannten auf, da man hier zu sehr auf die physisch bekannte Gestalt fixiert ist. Diese Erfahrung tritt eher wie im Vorübergehen bei Menschen auf, die man zum ersten Mal wahrnimmt. Sie zeigt aber, dass die verborgene Zeitgestalt des Ätherleibes imaginativ angeschaut werden kann.

Doch soll hier diese Art der Wahrnehmung nur als ein Beispiel dienen, das jedoch nicht als Ansatz für einen weiteren Übungsweg dienen soll. Denn dazu braucht es eine andere Vorbereitung. Bevor wir uns dem Menschen zuwenden, sollte unser imaginatives Wahrnehmungsvermögen an der Natur vorbereitet und ausgebildet werden. Hier kann es sich sozusagen wertfreier, ohne eine Färbung durch Sympathien oder Antipathien entfalten.[20]

Entscheidend für die Ausbildung der Erfahrung des Ätherischen ist, dass diese vom Bewusstsein ausgeht und dass dabei die Denkkräfte als Ausgangspunkt benutzt werden. Denn diese Kräfte sind ja verwandelte Wachstumskräfte:

«Diese im Ätherleibe wirksamen Kräfte betätigen sich im Beginne des menschlichen Erdenlebens – am deutlichsten während der Embryonalzeit – als Gestaltungs- und Wachstumskräfte. Im Verlaufe des Erdenlebens emanzipiert sich ein Teil dieser Kräfte von der Betätigung in Gestaltung und Wachstum und wird Denkkräfte, eben jene Kräfte, die für das gewöhnliche Bewusstsein die schattenhafte Gedankenwelt hervorbringen.

Es ist von der allergrößten Bedeutung zu wissen, dass die gewöhnlichen Denkkräfte des Menschen die verfeinerten Gestaltungs- und Wachstumskräfte sind.»[21]

Im gewöhnlichen Bewusstsein werden diese Kräfte herabgelähmt und fließen ein in die toten Begriffe unseres gewöhnlichen Denkens. Zu deren Benutzung bedarf es also keiner Anstrengung mehr. Werden diese Kräfte nun aber bewusst gestärkt, indem das in ihnen liegende Potenzial sozusagen frei gelegt wird, dann können sich daraus neue Wahrnehmungsfähigkeiten entwickeln.

Die Verantwortung des Menschen für die Natur

Um das Verhältnis des Menschen zu den ätherischen Kräften in der Natur zu verdeutlichen, machen wir uns noch einmal bewusst, dass die Umwandlung von Lebenskräften in Kräfte des denkenden Bewusstseins im Menschen eine Verwandlung von Naturkräften in freie Kräfte darstellt. Letztlich bilden diese die Grundlage der Freiheit des Menschen überhaupt. Mit dieser Freiheit ist zugleich eine enorme Verantwortung des Menschen gegenüber der Natur verbunden. Warum?

Weil auf Erden nur der Mensch als Krone aller Naturreiche über diese Freiheit verfügt. Er ist gewissermaßen eine Art «Scout», der ausgesandt wurde, um letztlich alle Naturreiche umzuwandeln. In gewissem Sinne hat der Mensch das heute auch fast vollständig getan. Er hat mit Hilfe der Bewusstseinskräfte alle Naturreiche erobert und dabei weitgehend zerstört! Denn das an den Leib gebundene Bewusstsein, das die freien Kräfte nicht dazu verwendet, um zum Ätherischen zu erwachen, bedient sich nun, wie wir im vierten Kapitel gesehen haben, der zerstörerischen Kräfte des elektronischen Doppelgängers und schafft mehr und mehr ein Reich der Unternatur zur Natur hinzu. Von diesem Reich, dem Reich der vom Menschen geschaffenen Technik, gehen wie im Menschen selbst zerstörerische Kräfte aus. Im Menschen ist das Nervensystem Träger elektrischer Kräfte, die, wenn sie allein vorherrschen würden, unweigerlich zum Tode führen würden. Eine unbegrenzte Ausdehnung der Wachkräfte unseres Bewusstseins ist also unmöglich. Das Leben muss durch den Schlaf immer wieder neu hergestellt werden.

So ist es auch in der Natur. Sie kann sich den zerstörerischen Bewusstseinskräften des Menschen gegenüber, auch nach größten Umweltkatastrophen, in erstaunlicher Weise immer wieder aufs Neue regenerieren. Aber wie lange noch? Hier setzt nun die Verantwortung des Menschen gegenüber der Natur ein. *Er muss gegenüber dem Reich der Unternatur ein Gegengewicht durch die Begründung eines Reiches der Übernatur schaffen.* Dieses geschieht, wenn er seine freien Kräfte nun auch dazu verwendet, den Lebenskräften in der Natur zu begegnen und diese damit ebenfalls der Freiheit zuzuführen.

In seinem philosophischen Grundwerk, der *Philosophie der Freiheit,* hat Rudolf Steiner, Goethe folgend, herausgestellt, dass das Denken der Natur gegenüber nicht abseits, getrennt zu stehen braucht, sondern dass die Natur im menschlichen Bewusstsein selber eine Art Auferstehung erleben kann:

«Das naive Bewusstsein behandelt daher das Denken wie etwas, das mit den Dingen nichts zu tun hat, sondern ganz abseits von denselben steht und seine Betrachtungen über die Welt anstellt. Das Bild, das der Denker von den Erscheinungen der Welt entwirft, gilt nicht als etwas, was zu den Dingen gehört, sondern als ein nur im Kopfe des Menschen existierendes; die Welt ist auch fertig ohne dieses Bild. Die Welt ist fix und fertig in allen ihren Substanzen und Kräften; und von dieser fertigen Welt entwirft der Mensch ein Bild. Die so denken, muss man nur fragen: mit welchem Rechte erklärt ihr die Welt für fertig, ohne das Denken? Bringt nicht mit der gleichen Notwendigkeit die Welt das Denken im Kopfe des Menschen hervor, wie die Blüte an der Pflanze? Pflanzet ein Samenkorn in den Boden. Es treibt Wurzel und Stengel. Es entfaltet sich zu Blättern und Blüten. Stellet die Pflanze euch selbst gegenüber. Sie verbindet sich in eurer Seele mit einem bestimmten Begriffe. Warum gehört dieser Begriff weniger zur ganzen Pflanze als Blatt und Blüte? Ihr saget: die Blätter und Blüten sind ohne ein wahrnehmendes Subjekt da; der Begriff erscheint erst, wenn sich der Mensch der Pflanze gegenüberstellt. Ganz wohl. Aber auch Blüten und Blätter entstehen an der Pflanze nur, wenn Erde da ist, in die der Keim gelegt werden kann, wenn Licht und Luft da sind, in denen sich Blätter und Blüten entfalten können. Gerade so entsteht der Begriff der Pflanze, wenn ein denkendes Bewusstsein an die Pflanze herantritt.»[22]

Damit ist eigentlich die große Aufgabe des Menschen der Natur gegenüber schon beschrieben. Im Bewusstsein des Menschen kann die Natur eine Art Auferstehung erleben. Das bedeutet aber, dass der Mensch die Naturprozesse tatsächlich erst einmal so erleben muss, dass er diese tatsächlich nicht abstrakt erfasst, sondern als lebendige, ätherische Vorgänge.

Die Zeitgestalt des Ätherischen tritt nämlich auch in der Natur räumlich in Erscheinung. Nur entfaltet sie sich hier eben in einem zeitlichen Nacheinander. Die Abfolge aller Entwicklungsstadien einer Pflanze, die Goethe als Erster in seiner Metamorphosenlehre beschrieben hat, sie kann vom menschlichen Denken mit Hilfe der freien Kräfte erfasst und damit bewusst gemacht werden. Und zwar in doppelter Hinsicht: *im menschlichen Bewusstsein werden dadurch nicht nur die Le-*

benskräfte des menschlichen Organismus zu freien Bewusstseinskräften, sondern ebenso die Lebenskräfte in der Natur!

Die Auferstehung im Denken, die Verwandlung der Lebenskräfte in freie Kräfte kann so tatsächlich zu einer neuen Evolutionsstufe der Natur als ganzer hinführen. Dieser Weg der Schulung der freien Kräfte im Hinblick auf eine Befreiung der Naturkräfte, führt zugleich zu einem neuen Bewusstsein der Elementarwesenwelt. Dieser ist von Rudolf Steiner und in der anthroposophischen Literatur auf vielfältigste Weise beschrieben worden. Deshalb sei an dieser Stelle auf diese Literatur als weiterführende Lektüre hingewiesen.[23]

Der Anthroposophische Seelenkalender und das Erscheinen des Christus im Ätherischen

Für eine regelmäßige Übung am nachhaltigsten zu handhaben ist die Ausbildung des Bewusstseins vom Ätherischen durch ein Miterleben des Jahreslaufes der Natur wohl anhand des von Rudolf Steiner bereits 1912 veröffentlichten *Anthroposophischen Seelenkalenders*.[24] Hier geht es um die Erfassung der Zeitgestalt des Jahreslaufes anhand von 52 Wochensprüchen. Diese beschreiben weder Naturvorgänge noch ist es eine Naturlyrik, sondern es sind mantrische Sprüche, die auf ein Miterleben des Jahreslaufes ausgerichtet sind.

Das Wort «Mantram» bedeutet «Fahrzeug». Dass heißt, diese Sprüche können zu einem Fahrzeug werden, um sich in der Welt des Ätherischen bewegen zu können. Das wird dadurch erreicht, dass der Inhalt der Wochensprüche auf einen intimen Zusammenhang zwischen dem Seelenleben des Menschen und dem äußeren Jahreslauf aufmerksam macht. Im Jahreskreislauf kann leicht die Gesetzmäßigkeit der Ein- und Ausatmung bemerkt werden. Was oder wer atmet hier? Es ist der Erdorganismus selber. Wir erwachen, wenn wir uns mit dem Seelenkalender beschäftigen, für das Leben der Erde, für das Ätherische des Erdorganismus. Im Winter, während die äußere Natur wie abgestorben erscheint, zieht sich dieser ganz in sich selbst zurück, das Leben erscheint wie eingeatmet. Im Sommer dagegen, wo sich das Leben der Erde vor allem in der pflanzlichen Natur ausgebreitet zeigt, erscheint der Erdorganismus wie ausgeatmet. Zwischen Hingabe und Konzentration entfaltet sich dieses Leben.

Denselben Rhythmus kann der Mensch auch in sich selbst bemerken: In der Wahrnehmung der äußeren Natur gibt er sich ganz an die Außenwelt hin, im denkerischen Verarbeiten zieht er sich auf sich selbst zurück. Das Seelenleben entfaltet sich im Rhythmus von Wahrnehmen und Denken. Dieser grundsätzliche Zusammenhang zwischen dem Leben des Erdorganismus und dem Leben der Seele liegt den 52 Wochensprüchen des Seelenkalenders zugrunde.[25]

Nun kann man sich natürlich fragen, warum Rudolf Steiner gerade das Jahreslaufgeschehen zur Grundlage seiner heute nicht nur am weitesten verbreiteten, sondern auch in sich geschlossensten und umfangreichsten mantrischen Spruchsammlung gemacht hat. Was hat es mit der Verbindung des menschlichen Seelenlebens mit dem Jahreslaufgeschehen auf sich?

Mit dieser Frage kommen wir zurück auf die bereits im ersten Kapitel angesprochene Ätherisierung, die Rudolf Steiner am deutlichsten anhand der Ätherisation des Blutes beschrieben hat. Und wir kommen zurück an den Punkt der Menschheitsentwicklung, an dem sich heute die «Kreuzung der Wesensglieder» vollzieht.[26]

Der Ätherleib des Menschen hatte sich im Laufe der Evolution immer mehr konzentriert und war schließlich identisch geworden mit den Umrissen des physischen Leibes. Dadurch gingen die ehemals auf natürliche Weise gegebenen imaginativen Wahrnehmungen verloren zugunsten des kritisch-rationalen Ichbewusstseins. Mit Beginn des so genannten «lichten Zeitalters» aber, erweitern sich nun die Ätherleiber wieder:

«Wir leben jetzt in der Tat in dem Zeitalter, in dem die innigste Durchdringung zwischen dem Ätherleib und dem physischen Leib schon hinter uns liegt; wir leben jetzt schon wiederum in der umgekehrten Entwickelungsrichtung. Wir leben in einer Zeit, in der der Ätherleib langsam herausrückt aus dem physischen Leib. Das ist normale Menschheitsentwickelung in die Zukunft hinein, dass der Ätherleib nach und nach wiederum den physischen Leib verlässt; und Zeiten werden kommen, in denen sich die menschliche Organisation wiederum so anschauen wird, wie sie sich angesehen hat in grauer Vorzeit, so dass wir wiederum empfinden werden, wie der Ätherleib hervorragt über den physischen.»[27]

Dieser Lockerung der Ätherleiber, die mit einem neuen, natürlichen imaginativen Wahrnehmen, einem Erwachen des Bewusstseins im Ätherischen einhergehen müsste, steht nun der Sturz der Geister der Finsternis als ein massives Hindernis entgegen. Und wir haben gesehen, auf welchen subtilen Wegen sich dieses Hindernis, vor allem durch die Medienwelt heute auswirkt. Für Rudolf Steiner wurde im Laufe seiner eigenen Entwicklung nun folgende Situation immer deutlicher:

Die für den weiteren Fortgang der Menschheitsentwicklung notwendige Weiterentwicklung des Bewusstseins muss um der Freiheit des Menschen willen durch die Bewusstseinskräfte selber geleistet werden. Diese sind aber durch den Sturz der Geister der Finsternis in der Gefahr, total an die Materie gefesselt zu werden. Als Ersatz für das Bedürfnis nach einem Erwachen im Ätherischen werden stattdessen andere Inhalte in Form eines spirituellen Materialismus lanciert.

Die Ätherisierung des Bewusstseins kann aber nur auf der Grundlage einer Veränderung der leiblichen Konstitution erfolgen, durch besagte Erweiterung des Ätherleibes über die Grenzen des physischen Leibes hinaus. Diese Erweiterung darf sich aber aufgrund der Freiheit des Menschen nicht unterhalb der Bewusstseinsschwelle vollziehen.

In der Leibesorganisation ist für den Geistesforscher nun aber ein Ätherisierungsvorgang bereits wahrnehmbar. Dieser vollzieht sich in Form der Umwandlung arteriellen Blutes in Gehirnwasser, begleitet vom Freiwerden ätherischer Bildekräfte, was die Plastizität unseres Vorstellungsvermögens bewirkt. Dieser Plastizität unseres Gedankenlebens liegt also ein Ätherisierungsvorgang in unserem Organismus zugrunde. Damit kommen wir auf das bereits im ersten Kapitel behandelte Evolutionsgeschehen zurück und können dessen Sinn nun noch besser verstehen.

Rudolf Steiner stellte im Laufe seiner Erforschung dieser Zusammenhänge fest, dass die Ätherisierungsfähigkeit des menschlichen Organismus phylogenetisch darauf beruht, dass im Laufe der Evolution eine ganz bestimmte geistige Tatsache eingetreten war. Diese bestand darin, dass sich eine kosmische Wesenheit, nämlich der Sonnengeist des Christus mit einem Teil der Menschheit verband, der sich bislang noch nie inkarniert hatte.[28] Diesen zurückgehaltenen Teil der Menschheit bezeichnete Rudolf Steiner als die «Schwesterseele» der Menschheit. Sie wird in der jüdischen Tradition als *Adam Kadmon* bezeichnet. Sie blieb, anders als die übrige Menschheit, die sich ab einem bestimmten Zeitpunkt auf der alten Lemuris immer wieder inkarnierte, in der geistigen Welt zurück, wurde gewissermaßen für eine spätere Aufgabe zurück behalten. Sie inkarnierte sich erstmals auf Erden in dem Jesus von Nazareth, um dem Christusgeist zu einer irdischen Verleiblichung, die er sonst niemals hätte finden können, zu verhelfen. Nur dadurch konnte die Verbindung des Sonnengeistes Christus mit der irdischen Menschheit geschehen.

Den irdischen Zusammenhang des Sonnengeistes des Christus mit dem Jesus von Nazareth bezeichnet Rudolf Steiner als das «Mysterium von Golgatha». Dieses hat sich aber nicht nur irdisch, auf der Erde, sondern schon zuvor in mehreren «Vorstufen» vollzogen.[29] Durch diese Vorstufen wurden die eigentlichen physiologischen Grundlagen für die Entfaltung des Menschseins auf der Erde gelegt. Das Sein des Menschen hätte sich ohne das Mysterium von Golgatha niemals menschlich entwickeln können. Die menschliche Organisation wäre sonst vollkommen unter den Einfluss von Luzifer und Ahriman geraten und dadurch korrumpiert worden.

In dieser Gefahr ist die Menschheit aber immer geblieben. Und zwar aus dem schon in der Einleitung genannten Gesichtspunkt der Unterstützung ihrer Entwicklung durch die Widerstände der Gegenmächte von Luzifer und Ahriman. Dabei kann sie sich nun aber auf die durch das Mysterium von Golgatha geschaffenen Tatsachen stützen. Diese wirken heute aber nicht mehr auf dem Wege einer rein biologisch-phylogenetischen Entwicklung, sondern sie vollziehen sich nun nur noch ontogenetisch, das heißt individuell auf dem Wege einer Verwandlung des menschlichen Bewusstseins, also nur dann, wenn der Mensch diese Verwandlung selbst bewusstseinsmäßig weiter führt. Ohne die Unterstützung durch die von dem Sonnengeist Christus ausgehenden Ätherisierungskräfte, wie sie in den Rhythmen und in der Zeitgestalt des Jahreskreislaufes erlebt werden können, in dessen Zeitgestalt, würde der Mensch den Widersachern auf die Dauer unterlegen sein. Die Unternatur braucht das Gegengewicht der Übernatur.

Wie aber findet der Anschluss an diese Kräfte statt und warum kann die Christus-Wesenheit diese Kräfte überhaupt vermitteln? Was ist die Natur dieser Christus-Wesenheit?

Mit dem Mysterium von Golgatha ist der Christus in den Leib des Jesus von Nazareth eingezogen. Durch seinen Tod am Kreuz hat sich der Christus-Jesus mit der Erde verbunden. Denn der Christus blieb mit den höheren Wesensgliedern des Jesus von Nazareth, die sich deshalb auch nicht auflösten, verbunden. Er zog sich nach dem Tod am Kreuz nicht wieder in die geistige Welt zurück, denn das musste er nicht, er hatte kein Karma, das er nachtodlich hätte verarbeiten müssen. Er konnte den Umkreis der Erde als seinen «Himmel» wählen. Dort befindet er sich seither:

«Ich bleibe bei euch, bis an das Ende der Erdenzeiten.»[30]

Was aber ist der Umkreis der Erde, worin besteht diese Lebenssphäre des Christus-Jesus? Es ist der Zeitenleib, die Zeitgestalt des Erdorganismus, es ist eben das jahreszeitliche, rhythmische Geschehen, in dem der Christus-Jesus mit der Erde atmet.[31] Die Erde unterliegt seit dem Mysterium von Golgatha einem Ätherisierungsvorgang, ähnlich wie der menschliche Organismus selbst.

«Denn es waltet der Christus-Wille im Umkreis, in den Weltenrhythmen Seelen begnadend» heißt es deshalb im Grundsteinspruch der Anthroposophischen Gesellschaft.[32]

Was für eine Wesenheit aber ist der Christus selbst? Er wird von Rudolf Steiner als der Geist der Sonne, der durch das Mysterium von Golgatha zum Geist der Erde geworden ist, beschrieben. Was aber heißt das konkret?

Die Sonne ist in unserem Kosmos und in der Evolution der Weltenkörper, der es mit der Entwicklung alles Ätherischen zu tun hat. Auf der «alten Sonne» wurden die Grundlagen für den späteren Ätherleib der Menschen gelegt. Die Sonne repräsentiert im Kosmos die Kräfte des Ätherischen, die Lebenskräfte, das Lebensspendende schlechthin. So wurde die Sonne ja auch in allen alten Kulturen, insbesondere im alten Ägypten immer erlebt.[33]

Anders betrachtet könnte man sie auch als die Kraft des *Logos* bezeichnen, also jener Wesenheit, die alle Sinnzusammenhänge, die wir in unserem Denken erfassen können, hervor gebracht hat, so wie es im Prolog des Johannes-Evangeliums zum Ausdruck kommt. Im oben beschriebenen lebendigen Denken erfassen wir diese Sinnzusammenhänge, erleben wir die ätherische Seite der Wirklichkeit, die eben immer beides umfasst: die Lebensseite, das Lebensspendende und den Sinnzusammenhang, der im Denken erfasst wird, weshalb die Denkkräfte eben auch umgewandelte Lebenskräfte sind.

Und der *Anthroposophische Seelenkalender*, so ergab es sich der Geistesforschung Rudolf Steiners, ist nun das «Fahrzeug», um sich mit diesem Ätherisierungsgeschehen, mit der Zeitgestalt des Erdorganismus, in der aber jetzt der Christus-Jesus lebt, zu verbinden. Hier werden quasi unsere Denkkräfte von den Lebenskräften, die im Jahreslaufgeschehen in ihrer Zeitgestalt imaginiert werden, erfasst. Damit aber erwachen wir zugleich für das Sonnenhafte, das seit dem Mysterium von Golgatha im Erdenumkreis lebt, wir erfassen das ätherische Christuswesen.

Damit tritt eine entscheidende Wende in unserem Bewusstsein in Erscheinung. Die Tendenz des Absterbens, des Todes, bringt vor allem in der Nerven-Sinnes-Tätigkeit immer die Gefahr mit sich, dass unser Vorstellungsleben, wie wir vor allem anhand der Medienwelt sehen konnten, materialistisch «geimpft» und damit paralysiert wird. Die eigentlich lebendigen Vorstellungen werden durch ihre Fesselung an die Sinneswelt abgelähmt. Diese Tendenz kann aber in einen *Auferstehungsimpuls* umgewandelt werden: Die dem Vorstellen zugrunde liegenden, freien ätherischen Bildekräfte können durch die Verbindung mit dem Mysterium von Golgatha vom Physischen abgelöst und damit zu einem Gefäß für das geistige Leben werden. Der im ersten Kapitel beschriebene Ätherisierungsvorgang innerhalb unseres Gehirns bildet seine Grundlage. Golgatha heißt eben deshalb *Schädelstätte.*

Was sich beim Tod auf Golgatha vollzogen hat, vollzieht sich mikrokosmisch im menschlichen Organismus, wenn der Mensch sich seiner Freiheit bedient und die freien ätherischen Bildekräfte von ihrem, dem Leib hingegebenen Dasein erlöst.

Deshalb erschien der *Anthroposophische Seelenkalender* innerhalb des Kalenders 1912/13, auf dessen Umschlagseite nicht die Jahreszahl 1912/13 stand, sondern: «Im Jahre 1879 nach des Ich Geburt». Das Kalendarium und der Seelenkalender wurden also bewusst auf den Zeitpunkt des Mysteriums von Golgatha bezogen, das Rudolf Steiner an jenem Tag, als die Drucklegung des Kalenders beschlossen worden war, am 16. Dezember 1911, mit dem Datum des 3. April des Jahres 33 angegeben hatte.[34] Und 1879 Jahre nach 33 war eben das Jahr 1912.

Darin kam aber zugleich die Bedeutung des Jahres 1879 zum Ausdruck, das den Beginn des Michael-Zeitalters signalisierte und das, wie wir gesehen haben, für die Ausbildung einer Wissenschaft des Geistes entscheidende Bedeutung hatte. 33 Jahre, die Zeit des Erdenlebens des Christus-Jesus, nach dem Beginn des Michaelzeitalters übergab Rudolf Steiner der Menschheit ein weiteres Mittel, um sich nun entsprechend der gegenwärtigen Bewusstseinsverfassung im Bewusstsein mit der Christus-Wesenheit zu verbinden, das heißt den intellektuellen Kräften, den Gedankenkräften ihr Sonnenhaftes zurückzugeben.

«Dem Zeitalter des Michael ziemt eben das Sonnenhafte, das, was wir in uns aufnehmen durch eine Spiritualisierung derjenigen Kräfte, die wir innehaben vom Aufwachen bis zum Einschlafen: der Kräfte unserer Vernunft, unseres Begreifens, unseres Verstehens. Denn diese unsere Kräfte des Begreifens und Verstehens, sie wandeln sich um in unserer Seele, wenn wir dazu nur Geduld genug haben. So wandeln sie sich um, dass aus dem, was sich uns entpuppt in der Geisteswissenschaft, die Gewissheit herausspringt: was wir da begreifen, das ist unmittelbar der Ausdruck der Gedanken der geistigen Welt. Also nicht um ein Zurückziehen von der ahrimanisch durchsetzten äußeren Welt kann es sich heute handeln, sondern um ein notwendiges Darinnenstehen in dieser Welt, aber zugleich um ein sich Starkmachen gegenüber diesen ahrimanischen Kräften.»[35]

Dieses Ergreifen des Sonnenhaften, diese Verbindung mit dem Christus-Jesus, die durch die Veränderung des Wesensgliedergefüges möglich geworden ist, bezeichnete Rudolf Steiner seit dem Jahre 1910 als das «Wiedererscheinen des Christus im Ätherischen».

Der Christus hatte sich einmalig mit dem irdischen Leib des Jesus von Nazareth verbunden. Dieser war am Kreuz auf Golgatha gestorben. Dadurch konnte sich der Christus mit der Lebenshülle der Erde verbinden. Paulus war der erste, der davon eine Wahrnehmung bekam. Sein Damaskuserlebnis ist daher für Rudolf Steiner immer das Vorbild für das neue ätherische Wahrnehmen, für das «Wiedererscheinen des Christus im Ätherischen» gewesen. Dieses vorbereitend führt der hier beschriebene Weg zu einem leisen, jedoch intensiv erarbeiteten Erwachen in der Sphäre des Ätherischen durch die Aufnahme der Sonnenkräfte in unser Bewusstsein und damit zur Überwindung der das Bewusstsein ans Materielle fesselnden Kräfte.

Dieses Erwachen geschieht in jenem Bereich, in dem sich physiologisch gesehen die Sinnes-Nerven-Prozesse mit dem Atemrhythmus begegnen, der Atem der Seele begegnet dem Atmen des Erdorganismus. Deshalb bezeichnet Rudolf Steiner die an die physische Welt unmittelbar angrenzende Sphäre auch als die Welt des Rhythmischen, in der Michael seinen Wohnplatz hat. Es ist zugleich die Sphäre der Sonnenkräfte.[36]

Das Erfassen der Sonnenkräfte durch unser Denken führt uns hin zur «Übernatur». Der in der Einleitung bereits zitierte Satz «Ein Kämpfer um das Spirituelle muss der Mensch sein in dieser fünften nachatlantischen Zeit; erleben muss er, dass seine Kräfte erschlaffen, wenn er sie nicht fortwährend im Zaume hält für die Eroberung der spirituellen Welt.»[37] findet in diesem Aufnehmen der Sonnenkräfte in unser Bewusstsein, in diesem Erwachen im Ätherischen seine erste Erfüllung. Damit wird aber auch deutlich, worum es den Widersachermächten, die das Bewusstsein durch die Geister der Finsternis ans irdische Dasein fesseln wollen, eigentlich geht:

«Man kann begreifen, dass gerade die Bekanntmachung dieses Geheimnisses von dem Schauen des Christus, von diesem neuen Verhältnis, das der Christus mit der Menschheit eingehen soll, Mißstimmung und Widerwillen hervorruft bei jenen Menschen, welche als Angehörige gewisser Brüderschaften dieses Ereignis vom 20. Jahrhundert, dieses Ereignis der Erscheinung des ätherischen Christus ausnutzen wollen in ihrem Sinne und es nicht zu einem Gemeingut der allgemeinen menschlichen Erkenntnis machen wollen. Es gibt Brüderschaften – und Brüderschaften beeinflussen immer die öffentlichen Meinungen, indem sie dies oder jenes zum Beispiel gerade durch solche Mittel verbreiten lassen, durch die es am wenigsten den Menschen auffällt –, es gibt gewisse okkulte Brüderschaften, die lassen verbreiten, dass die Zeit des Materialismus bald abgelaufen sein werde, ja, dass sie in einer gewissen Weise schon abgelaufen sei.»[38]

«Von der Seite, wo man gewissermaßen den Antichrist wird als den Christus einführen wollen, wird angestrebt, auszunützen dasjenige, was insbesondere durch die materiellsten Kräfte wirken kann, aber durch die materiellsten Kräfte eben geistig wirkt. Vor allen Dingen wird von dieser Seite angestrebt, Elektrizität, und namentlich Erdmagnetismus auszunützen, um Wirkungen hervorzubringen über die ganze Erde hin.»[39]

Damit können wir nun alles, was als «spiritueller Materialismus» vor allem in Form der Medienwelt einschließlich des Internets beschrieben worden ist, als die Maßnahmen begreifen, die die Menschheit abhalten sollen von dem hier beschriebenen Erwachen des Bewusstseins im Ätherischen, vom Erfassen der Sonnenkräfte und der in dieser Sphäre lebenden Christus-Wesenheit.[40]

Insbesondere das beim Surfen im Internet, beim Computerspiel und bei der Nutzung «sozialer» Netzwerke auftretende Gefühl der endlosen Weite, des Unbegrenzten, aber auch das Erleben der vervielfachten Bilderwelten, ist deutlich als ein Surrogat der hier beschriebenen imaginativen Erfahrungen anzusehen. Zu diesem tritt aber noch etwas Verstärkendes hinzu: Da bei der Nutzung digitaler Medien die Sinneswelt nie verlassen wird, vielmehr die durch den elektronischen Doppelgänger erzeugten Kräfte eine erhöhte Fesselung an den physischen Leib mit sich bringen, wird den auf der einen Seite erzeugten «Fliehkräften» ein Gegengewicht verliehen, wodurch wiederum eine noch tiefere Verbindung mit dem Materiellen erzeugt wird. Auch dieses Element ist ein Surrogat für die bei imaginativen Erfahrungen notwendige Gegenkraft: die Pflege der Erinnerungskräfte, die dem nach Imaginationen Strebenden die notwendige Kraft und Sicherheit verleiht, die er ohne diese Pflege leicht verlieren könnte.

Die Pflege der Erinnerungskräfte, der luziferische Doppelgänger und das Interesse am anderen Menschen

Nach allem, was wir bislang über das Erwachen im Ätherischen gehört haben, könnte es so erscheinen, als ob mit der Verstärkung der Denkkräfte bereits alles getan sei, was zu diesem Erwachen dazu gehört. Dem ist aber nicht so. Im Gegenteil, würde es bei der bisher beschriebenen Denktätigkeit allein bleiben, so würde sich daraus eine bestimmte Gefahr entwickeln, nämlich die Gefahr der Selbstbezogenheit, ja sogar die Gefahr eines übersteigerten Selbsterlebens. Wir haben gesehen, dass sich die freien Kräfte in zwei Richtungen entwickeln: in die Richtung der Zukunft als Denk- und Vorstellungskräfte und auch als künstlerische Fantasie und in die Richtung der Vergangenheit als Kräfte der Erinnerung.

Auf die zum Ausgleich von entstehenden Einseitigkeiten gegebenen Nebenübungen sei hier erneut hingewiesen.[41] Die erste Nebenübung widmet sich der Gedankenkonzentration. Man stelle sich mit aller Kraft einen Gegenstand vor und beschreibe ihn innerlich mit allem, was zu ihm dazu gehört. Alle abweichenden oder assoziativen Gedanken werden abgewehrt. Durch diese Übung wird der Zusammenhalt, der im Denken lebt, gestärkt und damit auch die auf die Zukunft gerichteten freien Kräfte.

Die dritte Nebenübung ist auf den Willen gerichtet. Sie stärkt in der Ausbildung eines freien Entschlusses die Erinnerungskraft, die ich benötige, um die vorgenommene Handlung auch tatsächlich auszuführen. Man nimmt sich am Morgen eine freie, unbedeutende Handlung vor, die man zu einer bestimmten Zeit im Laufe des Tages auszuführen gedenkt. Dabei kommt es darauf an, dass man diese Handlung im Ablauf des Tages von sich aus normalerweise nicht ausführen würde. Sie muss also extra vorgenommen werden. Und es kommt nun darauf an, die vorgenommene Handlung zur vorbestimmten Zeit nun auch tatsächlich auszuführen.

Zu diesen Nebenübungen und den Meditationsübungen muss aber die Pflege der Erinnerungskräfte hinzutreten, damit die in der Verstärkung der Denktätigkeit auftretende Gefahr der Selbstbezogenheit gebannt werden kann. Die freien Ätherkräfte, die unserer Vorstellungstätigkeit zugrunde liegen, bilden eben zugleich auch die Grundlage unserer Erinnerungsfähigkeit, es sind dieselben Kräfte, mit denen wir unsere Erinnerungen aufbewahren und wieder wachrufen können. Wenn es um das Erwachen im Ätherischen geht, müssen wir uns also auch diesen Erinnerungskräften zuwenden und sie ebenso zum Leben erwecken, wir wie es bisher mit den Vorstellungs- und Denkkräften getan haben. Sonst können diese Kräfte leicht von den luziferischen Gegenmächten ergriffen werden. Wohin das führt, kann man insbesondere an allen psychischen Erkrankungen leicht erkennen. Darauf kann im Zusammenhang dieses Buches leider nicht näher eingegangen werden.[42]

Es ist deutlich, dass der im ersten Kapitel angesprochene Doppelgänger, den wir dort auch als den «ätherischen Doppelgänger» bezeichnet haben, in diesem Zusammenhang als der «luziferische» oder, anders ausgedrückt, als der «biografische» Doppelgänger bezeichnet werden kann. Das heißt, da, wo uns die Erinnerungen entzogen, wo sie unbewusst wirksam sind, da kann der luziferische Doppelgänger wirksam werden. Der Mensch wird also, wenn er sich keiner bewussten Schulung befleißigt, von zwei Doppelgängern beherrscht. Hierzu eine schematische Übersicht, um die verschiedenen, auch von Rudolf Steiner gebrauchten Ausdrücke, zusammen schauen zu können:

Ursprüngl. Bezeichnung	(Ätherischer) Doppelgänger	Geografischer Doppelgänger
Leibliche Grundlage	Ätherleib	Nervensystem
Alternativbezeichnung	Biografischer Doppelgänger	Ahrimanischer Doppelgänger
Beherrschende Gegenmacht	Luzifer	Ahriman
Erkrankungsformen	psychisch	körperlich

Die Schulung führt jedoch nicht einfach dazu, dass die Wirkungen der Doppelgänger sofort vollständig beseitigt werden können, vielmehr lernt man diese Wirkungen zunächst zu erkennen und zu durchschauen, bevor man sie dann auch mehr und mehr beherrschen kann.

Die Verstärkung der Erinnerungskräfte ist aber noch aus einem weiteren Grunde notwendig. Die Verstärkung der Denkkräfte hin zu einem imaginativen Erleben führt nämlich, weil wir dabei die festen Grundlagen des Physischen mehr und mehr zurücklassen, auch dazu, dass sich ein Gefühl des Sichverlierens mehr oder weniger unbewusst geltend macht.

Insbesondere dann, wenn wir die freien Kräfte tatsächlich

dazu benutzen, Imaginationen auszubilden, aber auch bei aller künstlerischen Tätigkeit tritt eine Emanzipation gegenüber dem physischen Leib ein. Da kommt es nun darauf an, dass dieses Sichbefreien auch einen Halt im Ätherischen findet, denn wenn das nicht erfolgt, kommt es unweigerlich zu einem Rückschlag. Ohne dass man es bemerkt, greift die Seele dann mitunter zu einer Art von innerer Opposition. Um sich nicht zu verlieren, treten dann Gegentendenzen auf, die einen umso mehr an die physische Welt binden.

Diese Tendenz lässt sich deshalb auch gerade bei künstlerisch tätigen Menschen beobachten. So ist es beispielsweise in der Jazzmusik auffällig, dass Musiker, wie etwa der Saxophonist Charlie Parker, die sich von jeglicher festen Struktur musikalisch befreit hatten, drogenabhängig wurden, weil sie sich im ätherischen Bereich der freien Kräfte nicht halten konnten. Es müssen aber natürlich nicht gleich Drogen sein. Der Halt kann durchaus auch in materiellen Gütern, wie etwa einem extravaganten Automobil gesucht werden.

Diese Tendenz kann sich also als verstärktes Bedürfnis nach verfeinertem sinnlichem Genuss, nach Konsum materieller Güter und Ähnlichem äußern. Sie kann sich sogar in einem plötzlich unkontrollierbar werdenden Bedürfnis nach der Nutzung elektronischer Medien, also nach der Unternatur geltend machen – das Pendel unserer Entwicklung droht sozusagen nach der anderen Seite zurückzuschlagen.

Diesen Gefahren beugt der anthroposophische Schulungsweg dadurch vor, dass er gleichzeitig mit der Entwicklung der Denkkräfte auf die Entwicklung der Erinnerungskräfte und damit auf den Willenspol achtgibt, der mit der Pflege unseres Wahrnehmungsvermögens zusammenhängt. Warum die Erinnerungskräfte? Weil die Erinnerungskräfte ätherische Kräfte sind, die nicht in den physischen Leib zurückkehren, sie bleiben frei und bilden somit einen Halt im Ätherischen. Rudolf Steiner stellt diesen Zusammenhang so dar:

«... dass unsere Erinnerungen nur deshalb Vorstellungen bleiben, weil sie aufgehalten werden vom Ätherleib, nicht in den physischen Leib hineingelassen werden. Würden sie in den physischen Leib hineinrinnen, würden sie darin zur Tätigkeit werden, diese Vorstellungen, so würden sie übergehen in die Bildungskräfte, in die Lebekräfte des physischen Leibes, würden diesen durchorganisieren.»[43]

Da sieht man also den Zusammenhang: Der Halt im Ätherischen wird durch die Erinnerungskräfte gebildet, und dadurch kann man nun nicht mehr zurück ins Physische fallen. Dieser Gefahr wird somit durch die Pflege der Erinnerungskräfte vorgebeugt. Im Übrigen bildet Erinnerung als biografische Kraft ja auch die Grundlage der eigenen Identität. Überall da, wo wir also plötzlich auftretende, verstärkte sinnliche Bedürfnisse beobachten, tritt mit einer gewissen Notwendigkeit die Pflege der Erinnerungskräfte als Aufgabe an uns heran.

An den beschriebenen Gefährdungen können wir bemerken, dass unser Ätherleib nicht ein reines, unschuldiges Gebilde ist, sondern dass hier die Gegenmächte eingreifen. Die Gegenmächte sind am Schicksal der freien Kräfte höchst interessiert. Der Ätherleib ist mithin durchsetzt von Wirkungen Luzifers und Ahrimans. Ahriman versucht, die freien Kräfte von einem Erwachen im Ätherischen abzuhalten und zurück an das Physische und Untersinnliche zu binden. Luzifer versucht, die freien Kräfte zu illusionären Fantasien zu verflüchtigen. Beiden Tendenzen gilt es mithin Herr zu werden. Durch die beschriebene Ausbildung der Denkkräfte wird Ahriman in seine Schranken verwiesen, durch die Ausbildung der Erinnerungskräfte wird die Gefahr der Verflüchtigung durch Luzifer gebannt.[44]

Bisher haben wir nur an einer Vertiefung der Denkkräfte gearbeitet, jetzt geht es bei der Pflege des Erinnerungsvermögens um eine Verstärkung der Willens- und Wahrnehmungskräfte. Dabei wird man sehr bald bemerken: Wenn wir die Erinnerungskräfte beleben, müssen wir uns zugleich von uns selbst distanzieren. Man beginnt beispielsweise mit einer abendlichen Rückschau auf die Erlebnisse des Tages, wobei man diese Erlebnisse in umgekehrter Reihenfolge, also so, wie sie einem entgegengekommen sind, innerlich durcharbeitet. Man beginnt dabei, sich selbst wie von außen wahrzunehmen, sich gewissermaßen wie eine dritte Person zu betrachten.

Hatten wir es bei den Imaginationsübungen immer mit der Erste-Person-Perspektive zu tun, so treten wir jetzt ganz bewusst in die Dritte-Person-Perspektive ein.[45] Dazu aber müssen wir nicht das Denken, sondern jetzt müssen wir den Willen betätigen. Und dabei bemerken wir, dass die Willenskräfte nicht vom Zentrum zur Peripherie, sondern gewissermaßen aus dem Umkreis zum Zentrum hin wirksam sind. Das, was ich den ganzen Tag über erlebt habe, kommt mir in dieser Erlebensrichtung dann wie von außen entgegen.

Dabei stellt sich ein neues Verhältnis zu unserer Umwelt, eine Verstärkung unserer Wahrnehmungsfähigkeit ein. Wenn wir diese Übung der Rückschau nun nämlich weiter treiben und auf länger zurückliegende Zeitabschnitte unserer Biografie zurückblicken, erleben wir plötzlich, was für eine enorme Bedeutung die anderen Menschen für unser Leben gehabt haben. Wir stellen dann fest, dass wir ohne bestimmte Begegnungen niemals zu dem geworden wären, was wir jetzt sind. Wir erleben den Anteil der anderen Menschen an unserer eigenen Biografie viel intensiver als zuvor. Damit beginnen wir, unsere imaginativen Fähigkeiten nun nicht auf unser eigenes Denken, sondern auf das Erleben des anderen Menschen auszudehnen.

«Es würde dem Menschen viel nützen, wenn er solche selbstlose Rückschau auf das Leben öfter hielte, wenn er das Leben durchtränken würde von der aus dieser Selbstschau quellenden Überzeugung: Wie wenig habe ich eigentlich Veranlassung, mich mit mir selbst zu beschäftigen! Wie unendlich reicher wird mein Leben, wenn ich den Blick hinschweifen lasse über diese und jene Gestalten, die in dieses mein Leben eingetreten sind. – Dann lösen wir uns gewissermaßen von uns selber los, wenn wir solche selbstlose Rückschau halten. ... Das aber befruchtet uns so, dass wir wirklich die imaginativen Kräfte erhalten, dann auch dem gegenwärtigen Menschen so gegenüberzutreten, dass uns in ihm dasjenige erscheinen kann, was uns sonst erst nach Jahren in der Rückschau von den Gestalten erscheint, mit denen wir zusammengelebt haben. Wir erwerben uns dadurch die Fähigkeit, dass uns wirklich Bilder aus dem Menschen entgegentreten, dem wir begegnen.»[46]

Das heißt, jetzt werden die freien ätherischen Bildekräfte nicht in das Erleben eines meditativ aufgebauten Bildinhaltes gesteckt, jetzt treten sie uns durch die Verstärkung der Willenskräfte wie von außen, in dem bildhaften Erleben des menschlichen Gegenübers entgegen. Durch die Verstärkung der Willenskräfte wachsen wir also einerseits mehr und mehr mit dem zusammen, was uns im Leben wie von außen entgegenkommt, mit unserem Schicksal, andererseits aber mit den in diesem Schicksal auf uns zutretenden Menschen.

«Durchsichtig gewissermaßen wird gegen die Zukunft hin der Mensch dem Menschen werden. Wie das Haupt geformt ist, wie der Mensch geht, wird mit anderem inneren Anteil und mit anderem inneren Interesse geschaut werden, als es heute noch in den menschlichen Neigungen liegt. Denn man wird den Menschen nur dann seinem Ich nach glauben kennenzulernen, wenn man eine solche Auffassung von seiner Bildnatur hat, wenn man mit dem Grundgefühl vor den Menschen hintreten kann, dass sich dasjenige, was die äußeren physischen Augen vom Menschen sehen, zu des Menschen wahrer geistig-übersinnlicher Wirklichkeit verhält wie das Bild, das auf die Leinwand gemalt ist, zu der Wirklichkeit, die es wiedergibt. Dieses Grundgefühl muss sich ausbilden.»[47]

Durch diese Übrichtung aber wird nun auch die vorher beschriebene Gefahr des Sichverlierens und des Haltsuchens in materiellen Versuchungen gebannt. Denn jetzt stellt sich heraus, dass uns dieser Halt von ganz woanders her zuwächst als wir es bisher für möglich gehalten hatten:

«Indem wir den Willen also zubereiten, dass wir das Entgegengesetzte von dem durchmachen, was in der Gedankenkonzentration erlebt wird, ergreifen wir unser eigenes, über Geburt und Tod hinaus liegendes Leben. Wenn wir den Gedanken ergreifen wollen, müssen wir uns losmachen von der äußeren Wirklichkeit, müssen wir für die äußere Sinneswirklichkeit blind und taub werden, müssen uns ganz in uns zurückziehen; dann wird der Gedanke so verwandelt, dass wir selbst gedacht werden von höheren Bewusstseinen. Mit dem Willen müssen wir das Entgegengesetzte vornehmen: müssen uns in das verbreiten, was sonst nur außer uns stehend ist. Mit dem Gedanken gehen wir in uns hinein; mit dem Willen gehen wir aus uns heraus, gehen in unser Schicksal hinein und finden durch den Durchgang durch unser Schicksal den Weg in die geistigen Welten, wo wir der Wirklichkeit unserer Seele nach in der umfassendsten Wirklichkeit drinnen stehen, in jener Wirklichkeit, die uns auch schon ergriffen hat, bevor wir zum leiblichen Dasein heruntergestiegen sind.»[48]

Die belebte Erinnerungskraft wandelt sich so um zu geistiger Haltekraft gegenüber der Welt des imaginativen Erlebens. Erst dadurch bekommt das vorher noch haltlose imaginative Erleben Festigkeit und Sicherheit. Auf die oben angesprochene Stufe der Katharsis des Astralleibes folgt damit die Stufe der «Erleuchtung» des Ätherleibes. Das ätherische Erleben wird dadurch in sich klar und sicher. Entsprach das ätherische Denkerleben in der Loslösung der ätherischen Kräfte von ihrer physischen Grundlage einem Todesmoment, so das ätherische Willenserleben einer Art von Auferstehung in einem höheren Selbstbewusstsein, das zugleich ein Umkreis- und damit ein Wahrnehmungsbewusstsein ist. Erst dadurch bilden sich die genannten geistigen Wahrnehmungsorgane tatsächlich richtig aus. Das heißt auch: erst dadurch gewinnen wir die Kraft, unserem ätherisch-biografischen Doppelgänger gegenüberzutreten. Wir haben uns von uns selber soweit distanziert, dass wir nun allmählich auch die Kraft ausbilden, das Anschauen des Doppelgängers ertragen zu können.

Damit tritt im Verborgenen noch eine andere Erlebensqualität auf. Führte die beschriebene Belebung der Denkkräfte in der Verbindung des seelischen Erlebens mit dem Jahreslauf hin zu einer ersten Erfahrung der Christus-Wesenheit in den Rhythmen des Jahreslaufs, so kommen wir durch die Vertiefung unserer Willenskräfte und das Sichablösen von uns selber zu einer anfänglich noch tieferen Erfassung der Christuskräfte. Diese liegen nämlich dem beschriebenen Willens-Erleben ebenso zugrunde, wie dem gesteigerten Denkerleben.

Die Erfahrung des menschlichen Gegenübers führt uns

im Schicksalserleben nämlich auf einen Weg zunehmender Selbstlosigkeit. Wir erleben mit einem Mal nicht mehr uns selbst als Mittelpunkt, sondern wir erleben die anderen, die uns umgeben als zu uns gehörig. Wir beginnen zu ahnen, dass wir als Menschen alle miteinander zusammengehören, wir spüren, dass es etwas Höheres im Menschen gibt, das ihn mit allen anderen Menschen verbindet. Wir fangen an, den Menschen, der den Christus in sich aufgenommen hat, zu erfühlen, die Urseele der Menschheit. Dieses Erleben ist kein Erlebnis der Fülle, im Gegenteil, es ähnelt einem Erleben der Schwäche, ja der Ohnmacht, die wir oben bereits als die Gefahr des Sichverlierens kennen gelernt hatten. Dieses Erleben kann auch als Ohnmacht, sich dem eigenen Doppelgänger zu stellen, auftreten. Es wird allerdings häufig dadurch betäubt, dass, wenn man darauf nicht achtet, eine verstärkte Sehnsucht nach materiellen Inhalten und deren Befriedigung einsetzt.

«Dann, wenn man genügend kräftig diese Ohnmacht empfindet, dann kommt der Umschlag. Dann kommt das andere Erlebnis, das uns sagt: Aber wir können, wenn wir uns nicht an dasjenige hingeben, was zu erreichen wir durch unsere Leibeskräfte allein imstande sind, wir können, wenn wir uns hingeben an dasjenige, was uns der Geist gibt, überwinden diesen innerlichen Seelentod. Wir können die Möglichkeit haben, unsere Seele wiederzufinden und an den Geist anzuknüpfen. Wir können erleben die Nichtigkeit des Daseins auf der einen Seite und die Verherrlichung des Daseins aus uns selber, wenn wir hinüberkommen über das Spüren der Ohnmacht. Wir können die Krankheit spüren in unserer Ohnmacht, wir können aber auch den Heiland, die heilende Kraft spüren, wenn wir die Ohnmacht erlebt haben, dem Tode verwandt geworden sind in unserer Seele. Indem wir den Heiland spüren, fühlen wir, dass wir etwas in unserer Seele tragen, das aus dem Tode jederzeit auferstehen kann im eigenen inneren Erleben. – Wenn wir diese zwei Erlebnisse suchen, finden wir in unserer eigenen Seele den Christus.»[49]

Die Verstärkung der Bewusstseinskräfte, die zu Auferstehungskräften werden können, kann diesem Ohnmachtserleben nun an die Seite gestellt werden, woraus man sehen kann, dass die beiden Übrichtungen, die Verstärkung der Denkkräfte und die Verstärkung der Erinnerungskräfte unbedingt zusammengehören. Es sind eben *zwei* Erlebnisse, die zum Überwinden der Ohnmacht notwendig sind.

Die Überwindung von Ohnmacht können wir zum Beispiel auch wiederfinden in der Biografie von Menschen, die während der Zeit des Nationalsozialismus Widerstand geleistet und sich den herrschenden Zwängen entgegengestellt haben wie etwa der portugiesische Konsul *Aristides de Sousa Mendes*. Nicht sein eigenes Wohlergehen, sondern das Schicksal Zehntausender Verfolgter war ihm das Wichtige, für das er sein eigenes Wohl und Wehe hintanstellte.[50] In ihm erscheint uns ein Mensch, der durch Tod und Auferstehung hindurchgegangen ist. Ein Mensch der gegen ausdrückliches Verbot Zehntausenden das lebensrettende Visum zur Ausreise aus dem von den Nazis besetzten Frankreich ausstellte, der das Prinzip verfolgte, das keine Nationalitäten, keine Rassen und Religionen mehr kennt und nur noch für die ganze Menschheit da sein will, und der dafür auch seine Angst vor dem Tod überwunden hat. Nicht umsonst hat deshalb Rudolf Steiner darauf hingewiesen, dass das ätherische Erleben des Christus sich im Angesicht des Bösen, insbesondere in der Zeit zwischen 1933 und 1945 vollziehen würde.[51]

Aber noch ein Weiteres kommt hier in Betracht. Rudolf

Steiner hat im Zusammenhang mit dem Erleben des Christus im Ätherischen auch über eine Erweiterung der Erinnerungsfähigkeit durch die Belebung des Ätherleibes gesprochen:

«Zurückblicken wird der Mensch können auf sein Leben und sagen wird er sich: So wie ich mich erinnere, so wie die Kraft des Gedächtnisses in mir lebt, so lebt in diesem Gedächtnis der hineingegossene Christus-Impuls. Der Weg, der den Menschen geboten wird, immer mehr und mehr wahr zu machen die Worte: Nicht ich, der Christus in mir, – der Weg wird dadurch geebnet, dass in die Erinnerungskraft allmählich der Christus-Impuls einziehen wird. Er ist jetzt noch nicht darinnen. Wenn er darinnen sein wird, wenn nicht nur im Verständnis des Menschen der Christus-Impuls lebt, sondern wenn der Christus-Impuls sich über den ganzen Saum, über den ganzen Streifen von Erinnerungen ausgießen wird, dann wird der Mensch zum Beispiel nicht nur angewiesen sein darauf, aus äußeren Dokumenten Geschichte zu lernen, denn dann wird sich seine Erinnerungskraft erweitern.»[52]

Diese Aussage wird uns aus allem, was wir bisher über die Ätherisierung der Denkkräfte gehört haben, verständlich, denn der Ätherleib ist ja der Träger der Erinnerungskräfte. Ebenso, wie die gewöhnliche Gedankenkraft auf verwandelten Lebenskräften beruht, die vom Ich und Astralleib her nicht mehr der äußeren Sinneswahrnehmung zugetragen, sondern in sich selbst erkraftet und dadurch zu geistigen Imaginationen werden, ebenso können nun die Erinnerungsvorstellungen, die ebenfalls auf verwandelten Lebenskräften beruhen, vom Leibe gelöst und dadurch verstärkt werden. Dann kann die Erinnerungskraft sich mit den Christuskräften verbinden.

Wir wollen diesen verstärkten Erinnerungsvorgang noch genauer untersuchen. Wie kommt es, dass wir die durch die

Verwandlung der Lebenskräfte entstandenen Vorstellungen im Ätherleib aufbewahren können?

Rudolf Steiner stellt diesen Zusammenhang so dar, dass er zunächst die Bildung der Vorstellung beschreibt, wie wir sie bereits im ersten Kapitel angeschaut haben, ätherische Bildekräfte, die vorher am Leibe tätig waren, werden verwandelt, ätherisiert und dienen nun der Vorstellungsbildung, können unsere im Astralleib lebenden Erlebnisse «spiegeln» und uns dadurch zum Bewusstsein bringen. Wodurch aber können sie bleiben, wodurch gelingt es, dass sie nicht wieder verloren gehen? Dadurch, dass sie im Ätherleib aufbewahrt werden und nicht in den physischen Leib zurücksinken:

«Aber nicht nur so wirkt unsere Seele, dass sie diese Erinnerungsbilder schafft, sondern sie wirkt viel mehr durch ihren Verkehr mit der Außenwelt im Leben zwischen Geburt und Tod in sich hinein. Und da entdeckt der Geistesforscher das Merkwürdige, dass unsere Erinnerungen nur deshalb Vorstellungen bleiben, weil sie aufgehalten werden vom Ätherleib, nicht in den physischen Leib hineingelassen werden. Würden sie in den physischen Leib hineinrinnen, würden sie darin zur Tätigkeit werden, diese Vorstellungen, so würden sie übergehen in die Bildungskräfte, in die Lebekräfte des physischen Leibes, würden diesen durchorganisieren. Dadurch, dass wir unsere Vorstellungen Vorstellungen sein lassen, sie nicht in organische Kräfte übergehen zu lassen brauchen, behalten sie den Charakter der Erinnerung, erhalten wir sie in ihrer Vorstellungskraft. Sie können Erinnerungen bleiben.»[53]

Die Erinnerungsvorstellung beruht also darauf, dass die zu Vorstellungskräften verwandelten Bildekräfte nun nicht mehr zurückverwandelt werden in die den Leib bildenden Bildekräfte.

Allerdings gibt es Ausnahmen, die sich vor allem beim alten Menschen zeigen. Erkrankt ein älterer Mensch schwer, dann benötigt der Leib, um zu überleben, mehr Bildekräfte, als er noch zur Verfügung hat. Deshalb werden nun doch auch die Vorstellungskräfte benötigt und werden zurückverwandelt in leibbildende Kräfte. Sie stehen deshalb nicht mehr als Erinnerungskräfte zur Verfügung! Daher das Nachlassen des Gedächtnisses beim alten Menschen, das in krassen Fällen dann vollständig verloren gehen kann. Allerdings betrifft diese Rückbildung von Gedächtniskräften nur das Kurzzeitgedächtnis, denn das Langzeitgedächtnis, das ja in früheren, besseren Zeit angelegt wurde, und keine neuen Lebenskräfte mehr benötigt, bleibt zumeist unberührt vom körperlichen Verfall.

Nun beschreibt Rudolf Steiner im Anschluss an die eben zitierte Darstellung der gewöhnlichen Erinnerungsfähigkeit aber auch eine höhere Erinnerungsfähigkeit. Diese Passage sei hier aufgrund ihrer Bedeutsamkeit in ausführlicher Länge zitiert:

«Aber die Seele entwickelt auch im Leben viel stärkere Kräfte als diejenigen sind, die die Erinnerungen entwickeln, und diese stärkeren Kräfte werden nun ebenfalls zunächst in der Seele bewahrt. Aber sie liegen wie ein Übergedächtnis hinter dem gewöhnlichen Gedächtnisschatz; sie sind in uns. Das ist das, was nun der Geistesforscher erlebt, wenn er durch das Gedächtnis hindurchschaut auf diesen übergedächtnismäßigen Schatz, dass er weiß: Da lebt in deiner Seele etwas, was nicht hineinwirken kann in deinen physischen Leib, was unter der Oberfläche des Gedächtnisses liegt, aber auch nicht zur Wirksamkeit kommt in deinem physischen Leibe, jetzt, wie er ist zwischen Geburt und Tod. Da ist etwas, was nicht Vorstellung bleibt, was doch aber nicht zur organisch wirksamen

Kraft wird. Der Geistesforscher erlebt dieses, indem er außerhalb seines Leibes ist. Aber er erlebt zugleich das andere, das er ausdrücken kann, wenn er sich über die Tatsache klarwerden wird, damit, dass er sagt: Ja, so erlebe ich etwas in meiner Seele, was in ihr ist, was gewissermaßen keine Anwendung findet, weil es nicht hinein kann in den Leib, der gebildet ist seit der Geburt oder, sagen wir, der Empfängnis, weil es darin keine Unterkunft findet. Und indem sich nun der Geistesforscher hineinvertieft in dies, was ich hier angedeutet habe, erlebt er es so, dass er es erkennen kann, wie man erkennt den Keim, der in einer Pflanze ist. Die Pflanze entwickelt sich von der Wurzel bis zur Frucht, in welcher der Keim ist. Der Keim ist aber schon veranlagt in der ganzen Pflanze. Das, was Keim ist, hat für diese Pflanze keinen Sinn, es kann seine Kräfte nicht in diese Pflanze hineinsenken; es ist aber darinnen, es ist die Anlage zu einer folgenden Pflanze, sagen wir, des nächsten Jahres. Indem der Geistesforscher hinuntertaucht, taucht er ein in etwas, was in ihm ein Seelenkern, ein Seelenkeim ist, von dem er weiß, er wird gebildet in diesem Leben zwischen der Geburt und dem Tode, aber er entwickelt seine Kräfte nicht in diesem Leben; er taucht da unter in die tieferen Schichten der Seele und liegt bereit für ein folgendes Leben, wie in der Pflanzenfrucht der Keim bereitliegt für die folgende Pflanze, die sich nicht ohne die vorhergehende entwickeln könnte.

So kommt man zu der Einsicht des Einklanges der menschlichen aufeinanderfolgenden Erdenleben mit aller äußeren Natur, wenn man so unterzutauchen versteht in das Seelische. Das, was wichtig ist, ist nur, dass der Geistesforscher nie aus den Augen verliert: Das, was du da erleben musst, das kann nur ein solches sein, bei dem du immer wieder und wiederum dir deiner eigenen Tätigkeit bewusst wirst; denn ist man das nicht, überschaut man nicht, wie das entstanden ist, dann wird es zur Illusion, Halluzination oder zur bloßen Phantasie.»[54]

Es gibt also auch seelische Kräfte, die gar nicht hineingehen in eine leibliche Tätigkeit. Diese können erst dann zum Ausdruck gebracht, sprich erinnert werden, wenn die Bildekräfte noch weiter vom Physischen abgelöst sind und dadurch in keiner Verbindung mit der jetzigen Leibesbildung mehr stehen. Das heißt, dass sich ein geistiges Wesen frei vom Leibe selbst erfassen kann. Diese Entwicklungsstufe bezeichnete Rudolf Steiner als die Stufe der Intuition. Dieses Sich-selbst-Erfassen liegt ja auch dem gewöhnlichen Erinnerungsvorgang zugrunde: Etwas von mir Erlebtes wird als solches von mir wieder erinnert, ich erfasse mich selbst, indem ich mich erinnere. Das Erinnerungsvermögen ist somit Voraussetzung dafür, dass wir uns als ein Ich, als ein mit sich identisches Wesen erleben können. Dieses benötigt aber die leibliche Grundlage von Ätherleib und physischem Leib, mit denen wir uns deshalb auch identifizieren. Ein über den gewöhnlichen Erinnerungsvorgang hinausreichendes Erinnerungsvermögen kann nur dann entstehen, wenn diese jetzige Leibesgrundlage dafür nicht mehr berücksichtigt werden muss.

«Lebt man sich ein in das, was das Ewige der Seele erlebt hat, dann hat man die kosmische Umgebung um sich, wie man seine persönliche Umgebung durch das gewöhnliche Gedächtnis um sich hat. Es ist dieses übersinnliche Vermögen des Lesens in der sogenannten Akasha-Chronik, das heißt in demjenigen, was man überblickt durch die Erlebnisse der Seele in Bezug auf das Ewige der Seele, es ist nichts anderes als dass sich in der Seele diese Erlebnisse darstellen, offenbaren, dass man gewissermaßen das gewöhnliche Gedächtnis, das sonst bis zur Geburt – oder wenigstens bis zu einem Punkte nahe der Geburt – liegt, dass man dieses Gedächtnis erweitert zum kosmischen Anschauen.»[55]

Damit kommen wir aber hinaus über das uns hier beschäftigende Erwachen des Bewusstseins im Ätherischen. Hier sollte nur der Weg angedeutet werden, der zu jener Erweiterung der Erinnerungskräfte hinführen kann.[56]

Dennoch sagt Rudolf Steiner im Zusammenhang mit der besprochenen Erweiterung und Belebung der Ätherleiber und dem Erwachen des Bewusstseins im Ätherischen auch die Belebung der Erinnerungsfähigkeit gewissermaßen auf natürlichem Wege voraus. Warum aber bemerken wir sie dann heute noch nicht?

Die Geister der Finsternis und die mit ihnen in Verbindung stehenden okkulten Bestrebungen sind in keiner Weise daran interessiert, dass sich ein Wissen über das Leben nach dem Tod und über wiederholte Erdenleben ausbreitet. Gerade an dieser Stelle wird am vehementesten dafür gesorgt, dass sich hierüber ja kein konkretes Bewusstsein bilden kann. Die Medienwelt ist daher *das* Gegenmittel zur Verhinderung der Verlebendigung und Erweiterung der ätherischen Kräfte, die unserem Erinnerungsvermögen zugrunde liegen. Umso mehr müsste daran gearbeitet werden, diese Kräfte gegen alle Widerstände zu verstärken. Wir benötigen in diesem Sinne eine neue Erinnerungskultur.[57]

Eine solche forderte Rudolf Steiner als eine Art Gegenimpuls gegen die «Impfung gegen alles Spirituelle» besonders für die Zeit des Jugendalters:

«In die Erziehung müssen viel konkretere, viel bestimmtere Maximen eintreten als diejenigen, die heute so verworren in der Pädagogik geltend gemacht werden. Vor allen Dingen muss der Trieb in den Menschen eingepflanzt werden, öfter in seinem Leben zurückzuschauen, aber in der rechten Weise. Was der Mensch als Erinnerungen früherer Erlebnisse oftmals entwickelt, hat ja heute meistens noch einen sehr selbstischen Charakter. Sieht man mehr selbstlos zurück auf das, was man in Kindheit, Jugendzeit und so weiter erlebt hat, je nach dem Alter, das man erreicht hat, dann tauchen wie aus grauer Geistestiefe verschiedene Menschen auf, die nach den verschiedensten Verhältnissen hin an unserem Leben Anteil gehabt haben.»[58]

Kommen wir nun aber nochmals zurück auf die Medienwelt, die in zunehmendem Maße die Entwicklung der Erinnerungskräfte gefährdet.

Digitale Demenz: Wie Handy, Internet & Co. die Erinnerungskräfte schwächen

In den letzten zehn Jahren, parallel mit der beschriebenen Medienentwicklung, hat sich eine weitere Gefahr für die Entwicklung der freien ätherischen Kräfte wie eine Seuche über die Menschheit ausgebreitet: die Handy- und Internetsucht. Man braucht nur um sich zu sehen, sei es im Supermarkt beim Einkauf, sei es am Bahnsteig, sei es im Zug oder anderswo, überall sieht man Menschen jeglichen Alters wie gebannt auf ihr Handy starren oder telefonierend durch die Gegend wandeln. Was liegt hier vor?

– Beispiel 1, im Supermarkt: Hier kann man in zunehmendem Maße beobachten, wie erwachsene Menschen sich vor dem Einkauf offensichtlich nicht orientiert haben, was sie eigentlich einkaufen wollen und nun ratlos vor den Regalen umherirren, zu Hause anrufen und nachfragen, was sie denn eigentlich einkaufen sollen. Anstatt sich willentlich zu bemühen, eine Einkaufsliste zu erstellen, ob nun aufgeschrieben oder gar im Kopf, ersetzen diese Menschen die willentliche Anstrengung der Gedächtniskräfte durch den Griff zum allgegenwärtigen Handy und erstellen ihre Einkaufsliste durch Nachfragen.

- Beispiel 2, im Zug: Allein fahrende, durchaus aber auch ältere Reisende, haben es heutzutage sichtlich schwer, ihr Alleinsein zu ertragen. Sie greifen unablässig zu Ihrem Handy, um darauf etwa einkommende Nachrichten zu lesen, um im Internet irgendetwas nachzuschauen oder natürlich, um zu telefonieren und die bevorstehende Ankunft vorwegzunehmen und jetzt schon zu besprechen, was man eigentlich nach der Ankunft besprechen könnte.
- Beispiel 3, die allgegenwärtige digitale Kamera: Unentwegt werden per Handykamera oder digitaler Pocketkamera Fotos geschossen, werden Wahrnehmungen ersetzt durch digitale Daten, die anschließend sofort weiterverbreitet werden können. Was früher nur den Japanern nachgesagt wurde, ist heute ein weltweit verbreitetes Phänomen.

Was verbindet alle diese Phänomene? Es ist zum einen die zunehmende Willensschwäche, sich nicht anzustrengen, beispielsweise eine Einkaufsliste zu erstellen, oder einen Eindruck erst einmal selbstständig in sich aufzunehmen, um ihn dann später wieder erinnern zu können. Das digitale Handy ersetzt in erster Linie die Kräfte der Erinnerung und leistet somit einer digitalen Demenz Vorschub!

Wo die Erinnerungskräfte nachlassen und nicht mehr betätigt werden, kann sich die heute epidemisch ausbreitende Volkskrankheit Alzheimer, deren Ursachen und Zusammenhänge entgegen medizinischer Verlautbarungen keinesfalls wirklich geklärt sind,[59] weiter ausbreiten. Wir haben es hier aufgrund der nachlassenden Gedächtniskräfte offensichtlich mit einer schleichenden Vergreisung unserer Gesellschaft zu tun.

Wo man früher eigenständig etwas mit sich selbst anzufangen wusste, wo die in sich ruhende Individualität aus sich heraus tätig wurde, da war und ist die Grundlage immer ein funktionierendes Gedächtnis. Nur wer sich erinnern kann, kann Individualität, kann ein Ich sein. Das Ich beruht auf der Kraft der Erinnerung.

Schauen wir aber noch etwas genauer auf diesen Bereich der Erinnerungskräfte, dann ergibt sich wiederum ein erstaunlicher Zusammenhang mit dem bereits im zweiten Kapitel erläuterten Verhältnis der Engelwesen zu den «Geistern der Finsternis», die wir als in das materielle Bewusstsein des Menschen gefallene Engel bezeichnet haben.

Rudolf Steiner hat in diesem Zusammenhang dargestellt, wie unsere Erinnerungstätigkeit uns nur in der Welt unseres Vorstellens bewusst ist. Wie die Erinnerung aber zustande kommt, entzieht sich dem Bewusstsein. So schildert er in einem Vortrag[60] wie unser Gehirn aus mehreren Schichten aufgebaut ist. Lediglich in der obersten Schicht leben unsere wachen Vorstellungen, unsere Erinnerungen hingegen liegen eine Schicht darunter und sind unserem Bewusstsein nur als Vorstellungen zugänglich. Sie haben, so Steiner, eigentlich Willenscharakter, und sie entstehen jeweils parallel zu unseren bewussten Wahrnehmungen:

«So dass eigentlich unser Tagesbewusstsein im Vorstellen sitzt; aber unter dem Vorstellen, da sind gewisse Vorgänge, die uns auch nur durch das Vorstellen heraufkommen, nämlich durch die Erinnerungsvorstellungen. Unter diesem Vorstellen liegt das Vernehmen, das eigentliche Wahrnehmen, und unter diesem erst das Fühlen. So dass wir intimer an der Hauptesorganisation, an der Denkorganisation das Vorstellen und das Wahrnehmen unterscheiden können. Das haben wir dann, was wir vernommen haben, an das können wir uns dann erinnern. Aber es bleibt eigentlich schon stark unbewusst. Es kommt nur herauf ins Bewusstsein in der Erinnerung. Was da eigentlich vorgeht im Menschen, das schon erlebt der Mensch eigentlich nicht mehr. Wenn er wahrnimmt, erlebt er die Vorstellung. Die Wirkung der Wahrnehmung geht in ihn hinein. Er kann aus dieser Wirkung die Erinnerung wachrufen. Aber da beginnt schon das Unbewusste.

Nun, sehen Sie: Wo wir im wachen Tagesbewusstsein vorstellen, nur da sind wir eigentlich selbst als Mensch, da haben wir uns als Mensch. Wo wir mit unserem Bewusstsein nicht hinreichen – nicht einmal zu den Ursachen der Erinnerungen reichen wir –, da haben wir uns nicht als Mensch, da sind wir in die Welt eingegliedert. Genau wie es im physischen Leben ist: Sie atmen ein, die Luft, die Sie jetzt in sich haben, war kurz vorher draußen, war Weltenluft; jetzt ist sie Ihre Luft. Nach kurzer Zeit übergeben Sie sie wieder der Welt: Sie sind mit der Welt eins. Die Luft ist bald draußen, bald drinnen, bald draußen, bald drinnen. Sie wären nicht Mensch, wenn Sie nicht so mit der Welt verbunden wären, dass Sie nicht nur das haben, was innerhalb Ihrer Haut ist, sondern dasjenige, womit Sie zusammenhängen mit der ganzen Atmosphäre. Ebenso wie Sie nach dem Physischen zusammenhängen, so hängen Sie in Bezug auf Ihr Geistiges – in dem Augenblick, wo Sie ins nächste Unterbewusste herunterkommen, in diejenige Region, aus der die Erinnerung aufsteigt –, so hängen Sie da zusammen mit dem, was man die dritte Hierarchie nennt: Angeloi, Archangeloi, Archai. So wie Sie durch Ihr Atmen mit der Luft zusammenhängen,

hängen Sie durch Ihre Hauptesorganisation, das heißt die untere Hauptesorganisation, die nur mit den äußeren Gehirnlappen bedeckt ist – die gehört einzig und allein der Erde an –, mit demjenigen, was darunter ist, mit der dritten Hierarchie zusammen, mit Angeloi, Archangeloi, Archai.»[61]

Das heißt, dass mit unserem normalen Erinnerungsvermögen, das eben unbewusst bleibt, die Engel verbunden sind.

Schauen wir nun auf die elektronischen Surrogate des Erinnerns, auf die digitalen Speichermedien und deren Verwendung. Wir sehen, dass an die Stelle der eigenen, mit den Engeln verbundenen, willenshaften Erinnerungsarbeit jetzt die Geister der Finsternis treten, die wir aufgrund der physiologischen Darstellung Steiners nun der äußeren Gehirnsphäre, die mit dem materiellen Wahrnehmen und Vorstellen verbunden ist, zuordnen können. Offensichtlich verlagert sich mit zunehmender Nutzung der digitalen Speichermedien die Gehirntätigkeit mehr und mehr in die äußeren Gehirnbereiche, die an das materielle Vorstellen und Wahrnehmen gebunden sind, zu Ungunsten der darunter liegenden tieferen Hirnareale, die unserem Bewusstsein nicht zugänglich sind, in denen aber die Wesenheiten der dritten Hierarchie und nicht die Geister der Finsternis wirksam sind. Dass die Tätigkeit dieser Geister, obwohl sie in dem unserem Bewusstsein zugänglichen Bereich des Vorstellens stattfindet, nicht bemerkt wird, hängt wohl damit zusammen, dass sich diese Geister in dem untersinnlichen Bereich der elektronischen Medien quasi hinter der Bildschirmoberfläche «getarnt» verstecken können.

Damit einher geht in der pädagogischen Praxis nun auch eine immer stärkere Vernachlässigung der Handschrift. In den Schulen wird heute zunehmend darüber geklagt, dass die Schüler unwillig seien, die Handschrift überhaupt zu erlernen, weshalb man zunehmend dazu übergeht, gleich am Computer schreiben zu lernen. Das Schreiben mit der eigenen Hand aber ist, ebenso wie das Lesen, eine Ich-Tätigkeit. Die Schrift und das Lesen bilden die Individualität aus, ja sie sind kulturgeschichtlich betrachtet Ausdruck der Individualitätsentwicklung schlechthin.[62] Am Computer wird aber nicht einmal mehr eine Tastatur benötigt, sondern mit tapsenden Fingern auf der Bildschirmoberfläche herumgewischt wie bei Säuglingen, die ihre ersten Tasterfahrungen machen.

Die nachlassende Fähigkeit, alleine mit sich sein zu können, ohne sich ständig irgendwo rückversichern zu müssen, dass man noch da ist, zeugt von einem erschreckenden Verfall der willensgestützten Erinnerungskräfte. Diese Willensschwächung wird durch die Allgegenwart der Handys massiv unterstützt, wenn sie nicht sogar durch diese ausgelöst wird. Die nachlassende Fähigkeit genauer, eigenständiger Wahrnehmung, die durch die digitalen Wahrnehmungen der Kameras unterstützt wird, verstärkt diesen Effekt noch, denn wer nicht richtig wahrnimmt, kann auch nichts mehr erinnern. Individualitätsbildung wird durch die hinter der Bildschirmoberfläche liegende Tätigkeit der Geister der Finsternis ersetzt.

Die digitale Demenz greift dadurch mehr und mehr um sich, weil die scheinbare Erleichterung und die angenehme permanente Umschmeichelung, die diese Geräte erzeugen, die der Wahrnehmungs- und Erinnerungsfähigkeit zugrunde liegenden Kräfte mehr und mehr aushöhlen und zersetzen.

Warum aber hängen die Erinnerungskräfte mit dem Willen zusammen?

Hier haben wir es mit einer fundamentalen Fehleinschätzung im Hinblick auf das Menschenbild zu tun, das heute zunehmend von der Hirnforschung diktiert wird. Durch die enormen Mengen an Untersuchungen und Studien, die alle auf das Gehirn als Träger der Sinnes-Nerven-Funktion ausgerichtet sind, ist man heute der Ansicht, der Mensch bestände eigentlich nur aus dem dem Sinnes-Nerven-System angegliederten Gehirn, durch das sämtliche Funktionen des menschlichen Organismus gestützt seien. Nur wenige Kritiker bemerken diese Einseitigkeit und bezeichnen das Gehirn daher nicht als Schaltzentrale, sondern eher als «Beziehungsorgan», das mit dem übrigen Leib und damit mit den anderen beiden Gliedern unseres Organismus in ständiger Korrespondenz steht.[63] Machen wir uns anhand der Menschenkunde Rudolf Steiners daher ein genaueres Bild:

«Nehmen wir einmal an, um davon auszugehen, wir leben in dem Wahrnehmen eines Bildes; wir leben also in dem Wahrnehmen von etwas, was vorzugsweise durch das Sehorgan vermittelt wird, einer Zeichnung, irgendeiner beliebigen Form, die in unserer Umgebung lebt, kurz von irgendetwas, was unser Seeleneigentum dadurch wird, dass wir Augen haben. Da müssen wir nun unterscheiden zwischen drei sehr scharf voneinander zu sondernden inneren Tätigkeiten: erstens dem Wahrnehmen als solchem. Dieses Wahrnehmen als solches spielt sich eigentlich im Sehorgan ab.

Dann haben wir davon zu unterscheiden das Verstehen. Und wir müssen uns hierbei über eines klar sein: alles Verstehen wird vermittelt durch das Rhythmische System des Menschen, nicht durch das Nerven-Sinnes-System. Durch das Nerven-Sinnes-System wird lediglich das Wahrnehmen vermittelt; und wir verstehen zum Beispiel irgendeinen Bildvorgang auch nur dadurch, dass sich der rhythmische Vorgang, der reguliert wird vom Herzen und von der Lunge, durch das Gehirnwasser in das Gehirn hinauf fortpflanzt. Jene Vibrationen im Gehirn, die dort vorgehen und die ihre Erregung im Rhythmischen System des Menschen haben, vermitteln in Wahrheit körperlich das Verstehen. Verstehen können wir dadurch, dass wir atmen.

Sie sehen, wie falsch heute vielfach diese Dinge von der Physiologie angesehen werden! Das Verstehen, so glaubt man, hätte etwas zu tun mit dem Nervensystem des Menschen. In Wirklichkeit aber beruht es darauf, dass das Rhythmische System dasjenige in Empfang nimmt, was von uns wahrgenommen und vorgestellt wird, und es weiterverarbeitet. Dadurch aber, dass das Rhythmische System mit dem Verstehen zusammenhängt, kommt das Verstehen in enge Beziehung zum Fühlen des Menschen. Und wer intime Selbstwahrnehmung pflegt, wird sehen, welche Zusammenhänge bestehen zwischen dem Verstehen und dem eigentlichen Fühlen. Im Grunde genommen müssen wir die Wahrheit eines Verstandenen fühlen, wenn wir uns dazu bekennen wollen. Es treffen da eben in uns zusammen dasjenige, was vom verstehenden Erkennen kommt, mit dem Seelischen des Fühlens durch das Rhythmische System.

Dann aber gibt es noch ein Drittes: das ist, die Sache so aufzunehmen, dass das Gedächtnis sie behalten kann. Wir haben also bei jedem solchen Vorgang zu unterscheiden: Wahrnehmen, Verstehen und soweit innerliches Verarbeiten des Verstandenen, dass das Gedächtnis es behalten kann. Und dieses Dritte ist nun verbunden mit dem Stoffwechselsystem. Jene feinsten inneren Stoffwechselvorgänge, die im Organismus vor sich gehen, auf die wir wohl zu achten haben, und die uns namentlich als Erzieher bekannt sein müssen, hängen mit dem Gedächtnis, mit dem Erinnerungsvermögen zusammen.»[64]

Im Überblick ergibt sich also das folgende dreigliedrige Bild:
Wahrnehmen: Sinnes-Nerven-System
Verstehen: Rhythmisches System
Erinnern: Stoffwechsel-Gliedmaßen-System

Mit dem Nervensystem und dem, was die Hirnforschung heute untersucht, hängt nur das Wahrnehmen und Denken zusammen. Das Verstehen hängt, wie wir bereits anhand der Entwicklung der freien Kräfte gesehen haben, mit dem Atem zusammen und das Erinnern beruht, wie wir anhand des vorhergehenden Zitates von Steiner gesehen haben, auf einer Stoffwechseltätigkeit, die sehr wohl im Gehirn ihren Spiegel haben kann, dennoch aber an den Willen und nicht an eine Nerventätigkeit gebunden, deshalb aber auch unserem Bewusstsein entzogen ist.

Den Zusammenhang von Stoffwechsel und Erinnerungstätigkeit zeigen jüngste Untersuchungen an der Uni Tübingen auf, wo Probanden, denen Zucker vorenthalten wurde, sich nach einer Nacht schlechter erinnern können als solche, denen man den Zucker gelassen hatte. Es zeigte sich bei diesen Untersuchungen, dass im Schlaf in jenen Gehirnarealen, die die Gedächtnisfunktion stützen, ein besonders starker Zuckerstoffwechsel zu beobachten war.[65]

Dass die Erinnerungskraft mit dem Willen zusammenhängt, zeigt sich jedes Mal auch dann, wenn wir uns vorgenommen haben, an etwas zu denken, und dann mit Erschrecken feststellen, dass wir es doch vergessen haben, beispielsweise eine bestimmte Unterlage, die wir unbedingt hatten einstecken wollen. Man bemerkt dann, wenn man etwas vergessen hat, dass es eine Willensschwäche war, dass man eben doch nicht wachsam war, und daran gedacht hat, die Unterlage einzustecken.

Daher sind die Übungen, die Rudolf Steiner nun in weiser Voraussicht für die Stärkung der Gedächtniskräfte angegeben hat, Willensübungen![66]

Die einfachste Willensübung ist die so genannte Initiativhandlung, die oben beschrieben wurde. Hinzu kommen aber Übungen eines rückwärtsgewandten Vorstellens. Hier geht es darum, einen Vorgang nicht in der gewohnten Weise vorwärts vorzustellen, beispielsweise eine Novelle, die man gut kennt, ein Drama, das man liebt oder einen anderen Handlungsablauf, sondern in rückwärtiger Reihenfolge:

«Um das zu verdeutlichen, will ich ein Beispiel nehmen aus der Lebenspraxis, um zu zeigen, wodurch es geschehen kann, dass Sie tatsächlich eine Stärkung Ihres Ich herbeiführen. Gewöhnlich erleben Sie die Lebensereignisse so, dass Sie einfach dem fortlaufenden Strom des Erlebens folgen. Wenn eine Glocke tönt, einmal, ein zweites, ein drittes Mal anschlägt, so hören Sie zuerst den ersten, dann den zweiten und dann den dritten Ton. Dann sind Sie aber fertig. Wenn Sie ein Drama anhören, hören Sie die einzelnen Teile hintereinander; dann sind Sie fertig. Das heißt, Sie leben in dem Ätherleibe mit dem fortlaufenden Strom. Nehmen wir aber an, Sie betreiben es systematisch, den umgekehrten Strom sich anzueignen, Sie gewöhnten sich daran, Dinge, die Sie sonst nur in der einen Richtung verfolgen, auch umgekehrt zu verfolgen. Zum Beispiel, Sie nehmen sich vor, einige Ereignisse des Tages in umgekehrter Reihenfolge zu erinnern. Wenn Sie so das Tagesleben rückwärts betrachten, dann folgen Sie nicht dem gewöhnlichen Ich-Strom, der dadurch zustande kommt, dass das Ich im Ätherleibe lebt, sondern Sie folgen dann dem entgegengesetzten Strom, dem Strom des Astralleibes. Wenn Sie zum Beispiel das Vaterunser statt, wie Sie gewohnt sind, es vorwärts zu beten, es jetzt rückwärts beten, dann folgen Sie einem dem gewöhnlichen Strom der Ereignisse entgegengesetzten Strom. Das ist nicht der gewöhnliche Strom, der dadurch zustande kommt, dass das Ich den Ätherleib ausfüllt. Und die Folge ist, dass Sie Ihrem Ich dadurch eine Kraftzufuhr bereiten aus dem astralischen Strom heraus. Dann tritt in der Tat eine Erinnerungsfähigkeit ein in ganz gewaltigem Maße. Ich selbst habe in meiner Erziehertätigkeit bei meinen Schülern dahin gewirkt, damit sie eine Stärkung des Gedächtnisses für später haben sollten, dass sie gewisse Dinge, die man sonst nur in einer Richtung lernt, auch in der umgekehrten Richtung lernten und immer wieder und wieder üben mussten. So wird die Härteskala der Mineralien gewöhnlich in der folgenden Reihenfolge gelernt: 1. Talk, 2. Steinsalz, 3. Kalkspat, 4. Flussspat, 5. Apatit, 6. Orthoklas oder Kalifeldspat, 7. Quarz, 8. Topas, 9. Korund, 10. Diamant. Da habe ich nun die Schüler neben dieser Aufzählung auch immer wieder die umgekehrte Reihenfolge üben lassen: Diamant, Korund, Topas, Quarz, Orthoklas, Apatit, Flussspat, Kalkspat, Steinsalz, Talk. Das ist eine außerordentlich gute Übung – besonders wenn sie zu guter Zeit im Kindheitsalter vorgenommen wird – für die Stärkung der Gedächtniskraft.»[67]

Hier sieht man, wie vorausschauend Rudolf Steiner auch für die Pädagogik solche Willensübungen angegeben hat. Und noch eine weitere Übung beschreibt er an dieser Stelle, die nun für den älteren Menschen sehr hilfreich sein kann:

«Eine andere Übung gibt es dafür noch, eine Übung, die wieder mit alledem zusammenhängt, was wir in den verflossenen Tagen und auch heute betrachtet haben, und die besteht in Folgendem. Nehmen wir an, jemand leide an auffallendem Gedächtnisschwund, und er gibt sich die Mühe, irgendeine Beschäftigung, die er in der Jugend vorgenommen hat, mit voller Hingabe wieder vorzunehmen. Denken Sie, der Betreffende stände jetzt im siebenundvierzigsten Lebensjahr, und er habe sich mit fünfzehn Jahren besonders befasst mit einem Buche, das ihm damals sehr große Freude gemacht hat, und er nimmt dieses Buch jetzt wieder vor und versucht es von neuem durchzugehen. Wenn Sie in einem solchen Falle dieselben Tatsachen wieder vor Ihre Seele rufen, kommt Ihnen der neue Strom entgegen, und Sie stärken sich aus dem astralischen Strom, der Ihnen aus der Zukunft entgegenkommt. Wenn das ausgeführt wird von einem Menschen, wenn er zum Beispiel als ein Greis wieder an Beschäftigungen geht, die er zwischen dem siebenten und vierzehnten Jahre getrieben hat, dann ist das eine ganz besondere Hilfe zur Aufbesserung des Gedächtnisses.»[68]

Auf diese Weise kann der angedeuteten Vergreisung und der dementiellen Entwicklung wirksam begegnet werden. Der Überbetonung der intellektuellen Kopfkräfte wird damit vom Willen her entgegengewirkt. Die scheinbare Befreiung durch die digitalen Geräte, die Nachahmung der freien Kräfte, muss durchschaut werden, und durch Betätigung der realen freien Kräfte, so eben auch der Gedächtniskräfte, überwunden werden. Nicht einer Umgehung der Technik soll damit das Wort geredet werden, sondern einem maßvollen und kontrollierten Umgang mit ihr!

Kommen wir zurück auf die Stärkung der ätherischen Kräfte und die Möglichkeiten, einer weiteren Schwächung derselben pädagogisch vorzubeugen.

Die Ätherisierung der Sprachkräfte durch die Kunst der Eurythmie

Auch wenn dies kein Buch über Eurythmie und der Autor kein Eurythmist ist, muss im Zusammenhang unseres Themas über die Eurythmie gesprochen werden. Die Eurythmie soll hier paradigmatisch auch für andere Künste stehen, auf die hier nicht näher eingegangen werden kann. Sie soll auf den engen Zusammenhang alles Künstlerischen mit unserem Thema der Übernatur aufmerksam machen.[69] Im Vorangehenden haben wir gesehen, wie das Erwachen des Bewusstseins im Ätherischen sich zunächst über eine Wiederbelebung des Denkens, eine Ätherisierung der Denkkräfte und eine Belebung der Willenskräfte im Erinnerungsvorgang vollziehen kann. Diese ist menschenkundlich und evolutionsbiologisch gesehen möglich aufgrund von Vorgängen, die mit dem Mysterium von Golgatha in Beziehung stehen. Dessen evolutionäre Vorstufen, die zur Ätherisierungsfähigkeit des Herzorgans und des Blutes und im Weiteren zur Plastizität unseres Gehirns und damit der Vorstellungskräfte geführt haben sowie die Verbindung der Sonnenwesenheit des Christus mit dem Lebensorganismus der Erde durch das Mysterium von Golgatha bilden die entscheidenden Voraussetzungen für die heutige Ätherisierung der Denk- und Erinnerungskräfte.

«Das Sonnenhafte, das der Mensch durch lange Zeiten nur aus dem Kosmos in sich aufnahm, wird im Innern der Seele leuchtend werden. Der Mensch wird von einer «inneren Sonne» sprechen lernen. Er wird sich deshalb in seinem Leben zwischen Geburt und Tod nicht weniger als Erdenwesen wissen; aber er wird das auf der Erde wandelnde eigene Wesen als *sonnengeführt* erkennen. Er wird als Wahrheit empfinden lernen, dass ihn im Innern eine Wesenheit in ein Licht stellt, das zwar auf das Erdendasein leuchtet, aber nicht in diesem entzündet wird.»[70]

Wir haben gesehen, wie Rudolf Steiner diesem Erleben durch die Veröffentlichung des *Anthroposophischen Seelenkalenders*, die im Dezember 1911 vorbereitet wurde, eine Lebensgrundlage geschaffen hat.

Nun ist es erstaunlich, dass genau zur selben Zeit die Grundlagen für eine weitere Ätherisation des menschlichen Organismus geschaffen wurden. Am 15. Dezember 1911 fand zwischen *Clara Smits*, der Mutter der späteren ersten Eurythmistin *Lory Maier-Smits*, und Rudolf Steiner jenes Gespräch statt, das in der Folge zur Begründung der Eurythmie führen sollte. Clara Smits, deren Mann soeben verstorben war, bat Rudolf Steiner um Rat im Hinblick auf ihre Lebenssituation. Dabei erkundigte er sich auch nach den Berufswünschen der jungen Lory, die im Begriff stand, eine Gymnastikausbildung zu beginnen. Er schlug daraufhin vor, mit Lory Smits eine neue Bewegungskunst, die spätere Eurythmie zu begründen.[71]

Diese beruht auf folgendem evolutionären Zusammenhang, der parallel zur Ätherisierung des Vorstellungslebens zu einer Ätherisierung der Sprachkräfte führen sollte. Bei der phylogenetischen Bildung des menschlichen Organismus bestand nicht nur die Gefahr einer Verhärtung und Pervertierung der Organe, es kam auch zu einer ebensolchen Bedrohung der Sprachkräfte.

«Durch den luziferischen und ahrimanischen Einfluss hätte im Sprechen alles unedel werden müssen, wenn der Mensch nur der Erde überlassen worden wäre, wenn nicht kosmisch-geistige Einflüsse, die zur Erde herunterkamen, in den Menschen sich herein ergossen hätten. Der Mensch würde seine ganze Lebenskultur so entwickelt haben, alle seine Leibesorgane, Kehlkopf, Zunge, Rachen und so weiter, ja auch die tieferliegenden Organe wie Herz und so weiter, insofern sie damit zusammenhängen, der Mensch würde sie so entwickelt haben in der atlantischen Zeit, wenn nichts geschehen wäre durch den Christus, dass der Mensch nur fähig gewesen sein würde, in ärmlichem Lallen auszusprechen – etwa nach Sibyllen- oder Medienart – dasjenige, was ihm egoistisch Schmerz, Freude, Lust, Wollust bereitet.»[72]

Diese Bedrohung wurde nun ebenso durch ein Opfer der Schwesterseele der Menschheit, des späteren Jesus von Nazareth, abgewendet, indem sie sich von der Sonnenwesenheit des Christus stellvertretend für die ganze Menschheit durchseelen ließ. Dadurch wurde die Plastizität und Ausdrucksfähigkeit der Sprache menschlich gewahrt.

Nun ist aber auch die Sprache, ebenso wie das Denken, im Laufe der Bewusstseinsentwicklung immer mehr Ausdruck rein materieller Bedürfnisse und Vorgänge geworden. Auch sie hat sich von ihrem geistigen Ursprung entfernt. Deshalb hatte Rudolf Steiner gemeinsam mit *Marie von Sivers*, seiner späteren Frau, ab 1906 begonnen, die Sprache durch die Kunst der Sprachgestaltung wieder zu beleben. Das Entscheidende hieran war, dass die Vorgänge, die bisher im Denken rein innerlich, oder anders gesprochen, wissenschaftlich zum Ausdruck gebracht worden waren, nun künstlerisch und damit äußerlich anschaubar hervortraten.[73]

Die durch die Sprachgestaltung vorbereitete Verlebendigung der Sprache trat nun durch die Bewegungskunst der Eurythmie auch in die Sichtbarkeit über. Ihren Bewegungen, die den Lauten der Sprache entsprechen, liegen jene feinen Bewegungen zugrunde, die unser Kehlkopf beim Sprechen vollzieht. Diese auch physiologisch sichtbar zu machenden Bewegungen beim Sprechen[74] werden in der Eurythmie auf den ganzen Menschen übertragen. Damit aber sollte dem vorherrschenden Materialismus, der bereits seit dem Ende des 19. Jahrhunderts auch immer mehr auf die Bewegung des Körpers in Form des Sports und seiner weltweiten Ausbreitung übergegriffen hatte, eine neue Bewegungskunst entgegengestellt werden. Durch die Eurythmie werden nicht materialistische, das heißt an der Schwere orientierte, sondern ätherische, an der Leichte orientierte Bewegungen auf den ganzen Menschen übertragen. Was bedeutet das?

In unserem Denk- und Vorstellungsleben wirken die verwandelten Bildekräfte unseres Leibes. Dieselben Bildekräfte werden nun auch in der Sprache, die ja an das Denken unmittelbar anknüpft, verwendet, um die Laute der Sprache zu bilden. Dies geschieht unsichtbar in den feinen Bewegungen, die der Kehlkopf, und dann Rachen, Gaumen und Zunge beim Sprechen ausführen. Diese Bewegungen werden auf die Luft übertragen und klingen dann als Laute der Sprache an unser Ohr.

Wir haben also auch hier wieder den Zusammenhang zwischen der Atembewegung in der Luft, in der der Astralleib lebt, und den Bildekräften des Ätherleibes. Diese werden jetzt nicht wie beim Denken über das Gehirnwasser ätherisiert und mit der Atmung in Zusammenhang gebracht, sondern mittels des Organs des Kehlkopfes. Dieser ist gewissermaßen ein weiteres Ätherisierungsorgan, durch das Seele und Leib in Zusammenhang gebracht werden. Das Seelische, das im Astralleib erlebt wird, kann durch die feinen Bewegungen des Kehlkopfes mittels des Elementes der Luft in die Laute der Sprache übertragen werden.

Der künstlerische Prozess setzt nun da ein, wo diese für unsere Sinne unsichtbaren Bewegungen sichtbar gemacht werden. Die ätherischen Bildekräfte der Sprache werden auf die Bewegungen des ganzen Menschen übertragen. Der sonst nur der Schwere überlassene physische Leib wird in einem Ätherisierungsvorgang in die Leichte gehoben, so wie unser Gehirn durch das Gehirnwasser. Dadurch kann der ganze Mensch den materiellen Kräften der Schwere die ätherischen Kräfte der Leichte, die Sonnenkräfte sind, entgegensetzen.

Es ging Rudolf Steiner nie darum, den Materialismus zu beseitigen, sondern ihn als eine notwendige Entwicklung zu begreifen, der eine umso stärkere Spiritualisierung der ganzen Kultur zum Ausgleich entgegen wirken sollte. Nicht um ein einseitiges «Schweben» ging es ihm, sondern um das notwendige Gegengewicht zur unter die Natur führenden technischen Zivilisation in Form einer über die Natur hinausführenden Kunst.

In diesem Zusammenhang erwähnt Rudolf Steiner die pädagogische Aufgabe der Eurythmie:

«Denn es gibt im Grunde genommen nichts der menschlichen Natur Widersprechenderes, als die Kinder vom siebenten Jahre an schon anfangen zu lassen, die Schulgegenstände zu lernen und sie schulmäßig zu unterrichten, wie man es gegenwärtig tut. Es könnte einen wirklich als etwas besonders Glückliches treffen, wenn man ganz anders heranwüchse und solches, was schon im siebenten Jahr an die Menschen herangebracht wird, erst im neunten oder zehnten Jahr bekäme... Aber es muss der Gegenpol geschaffen werden. Und während wir auf der einen Seite dadurch, dass wir gewisse Arten des Schulunterrichtes haben, namentlich die Ätherleiber der Kinder malträtieren, weil wir ihnen etwas einprägen, wofür sie in diesen Jahren absolut nicht taugen, müssen wir im Zuführen der Eurythmie einen Gegenpol schaffen und gerade das, was Eurythmie ist, den Kindern zuführen, damit der Ätherleib in diesen ihm eingeborenen Bewegungen den Ausgleich hat. Eurythmie wird etwas werden, was ganz allgemein ist, denn die Entwickelung erreicht nicht ihr Ziel dadurch, dass man einseitig vorwärtsgeht, sondern dass man in Gegensätzen vorwärtsgeht. Man muss immer den Gegenpol schaffen, den Gegenpol geltend machen.»[75]

Nach allem, was wir über die besonders im Kinder- und Jugendalter wirksamen Inhalte der Medienwelt gehört haben, aber auch alles, was heute zusätzlich an Intellektuellem[76] bereits im Kindergarten an die Kinder herangebracht wird, können wir die Bedeutung der pädagogischen Eurythmie gar nicht hoch genug einschätzen. Denn die zuvor beschriebenen geistigen und künstlerischen Tätigkeiten, die zu einer Äthersierung des Bewusstseins hinführen, sind selbstverständlich für den erwachsenen Menschen gedacht. Die Hauptangriffspunkte der Gegenmächte gegen die freie Entfaltung der freien Kräfte im gesunden Zusammenspiel von Ätherleib und Astralleib liegen aber, wie wir gesehen haben, besonders in der Zeit der Kindheit und Jugend. Hier kann die pädagogische Eurythmie in wohltuender Weise ihre Aufgabe verrichten.

Der kindliche Organismus lebt, weil sich in ihm vor allem der mittlere und der Gliedmaßenmensch noch in starker Entwicklung befindet, immer in der Bewegung. Man beobachte Kinder, wenn sie sich selbst überlassen und keiner vorgegebenen Beschäftigung unterworfen sind: Kinder bewegen sich immerzu, sie rennen, springen, rufen laut etwas, klatschen in die Hände usw. Traditionelle Kinderspiele waren daher immer Bewegungsspiele.[77] Diesem Bewegungsdrang kommt die Eurythmie entgegen, belässt ihn aber nicht im rein Physischen, sondern hebt ihn hinauf ins Seelische, indem sie die ätherischen Bewegungen der Sprachorgane zur Sichtbarkeit bringt und vom Gefühl durchdringen lässt, das sonst nur unbewusst im Atmen lebt. Daher nennt Rudolf Steiner die Eurythmie auch ein «seelisches Turnen». Da die Bewegungen des Leibes aber vom Willen ausgeführt werden, nannte Rudolf Steiner die Eurythmie auch eine «beseelte Willenskultur».[78]

In der Eurythmie werden also die Denkkräfte, die in der Lautbildung, in den Inhalten der Sprache leben sowie die Willenskräfte, die in der körperlichen Bewegung leben, in den Bereich des Ätherischen gehoben und so dem Seelischen zugänglich gemacht.[79] Die pädagogische Eurythmie kann somit als eines der stärksten Gegengewichte in der Auseinandersetzung mit den zur Unternatur führenden Medieninhalten angesehen werden. Dass ihr diese Tendenz anzumerken ist, beweist der häufige Unmut, dem sich die pädagogische Eurythmie von Seiten der Kinder ausgesetzt sieht. Denn es bedarf der Überwindung der Schwerekräfte, die zur Unternatur hinziehen, und die ja selbst im Erwachsenenalter oftmals kaum zu überwinden sind. Diese Überwindung erfordert Kraft, seelische Energie und vor allem Begeisterung. So hat es der Pädagoge wohl am einfachsten, der in der Lage ist, die Kinder und Jugendlichen für das Fach der Eurythmie tatsächlich zu begeistern.

Die Waldorfpädagogik zeichnet sich dadurch aus, dass nun auch der übrige Unterricht von diesem Element des Künstlerischen, des Belebenden, die Fantasie- und Vorstellungskräfte nicht Ablähmenden beherrscht wird. An dieser Stelle sei auf die reichhaltige Literatur zu diesen Fragen des Unterrichtes hingewiesen.[80]

Interessant wäre es nun auch, die um 1911/12 einsetzende Entwicklung in der Bildenden Kunst und der Literatur unter dem Gesichtspunkt des für das Ätherische erwachenden Bewusstseins ausführlicher zu betrachten. Wenn etwa *Wassily Kandinsky*, der Rudolf Steiner um diese Zeit in München begegnet ist, vom «Geistigen in der Kunst» spricht und gleichzeitig damit beginnt, gegenstandslos zu malen, dann zeigt sich bei ihm wie bei vielen anderen Künstlern wie etwa *Paul Klee*, *Franz Marc*, *August Macke* oder *Pablo Picasso* das Freiwerden der ätherischen Kräfte und die von Rudolf Steiner beschriebene Erweiterung des Ätherleibes in deutlicher Form. Ebenso ließe sich auf literarischem Gebiet am Beispiel von Marcel Prousts *À la recherche du temps perdu* zeigen, wie die Erinnerungskräfte des Ätherleibes freier und künstlerisch gestaltbar werden. Innerhalb der Kunst- und Literaturgeschichte ist jedoch über diesen

Aufbruch der Moderne so viel geschrieben worden, dass es an dieser Stelle genügen soll, auf diesen Aufbruch mit Bezug zum erwachenden Bewusstsein im Ätherischen hinzuweisen. Man könnte diese Entwicklung unter diesem Gesichtspunkt auch als den «Aufbruch der Moderne ins Ätherische» bezeichnen.[81]

Das Zusammenwirken von Lebenden und Verstorbenen und die Bedeutung spiritueller Gemeinschaften

Wenn wir nun noch einmal an die Welt der imaginativen Erfahrungen, die Erfahrung der Belebung des Ätherleibes anknüpfen, führt uns das zu einem weiteren Erfahrungsbereich hin: zu einer bewussten Verbindung mit den Verstorbenen. Wenn der Verstorbene nach drei Tagen seinen Ätherleib ablegt, löst sich dieser keinesfalls einfach «in Luft» auf, sondern wird nun in die ätherische Umgebung «ingebunden». Mit dieser ätherischen Welt kommt nun aber derjenige, der sich um die Belebung des Ätherleibes bemüht hat, ebenfalls in Berührung.

«Den Ätherleib in Imaginationen erfassen, heißt ein Zusammengehörigkeitsgefühl mit der Sternenwelt so entwickeln, wie man dies durch das Bewusstsein vom physischen Leibe von der Erde hat.»[82]

Dabei ergibt sich nun die Möglichkeit eines anfänglichen Bewusstseins von mit uns verbundenen Verstorbenen.

Der Verstorbene bleibt mit seinem abgelegten Ätherleib während der Kamalokazeit in Verbindung. Er kann nun, was er den für das Ätherische sensiblen Lebenden mitteilen möchte, auf seinen im Weltenäther eingebundenen Ätherleib übertragen. Das teilt sich dem für Imaginatives Empfänglichen dann mit. Umgekehrt kann der Lebende an die Gedanken und Gefühle des Verstorbenen, die ja in seinem Ätherleib aufbewahrt waren, wieder anknüpfen und nun seinerseits in Gedanken dem Verstorbenen etwas zukommen lassen. Dieses wird der Verstorbene dann auch in dem abgelegten Ätherleib wahrnehmen können. Rudolf Steiner nennt den Ätherleib in diesem Zusammenhang einen «Umschalter» für die Kommunikation zwischen Lebenden und Verstorbenen:

«Man bemerkt dieses am deutlichsten dadurch, dass man es mit geistiger Schulung dahin bringt, einen wirklichen Verkehr mit diesem oder jenem Toten zu haben. Dann kann eine bestimmte Art dieses Verkehrs darinnen bestehen, dass der Tote zunächst das, was er selber an uns herankommen lassen will, die wir noch hier sind in der physischen Welt, auf seinen Ätherleib überträgt; denn nur dadurch, dass er es auf seinen Ätherleib überträgt, gewissermaßen in seinen Ätherleib Einschreibungen macht, können wir in dem, was man Imaginationen nennt, solange wir hier im physischen Leibe sind, Wahrnehmungen von den Toten haben. Sobald man wirklich Imaginationen hat, so ist – lassen Sie mich diesen trivialen, allzu realistischen Ausdruck gebrauchen – der Ätherleib des Toten der Umschalter.»[83]

Unser Ätherleib ist also in Bezug auf die Verbindung zwischen Lebenden und Verstorbenen ein ganz entscheidendes Bindeglied. Gerade dieses Bindeglied ist es aber, das durch den «spirituellen Materialismus», der uns vor allem in der beschriebenen Form der Medienwelt umgibt, besonders bedroht ist. Denn gerade dieses Gebiet wird durch die vor allem in Büchern und Filmen auftretenden materialistisch gefärbten Gegenbilder in ein völlig falsches Licht gerückt und dadurch verfinstert.[84]

Nun macht ein weiterer Hinweis Rudolf Steiners aber auch

deutlich, dass im Hinblick auf die Verbindung und Zusammenarbeit zwischen Lebenden und Verstorbenen besonders zu dem Teil des Ätherleibes des Verstorbenen eine Beziehung möglich ist, der nicht «ingebunden», sondern der «konserviert» worden ist. Dies ist die Sphäre des Lebensgeistes. Insbesondere dann, wenn es zwischen Lebenden und Verstorbenen um geistige Inhalte wie die Anthroposophie geht, kommt dieser Bereich in Betracht.

Rudolf Steiner schildert diese Sphäre am Beispiel seiner eigenen Beziehung zu Goethe. Er selbst habe nie an den verstorbenen Goethe von 1832 anknüpfen wollen, sondern an den in der geistigen Welt fortwirkenden Goethe. Der Ätherleib Goethes sei, so wie auch der Ätherleib anderer Menschen, nicht verwest, er sei in Teilen konserviert, und an ihn könne man mit seinem Denken anknüpfen und dadurch die Gedanken des Verstorbenen mit ihm gemeinsam weiter entwickeln:

«Der Ätherleib wird von der Seele abgetrennt als eine Art zweiter Leichnam, aber er wird durch den Christus-Impuls, der geblieben ist von dem Mysterium von Golgatha, in gewisser Weise doch konserviert, löst sich nicht rein auf, wird konserviert. Und wenn man … den Glauben hat, Goethe ist als Ätherleib auferstanden, und sich dann an sein Studium macht, dann werden in einem selbst seine Begriffe und Vorstellungen lebendig, und man schildert ihn nicht so, wie er war, sondern wie er heute ist. Dann hat man den Begriff der Auferstehung ins Leben übertragen.»[85]

Daraus ergibt sich nun eine Fülle weiterer Möglichkeiten, die wir hier nur andeuten wollen. Indem wir an das spirituelle Gedankenleben eines Verstorbenen anschließen, sei es, dass er dieses tatsächlich als Autor in Buchform veröffentlicht hat, sei es, dass wir nur an Gespräche mit einem Verstorbenen anknüpfen, können sich neue lebendige Beziehungen entwickeln, die das betreffende Gebiet weiter führen.

Wie macht sich diese leise Beziehung zwischen Lebenden und Verstorbenen nun geltend? Anfänglich sei hier auf eine Erfahrung hingewiesen. Hat man mit einem Verstorbenen auf einem bestimmten Gebiet zusammen gearbeitet oder ein bestimmtes Gebiet verfolgt, mit dem dieser sich besonders verbunden hatte, so kann Folgendes beobachtet werden. Beschäftigt man sich im Gedenken an den Verstorbenen nun selbst mit jenem Gebiet und knüpft somit gewissermaßen an das vom Verstorbenen Erarbeitete an, dann erwecken das Interesse, die Fragen, die Beschäftigung damit plötzlich neue Anregungen, die man so zuvor nicht gekannt hat. Man empfindet sich wie von der anderen Seite her unterstützt und gefördert. Es kann sogar sein, dass man plötzlich einen Auftrag erhält, dieses oder jenes zu bearbeiten, was man von sich aus allein nie hätte erreichen können.

Dadurch bildet sich eine Beziehung zwischen Lebenden und Verstorbenen aus, die Rudolf Steiner als das eigentliche Ziel anthroposophischer Arbeit bezeichnet hat:

«Warum sucht man solche Gesellschaften, wie die anthroposophische ist, zu begründen? Warum sucht man Menschen gewissermaßen unter solchen Ideen zu vereinen? Weil dadurch ein karmisches Band geschaffen wird zwischen Menschen, die sich finden sollen in der geistigen Welt, die auch in der geistigen Welt zusammengehören sollen, was sie nicht könnten, wenn sie vereinsamt hier herumlaufen würden. Gerade durch die Möglichkeit, geistige Erkenntnisse und geistige Weistümer untereinander auszubreiten, schafft man ungeheuer viel für das Leben in der geistigen Welt, das aber zurückwirkt auf die physisch-sinnliche Welt, denn die steht fortwährend unter dem Einfluss der geistigen Welt. Hier geschehen ja überhaupt nur die Wirkungen; drüben in der geistigen Welt, auch indem wir hier auf dem physischen Plane leben, geschehen die Ursachen.»[86]

In der Welt der imaginativen Erfahrungen, in der ätherischen Welt sind wir also von den Verstorbenen nicht getrennt, wir sind mit ihnen verbunden, aber nicht auf traumhafte, dubiose Weise, sondern in völlig klaren, vom Bewusstsein durchdrungenen Vorstellungen:

«Wenn der Geistesforscher wirklich dazu gelangt, das Willensleben und das Gefühlsleben heraufzuholen in das Bewusstsein, wenn er seine innere Aktivität so verstärkt, dass er nicht bloß das Sinnes- und Vorstellungsleben in sich lebendig machen kann, sondern in sich lebendig machen kann das Gefühls- und Willensleben, dann wird die Welt ergänzt durch die andere Seite, durch die geistige Seite; dann erlebt der Mensch als eine Wirklichkeit, dass wir von denjenigen Seelen, welche den Leib verloren haben durch den Tod, nur durch unser Sinnes- und durch unser Vorstellungsleben getrennt sind. In dem Augenblick, wo wir bewusst eintreten in unser Gefühls- und Willensleben, treten wir in eine Region ein, wo wir auf gemeinsamem Gebiet auch mit den Seelen stehen, die durch die Pforte des Todes gegangen sind.

Das Getrenntsein zwischen den sogenannten lebenden Menschenseelen und den sogenannten gestorbenen Menschenseelen überbrückt sich durch Geisteswissenschaft. Es überbrückt sich durch Geisteswissenschaft auf eine ganz exakte Weise.»[87]

Rudolf Steiner deutet nun weiterhin an, dass sich aus den lebendig gebliebenen, konservierten Teilen der Ätherleiber der Menschen etwas Zukünftiges herausbildet, eine Geistessphäre um die Erde herum, die er als die Sphäre des Heiligen Geistes bezeichnet.[88] Wie können wir das verstehen?

Mit «Heiligem Geist» wird der Geist bezeichnet, der nicht an den Leib gebunden ist.[89] Leibfreier Geist kommt zunächst dadurch zustande, dass wir im Irdischen leibfreie, geistige Vorstellungen ausbilden, wie wir es anfänglich im Vorangegangenen beschrieben haben. Diese werden nach dem Tode nicht mit unserem Ätherleib der Ätherwelt zugeführt, sondern bleiben «konserviert» und können auch auf die Lebenden eine inspirierende Wirkung haben.

Rudolf Steiner erwähnt in diesem Zusammenhang vor allem den unvergänglichen Ätherleib des Inspirators der Geisteswissenschaft, Christian Rosenkreutz.[90] Von seinem Ätherleib, der sich eben nie aufgelöst hat, gehen seither die stärksten Inspirationen auf alle in seinem Sinne geistig Strebenden aus. In dieser Art ätherischem Kraftzentrum ist, wenn man Rudolf Steiners Schilderungen folgt, eine der Hauptinspirationsquellen der Geisteswissenschaft zu suchen.[91]

Aber diese Art der Wirksamkeit gilt in gewisser Weise für jeden Menschen, der sich um die Geisteswissenschaft bemüht. Diese Art der Gedanken und Vorstellungen werden im Nachtodlichen zu Überschusskräften. Und wenn es der Christus ist, der uns durch den Tod hin geleitet, so ist es der «heilige» Geist, der leibfreie Geist, der uns einem neuen geistigen Leben zuführt: «Per spiritum sanctum reviviscimus».

«Seit jener Zeit ist in den Ätherleibern der Menschen die

Möglichkeit gegeben, dass in ihnen gleichsam als eine Wirkung des Christus-Lichtes etwas Neues auftritt, etwas auftritt, was Leben atmet, was unsterblich ist, was niemals dem Tode verfallen kann. Wenn es aber nicht dem Tode verfällt, so wird es, solange der Mensch auf der Erde noch dem Trugbild des Todes verfällt, gerettet sein vom Tode, wird es den Tod nicht mitmachen. Es gibt also seit jener Zeit etwas im Ätherleibe des Menschen, was den Tod nicht mitmacht, was nicht verfällt den Sterbekräften der Erde. Und dieses Etwas, das den Tod nicht mitmacht, was die Menschen sich nach und nach erobern durch den Einfluss des Christus-Impulses, das strömt nun zurück, das strömt hinaus in den Weltenraum, das bildet, je nachdem es stärker oder schwächer ist im Menschen, eine Kraft, die da hinausfließt in den Weltenraum. Und es wird diese Kraft eine Sphäre um die Erde herum bilden, die im Sonne-Werden ist. Eine Art von Geistes-Sphäre bildet sich um die Erde herum aus den lebendig gewordenen Ätherleibern. Ebenso wie das Christus-Licht von der Erde ausstrahlt, ebenso haben wir eine Art von Widerspiegelung des Christus-Lichtes im Umkreise der Erde. Was hier widergespiegelt wird als Christus-Licht, und was als Folge des Christus-Ereignisses eingetreten ist, ist das, was Christus den Heiligen Geist nennt.»[92]

In dieser Sphäre erblicken wir also ein Gebiet, das für die Weiterentwicklung der Anthroposophie von allerhöchster Bedeutung ist.

Die Bildung eines neuen Ätherleibes

Wenn wir nun den nachtodlichen Weg der Seele weiter verfolgen, so kommen wir hin bis zu dem Moment einer neuen

Geburt. Das Ich hat sich auf dem Wege zu einer neuen Verkörperung den Geistkeim eines zukünftigen physischen Leibes gebildet.[93] Auf diesem Weg umkleidet sich die Seele nun auch wieder mit einem astralischen Leib und schließlich, kurz nach der Konzeption, auch wieder mit einem ätherischen Leib.

Hier spiegelt sich nun das Erleben nach dem Tode. Dort wurde der Ätherleib *nach* dem Panorama-Erleben seines Gehaltes, unseres Gedächtnisses, abgelegt.[94] Vor der Geburt nun entfaltet sich *vor* dem Anlegen eines neuen Ätherleibes ebenfalls ein Panorama, das der Seele nun nicht ihre Vergangenheit, sondern das zukünftige, vor ihr liegende Erdenleben zeigt, denn mit dem Astralleib ist das starke Begehren verbunden, wieder einen Erdenleib zu bewohnen. Dieses Begehren ist so stark, dass es der Seele ihr zukünftiges Erdendasein vor Augen führt. Das, worauf die Seele sich während ihres Durchganges durch die geistige Welt vorbereitet hat, tritt vor die Seele hin. In dem Moment aber, wo die Seele nun ihren zukünftigen Ätherleib anlegt, erlischt das vorgeburtliche Panorama. Es verdunkelt sich das vorgeburtliche Bewusstsein. Warum?

Weil in diesem Ätherleib nun die Kräfte zur Gestaltung des bereits als Geistkeim veranlagten physischen Leibes stecken! Es sind die leibbildenden Kräfte, es ist die Naturseite des Ätherleibes, mit dem sich die Seele zunächst umkleidet. Das ist der Moment, in dem die Seele sich nun mit dem Geistkeim verbinden kann. Damit setzt auf der Erde die Embryonalentwicklung, also die Ausbildung des Keimes zum physischen Leib ein.[95] Die Kräfte des Ätherleibes sind also zunächst ganz in die Leibesbildung eingetaucht und können daher nicht gleichzeitig Bewusstseinskräfte sein. Das werden sie erst wieder werden können, wenn die Leibesbildung bis zu einem gewissen Grade abgeschlossen ist. Dann werden sie wieder frei, und die Seele muss dann mit ihnen umgehen lernen und kann sie weiterentwickeln, wie wir ja im Vorangehenden gesehen haben.

Wie wirken sich nun aber die oben beschriebenen konservierten ätherischen Kräfte für die menschliche Seele auf dem Weg zu einer neuen Geburt weiter aus? Schauen wir dazu noch einmal auf den nachtodlichen Weg der Seele.

Rudolf Steiner beschreibt diesen Weg genauer betrachtet so, dass uns für jedes leibliche Wesensglied, das wir ablegen, eines der noch zukünftigen geistigen Wesensglieder umhüllt. Hat sich die Seele also vom Ätherleib gelöst, dann lebt sie in der beschriebenen Weise durch die Kamalokazeit, und an die Stelle des abgelegten Ätherleibes tritt eine Art Geistselbst. Am Ende der Kamalokazeit legt die Seele auch den Astralleib ab, und an seine Stelle tritt eine Art Lebensgeist. Es bleibt der Seelenkern des Ich, der nun durch die sogenannte «Weltenmitternacht» hindurchgeht. Durch die geistigen Wesensglieder wird die Seele getragen, kann sich nicht verlieren und behält ihre Identität, ihr Ich.[96] Nun bezeichnet Rudolf Steiner aber in früheren Darstellungen diese hier aufscheinenden zukünftigen, geistigen Wesensglieder mit den Namen der Trinität: Das Geistselbst, das an die Stelle des Ätherleibes tritt, wird als «Heiliger Geist» bezeichnet, der Lebensgeist, der an die Stelle des Astralleibes tritt, als «Christus», und der Geistesmensch entspricht dem «Vater».[97]

Der uns nach dem Ablegen des Astralleibes umhüllende Lebensgeist ist also in Wirklichkeit der Christus selbst. Er ist es auch, der uns durch die «Weltenmitternacht» hindurch zu einem neuen Erdendasein herunterführt.[98] Bei diesem Abstieg zu einem neuen Erdendasein geht es auch darum, den neuen, zukünftigen Ätherleib auszubilden. Dabei ist uns der Lebensgeist, also die Christuskraft behilflich. Haben wir nämlich einen Teil unseres früheren Ätherleibes konservieren können, so stehen uns gewissermaßen überschüssige Lebenskräfte zur Verfügung, die mittels der Christuskraft unserem zukünftigen Ätherleib zugeführt werden können.[99]

Der neue Ätherleib hat zunächst die Aufgabe, einen neuen physischen Leib unserem Karma entsprechend aufzubauen und zu unterhalten. Stehen ihm aber die bezeichneten Überschusskräfte zur Verfügung, so geht die Tätigkeit des neuen Ätherleibes nicht in seinen dem Stofflichen zugewandten Aufgaben auf, sondern es bilden sich überschüssige, geistige Kräfte aus. Diese wirken sich dann so aus, dass derjenige, der über solche Kräfte verfügt, in der Lage ist, Ätherisches quasi von Geburt an wahrzunehmen.[100] Die von Rudolf Steiner vorausgesagten neuen Fähigkeiten, die sich auch in der Wahrnehmung des Christus im Ätherischen äußern, sind der unmittelbare Ausdruck eines solchen Überschusses an ätherischen Kräften.

Besonders deutlich wird dies im Hinblick auf die von Rudolf Steiner vorausgesagte, oben schon erwähnte Erweiterung der Gedächtniskräfte. Dadurch werden wir zukünftig in der Lage sein, uns nicht nur an persönlich Erlebtes, sondern sowohl an frühere Erdenleben als auch an Zusammenhänge der Weltgeschichte zu erinnern, das heißt, in der Akasha-Chronik lesen zu können. Unser verstärkter Ätherleib wird Träger eines Gedächtnisses.[101]

Der luziferische Doppelgänger und die Welt der Elementarwesen

Aber noch etwas Weiteres ist beim Anlegen eines neuen Ätherleibes zu beachten. Nach dem Tode müssen wir unseren Ätherleib einer elementarischen Wesenheit, nämlich dem ätherischen Abbild unseres Ätherleibes, unserem Doppelgänger übergeben. Der Doppelgänger, den wir nun auch als luziferischen Doppelgänger bezeichnen können, ist derjenige Teil unseres Ätherleibes, der unsere nicht zu Ende gelebten, nicht verarbeiteten Erinnerungen, unsere Schattenseiten in sich trägt. Er ist ein ätherisches Gebilde, das uns wie ein Schatten, wie ein zweites, aber unbewusstes Gedächtnis begleitet. Er wird deshalb auch nicht in die ätherische Welt «ingebunden», denn wir müssen uns mit seinem Gehalt in einem zukünftigen Erdenleben weiter auseinandersetzen.

«Aber ehe man sich mit seinem eigenen Leibeskeim vereinigt, bildet man sich noch seinen Ätherleib in der Weise, wie ich es geschildert habe. Und in diesen Ätherleib hinein ist verwoben das Päckchen, von dem ich gesprochen habe, das die moralische Wertigkeit enthält. Das verwebt man jetzt in sein Ich, in seinen astralischen Leib, aber auch noch in den ätherischen Leib hinein. Das bringt man dann mit dem physischen Leibe zusammen. Und so ist es, dass man sein Karma mit auf die Erde trägt.»[102]

Dieses «Päckchen» begleitet uns als unser ätherischer Doppelgänger. Mit unserem Ätherleib verwoben lebt also auch unser zukünftiges Schicksal. Es lebt in ihm als kraftende Zeitgestalt. Diese stand panoramaartig vor unserem inneren Auge, bevor wir den Ätherleib angezogen haben. Im Moment, in dem wir den Ätherleib anziehen, beginnt dieser nun mit der Ausgestaltung des als Geistkeim im Irdischen lebenden physischen Leibes. Und bereits da lebt sich ja unser Schicksal aus. Denn für unser zukünftiges Schicksal benötigen wir einen entsprechenden physischen Leib. Der mit unserem Ätherleib nun auch wieder verbundene Doppelgänger wirkt in dieses alles mit hinein.[103]

Dem Doppelgänger können wir erst dann bewusst begegnen, wenn wir die freien ätherischen Kräfte zum Erleben der ätherischen Welt selber nutzen, also aufsteigen zu einer geistigen Entwicklung. Dann können uns auch die unbewussten Anteile unseres Ätherleibes bewusst werden. Dieses Doppelgängerwesen ist aber Teil der ätherischen Welt und somit verbunden mit anderen Wesen dieser Welt, es ist umgeben von einem ganzen Kosmos ätherischer Wesenheiten, den so genannten Elementarwesen.

Mit dem Erwachen des Bewusstseins ist also unter diesen Umständen auch ein Erwachen für die Welt der Elementarwesen möglich. In dem Maße, wie wir uns unseres ätherischen Schattens bewusst werden, können wir auch in Verbindung mit den ihn umgebenden Elementarwesen treten. Solange das aber nicht der Fall ist und wir den Schatten verdrängen, weil wir seinen Anblick noch nicht ertragen können, bleiben auch diese Elementarwesen unbewusst und können dadurch möglicherweise schädigenden Einfluss auf unsere Entwicklung nehmen. Oder es treten, was häufiger der Fall zu sein scheint, scheinbare Wahrnehmungen von Elementargeistern auf, die aber in Wirklichkeit nur Spiegelungen von Teilen unseres Doppelgängers sind.

Daran sehen wir, welche gewaltigen Aufgaben mit dem Erwachen des Bewusstseins im Ätherischen verbunden sind. Es kann sich gerade im Zusammenhang mit der Aufarbeitung des Doppelgängers das oben bereits beschriebene Erlebnis der Ohnmacht einstellen. Deshalb benötigt der Mensch gerade hier die Verstärkung durch diejenige Kraft, die er aus dem Weltenumkreis beim Miterleben des Jahreslaufes aufnehmen kann, die Christuskraft.

Eine besondere Verbindung mit ihr wird dem Menschen

durch jene Mantren ermöglicht, die Rudolf Steiner den Menschen bei der Grundsteinlegung der Anthroposophischen Gesellschaft Weihnachten 1923 übergeben hat. Diese Mantren der Grundsteinlegung[104] hat Rudolf Steiner zur regelmäßigen Meditation in so genannte Rhythmen, die den sieben Wochentagen zugeordnet werden können, aufgeteilt. Sie können als eine Art «Begleitschutz» der sich entwickelnden Seelenkräfte des Menschen und damit als ein ständiger Begleiter des in diesem Buch angesprochenen Erwachens des Bewusstseins im Ätherischen angesehen werden. Auf alle sieben Rhythmen kann in unserem Zusammenhang nicht ausführlich eingegangen werden. Dazu liegt bereits eine umfangreiche, die eigene Meditation anregende Literatur vor.[105]

Erwähnt sei hier lediglich der sechste Rhythmus, der den vierten Teil des Grundsteins, der sich der Christus-Wesenheit zuwendet, in Verbindung setzt mit den drei ersten Teilen, die den drei Seelenkräften zugeordnet sind, und an deren Ende jeweils auch die (noch unbewusste) Welt der Elementarwesen angesprochen wird. Dieser Rhythmus lautet:

Göttliches Licht
Christus-Sonne
Das hören die Elementargeister
Von Osten, Westen, Norden, Süden
Menschen mögen es hören!

Mit diesem Mantram wird darauf hingedeutet, dass die seit dem Mysterium von Golgatha im Ätherischen der Erde, in den Rhythmen ihres Jahreslaufes lebende Christus-Wesenheit mit der Welt der Elementarwesen verbunden ist und dass diese davon bereits ein Bewusstsein hat. Den Menschen kann dieses Bewusstsein aufgehen, wenn sie sich einerseits dem Erleben der

Rhythmen des Jahreslaufes öffnen, wie dies durch die 52 Wochensprüche des Seelenkalenders möglich ist, andererseits aber sich der Erlösung ihres Schattens, ihres Doppelgängers zuwenden, der gewissermaßen wie ein unsichtbarer Schleier zwischen der Seele und der Welt der Elementarwesen steht.

Die Imaginationsfähigkeit, die Engel und die Zukunft des Sozialen

Aus allem, was wir nun erarbeitet haben, lässt sich ersehen, dass es in der Gegenwart vor allem darauf ankommt, die Imaginationsfähigkeit des Menschen, den Aufstieg zur Übernatur des Ätherischen, die Entwicklung seiner freien ätherischen Kräfte zu fördern, um so der sich immer weiter ausbreitenden Entwicklung einer Unternatur, vor allem durch die Welt der digitalen Technik und ihrer Medien etwas entgegensetzen zu können.

Wir haben auch gesehen, dass die Ausbildung imaginativer Fähigkeiten als bloße Steigerung der Denk- und Vorstellungskräfte zu einem verstärkten Selbsterleben führt. Die andere Seite der Entwicklung, die Willensseite, darf nicht vernachlässigt werden. Sie setzt bei der Entwicklung und Pflege der Erinnerungskräfte ein und führt durch deren Verstärkung hin zum Interesse am anderen Menschen. Erst dadurch aber kommen wir zu der eigentlichen Problematik unseres Zeitalters: der sozialen Frage und der Entwicklung einer neuen Moralität. Denn was nützt alle individuelle Entwicklung, wenn sie die Menschen nur immer individueller, also tendenziell immer egoistischer macht?

Alle Entwicklung muss darauf hinzielen, den Menschen sozialer, moralischer und erlebnisfähiger für den anderen Menschen zu machen. Das ist das eigentliche Ziel des Aufsteigens vom materialistischen Dasein zum Erwachen des Bewusstseins im Ätherischen: empfänglich zu werden für die geistige Natur des anderen Menschen. Wenn sich die Imaginationsfähigkeit dem Sozialen zuwendet, dann wird sich auch das Interesse am anderen Menschen entwickeln, denn dann bleibt dieser nicht mehr nur ein abstraktes Gegenüber.

Solange wir im materialistischen Bewusstsein leben, bleibt der andere Mensch ein durch tote Begriffe und Vorstellungen fest gelegtes Schema: «Ach ja, der ...» oder «ach, die schon wieder ...». Die Unternatur des Internets und der Handys sorgt dafür, dass der Schein einer Überwindung dieses toten voneinander Abgesondertseins entsteht: Wir haben «215 Freunde» auf «Facebook», wir haben 23 neue E-Mails, wir sind ständig in Kontakt mit Freundinnen und Freunden, tauschen uns über dies und jenes aus. Die Scheinwelt des Internets und der sozialen Netze täuscht die Entwicklung sozialer Fähigkeiten lediglich vor.

In der Scheinwelt des Internets verliert sich der Mensch in einer nur vorgetäuschten Entwicklung, die in Wahrheit nur eine weitere Verstärkung seiner einseitigen Intelligenzkräfte bedeutet, ohne dass diese von der Willensseite, der moralischen Seite wirklich ergriffen werden können.

«Der bloß intelligente Mensch – der moderne Mensch ist ja sehr intelligent – weiß eigentlich nichts, denn die Intelligenz allein verhilft einem nicht zu einem Wissen. Und ein solcher Mensch, der sich umgibt mit seinen Mechanismen, in denen die Spiegelgedanken leben, ist eigentlich in der Gefahr, sich selbst immer mehr und mehr zu verlieren, sich selbst nicht mehr zu haben, von sich selber nicht mehr etwas zu wissen. Er muss erst wiederum mit einer gewissen Substantialität ausgefüllt werden. Was dieser moderne intellektualistische Mensch sich erwerben muss, wodurch er sich erziehen muss, das ist innere intellektuelle Moralität.»[106]

Ohne Imaginationsfähigkeit und ohne die Verstärkung der Erinnerungskräfte, die wir nun abschließend auch als die Grundlage unserer moralischen Kräfte ansehen können, wird es keine wirkliche Lösung des sozialen Dilemmas der heutigen Menschheit geben. Die Menschen werden aus sich selbst heraus immer individueller und durch digitale Medien verstärkt auch immer intelligenter. Damit einher geht die Gefahr eines sich immer mehr steigernden Egoismus, gerade weil die digitalen Medien Surrogatcharakter haben und uns damit von der Entwicklung der notwendigen neuen Fähigkeiten abhalten. Nutzen wir aber die Fähigkeit der Imagination, der Handhabung unserer freien ätherischen Kräfte, um damit wirkliche Bilder vom anderen Menschen zu schaffen, dann können sich die sozialen Beziehungen vertiefen:

«Auf der einen Seite strebt die Bewusstseinsseele danach, antisozial zur vollen Geltung zu kommen in diesem fünften nachatlantischen Zeitraum. Auf der anderen Seite strebt etwas anderes aus dem Innern des Menschen hervor, sich Bilder zu machen von den Menschen, mit denen wir leben, die uns begegnen im Leben.»[107]

Durch die Imaginationsfähigkeit kann die menschliche Begegnung sich immer mehr erweitern, denn man erfährt dadurch ein tiefes Geheimnis; man erlebt den anderen als ein geistiges Wesen, das sich in seiner leiblichen Gestalt in dreifacher Weise ausgestaltet: als Kopfmensch, als atmender, rhythmischer Mensch und als Gliedmaßenmensch. Dieses erhöhte Interesse, diese Hingabe der Imaginationsfähigkeit an das Interesse am anderen Menschen kann, so wie die Imaginationsfähigkeit überhaupt angeregt werden durch alles Künstlerische:

«... alle Kunst hat etwas in sich, was geeignet ist, zu tieferer, konkreterer Menschenerkenntnis zu führen. Wer sich wirklich vertieft in die künstlerischen Formen, die zum Beispiel die Malerei, die Plastik schaffen, oder in das Wesen der inneren Bewegungen, die durch Musik und Dichtung pulsieren, wer sich da hineinvertieft, wer Kunst wirklich innerlich erlebt – das tun oftmals die Künstler selber nicht in der heutigen Zeit –, wer Kunst wirklich innerlich erlebt, der durchdringt sich mit etwas, was ihn befähigt, den Menschen nach einer gewissen Richtung, nach der Richtung der menschlichen Bildnatur aufzufassen. ... Das geistige Urbild des Menschen müssen wir durchschauen lernen durch seine Bildnatur. Durchsichtig gewissermaßen wird gegen die Zukunft hin der Mensch dem Menschen werden. Wie das Haupt geformt ist, wie der Mensch geht, wird mit anderem inneren Anteil und mit anderem inneren Interesse geschaut werden, als es heute noch in den menschlichen Neigungen liegt. Denn man wird den Menschen nur dann seinem Ich nach glauben kennenzulernen, wenn man eine solche Auffassung von seiner Bildnatur hat, wenn man mit dem Grundgefühl vor den Menschen hintreten kann, dass sich dasjenige, was die äußeren physischen Augen vom Menschen sehen, zu des Menschen wahrer geistig-übersinnlicher Wirklichkeit verhält wie das Bild, das auf die Leinwand gemalt ist, zu der Wirklichkeit, die es wiedergibt.»[108]

Aber noch eine weitere Dimension, die wir im zweiten Kapitel im Zusammenhang mit der Welt des Ätherischen angesprochen hatten, kommt uns hier entgegen; darauf wollen wir zum Schluss perspektivisch, umrissartig hindeuten:

In dem Maße, wie die Menschen im Ätherischen erwachen,

erwachen sie gleichzeitig für die Welt der Engel, deren Bewusstsein ja auf ihrem untersten Wesensglied, dem Ätherleib beruht. Die Engel verfügen über einen Ätherleib, der keinen physischen Leib aufbauen muss. Folglich verfügen sie in hohem Maße über die freien Kräfte, die beim Menschen zunächst der Versorgung des Leibes zugewandt, als freie Kräfte jedoch immer gefährdet sind. Aber auch die Engel sind gefährdet, den freien Gebrauch der ätherischen Kräfte zu verlieren. Dadurch werden sie zu «Geistern der Finsternis».

Bedienen sich nun aber die Menschen in dem hier gemeinten Sinne der freien ätherischen Kräfte, dann unterstützen sie dadurch gewissermaßen die Sphäre der Engel, sie lichten die durch die Geister der Finsternis verbreitete Finsternis auf. Der beschriebenen ahrimanischen Gegenschule wird dadurch entgegengewirkt.

Was bedeutet das für die Welt des Sozialen? Die durch das materialistische Bewusstsein voneinander isolierten Menschen, die auf die genannte Weise durch das imaginativ verstärkte Menscheninteresse wieder zusammenfinden, wirken auf die Engelwelt zurück. Denn nun können auch die Engel, die sich durch die Entfremdung und Materialisierung der Menschen voneinander sondern mussten, wieder zusammenfinden. Das wiederum gibt Michael, dem ursprünglichen Herrscher der kosmischen Intelligenz, und wir könnten hinzufügen, der freien Kräfte, die Möglichkeit, das von den Menschen erzeugte Spirituell-Ätherische einer heilsamen Zukunft zuzuführen.

Die Menschen kommen den Engeln «von unten» in der Sphäre des Ätherischen entgegen. Die Engel wirken jedoch mit den Menschen nicht in der Sphäre des Ätherischen zusammen, sondern sie kommen den Menschen im Bereich des Astralischen entgegen. Warum? Weil sie die Freiheit des Menschen achten müssen. Das heißt, der Weg von oben muss über das Bewusstsein der Menschen, das im Astralleib begründet ist, gehen. Die Engel unterstützen also genau den vorher beschriebenen Schulungsweg, der an der Reinigung des Astralleibes ansetzt und dann auf den Ätherleib zurückwirkt.

Die freie Nutzung der freien Kräfte geschieht immer vom Ich und Astralleib aus. Auch das Interesse am anderen Menschen wirkt auf diese Weise vom Astralleib aus, macht sich aber die freien Kräfte des Ätherleibes zunutze. In diesem Bereich liegt nun auch die Wirksamkeit der Engel. Deshalb macht Rudolf Steiner in seinem legendären Vortrag «Was tut der Engel in unserem Astralleib?»[109] darauf aufmerksam, dass es im Sinne dieser Engelwirksamkeit ist, wenn die Menschen das Interesse aneinander sowohl in leiblicher wie in seelischer Hinsicht vertiefen. Dabei wirken die freien Kräfte in den oben beschriebenen beiden Richtungen. In Richtung der Erinnerungskräfte, der Willens- und Wahrnehmungsseite, wirken sie als Empathiekräfte, was Rudolf Steiner als «Brüderlichkeit» und als Grundlage einer neuen Moralität bezeichnet. Auf der Seite der Vorstellungs- und Fantasiekräfte wirken sie als seelisches Erfassen des «Geheimnisses, was der andere Mensch ist».

Können sich die Menschen jedoch der freien Kräfte vom Astralleib aus nicht in freier Weise bedienen, dann wirken die Engel trotzdem. Dann wirken sie jedoch nicht mehr als Engel, sondern als Geister der Finsternis im Bereich des Ätherleibes. Sie umgehen damit das Bewusstsein im Astralleib und können auf diese Weise die freien ätherischen Kräfte in der im dritten und vierten Kapitel beschriebenen Weise gewissermaßen unbemerkt fixieren.

Abschließend können wir daher sagen: Die Verantwortung des Menschen für seine zukünftige Entwicklung und damit für das Schicksal der freien Kräfte liegt heute nicht mehr in der Hand geistiger Wesen. Michael, der in der an die physische Welt unmittelbar angrenzenden ätherischen Welt, der Welt der Imaginationen, der Übernatur lebt, wartet darauf, dass die Menschen die Geister der Finsternis nach seinem Vorbild überwinden. Durch die Entwicklung der Imaginationsfähigkeit hat der Mensch sein Schicksal heute selbst in der Hand.

Das nachfolgende, undatierte Wahrspruchwort Rudolf Steiners[110] fasst dieses Motiv abschließend zusammen.

Michaeli

Ringende Geisteskräfte
Streben in Stoff.
Sie finden nicht den Stoff,
Sie finden sich selber.
Sie schweben über Natürlichem,
Sie leben in sich selber
Michael-Kraft-atmend.

Nachwort

Mancher Leser mag sich vielleicht während der Lektüre des Vorangegangenen gefragt haben, warum im Zusammenhang mit dem Erwachen des Bewusstseins im Ätherischen und seiner Bedrohung ausgerechnet der Medien- und Computerwelt eine so große Bedeutung beigemessen wurde. Man könnte doch vielerlei andere materialistische Einflüsse auf dieses erwachende Bewusstsein anführen, etwa die heute herrschende Wissenschaftsgläubigkeit, die sich bis hinein in den Kindergarten geltend macht, und vieles andere mehr. Weiterhin könnte man auch zahlreiche andere Gebiete nennen, auf denen das Ätherische selbst bedroht ist, beispielsweise die Zerstörung unserer Umwelt, der gegenüber sich ein erhöhtes Bewusstsein für die Welt der Elementarwesen geltend machen müsste. Auch der Umgang mit dem ungeborenen Leben und damit alle Fragen nach dem Vorgeburtlichen oder der Umgang mit dem Sterben, der Anstieg der Demenzerkrankungen und viele andere ethisch-moralische Fragen wie die zunehmende Sexualisierung der Gesellschaft und der digitalen Medien könnten hier in Betracht kommen.

Diese Problembereiche waren mir beim Schreiben des Buches sehr wohl bewusst. Mein Zugang zum Erwachen des Bewusstseins im Ätherischen war aber zunächst die seit dem Anbruch des Michael-Zeitalters möglich gewordene und durch Rudolf Steiner ausgearbeitete Geisteswissenschaft und der anthroposophische Schulungsweg. Persönlich biografisch bin ich damit seit 33 Jahren verbunden. Im Laufe der Beschäftigung mit den im dritten Kapitel beschriebenen Medieninhalten und mit den im vierten Kapitel dargestellten Auswirkungen der Computertechnik und des Internets, ist mir letztendlich deutlich geworden, dass der damit verbundene spirituelle Materialismus, die «Impfung gegen alles Spirituelle» und die Surrogate für die Welt des Ätherischen, wie ich sie hier beschrieben habe, meiner Meinung nach mit die Hauptursachen dafür sind, dass die anthroposophische Geisteswissenschaft in der Gegenwart nicht eine viel größere Verbreitung in der Menschheit gefunden hat.

Für die Zeit, für die Rudolf Steiner das Erwachen des Bewusstseins im Ätherischen vorausgesagt hatte, nämlich 1933 bis 1945, wurde ja deutlich gezeigt, wie der Nationalsozialismus ein von den Geistern der Finsternis inszenierter Gegenangriff gerade auf dieses Erwachen gewesen ist, der an die Stelle dessen sein «Deutschland erwache!» setzte und der sich auf ein ganzes Volk hin richtete. Auf diese zu erwartenden Angriffe hatte Rudolf Steiner deutlich hingewiesen.[1]

Die hier beschriebenen okkulten Gegenbewegungen des spirituellen Materialismus und der Surrogate für die Erfahrung des Ätherischen stellen meiner Meinung nach die Fortsetzung jener von Rudolf Steiner bereits vorhergesagten Angriffe der Geister der Finsternis auf das Erwachen des Bewusstseins im Ätherischen dar. Sie betreffen nun keinen volksmäßigen Zusammenhang mehr, sondern unmittelbar die Bewusstseinskräfte jedes Einzelnen, das heißt die Kräfte, die eigentlich dazu bestimmt sind, ihre eigene ätherische Bildefähigkeit bewusst zur Gestaltung geistiger Impulse aufzurufen. Diese Kräfte werden durch besagte Angriffe in hohem Maße korrumpiert. Das Ziel der Geister der Finsternis ist es, die im Erwachen des Bewusstseins im Ätherischen sich entwickelnden freien Kräfte der Herrschaft des Ich des Menschen zu entziehen. Das vom Ich her gelenkte, freie Zusammenspiel von Äther- und Astralleib wird damit korrumpiert.

Wenn die für das Erwachen des Bewusstseins im Ätherischen erforderliche Kraft durch die vorangegangenen Ausführungen in diesem Sinne wach gerufen und gestärkt worden ist, dann ist dieses Buch jedenfalls nicht umsonst geschrieben worden.[2]

Danken möchte ich insbesondere Armin J. Husemann, der mir mit seinen Veröffentlichungen zur Umwandlung der Lebensbildekräfte in freie ätherische Kräfte sowie mit seinem Ansatz einer plastisch-musikalisch-sprachlichen Menschenkunde entscheidende Unterlagen zur Ausarbeitung des hier Dargestellten gegeben hat.

Bedanken möchte ich mich auch bei Hansjörg Hofrichter, der vor sieben Jahren mit einem Forschungsauftrag der Pädagogischen Forschungsstelle beim Bund der Freien Waldorfschulen zum Thema «Neue Mythen» einen der Ausgangspunkte für das vorliegende Buch gesetzt hat. Zu danken habe ich außerdem Elisabeth Winterer, die das Manuskript gründlich gegengelesen und mir zahlreiche Hinweise, Korrekturen und Verbesserungsvorschläge gegeben hat. Ferner haben Christian Boettger und Ruprecht Fried mir durch ihre Lektüre weitere wertvolle Hinweise zur Überarbeitung des Rohmanuskriptes gegeben, wofür ich mich ebenfalls sehr bedanken möchte.

Zu danken habe ich aber vor allem meiner Frau Laurence Godard, die mir durch ihre Tätigkeit und ihr Dasein die Ruhe und Zurückgezogenheit ermöglicht, die es zum Schreiben eines solchen Buches braucht.

Und nicht zuletzt möchte ich mich bei Silvia Brouttier und Marie-Madeleine Bucher-Siegrist vom Johannes-Zweig der Anthroposophischen Gesellschaft in Bern für die Einladung zu einem Vortragswochenende im Mai 2011 bedanken, das den letzten Anstoß zur Niederschrift dieses Buches gegeben hat.

Weil im Schönbuch, *Andreas Neider*
Johanni 2011 bis Ostern 2012

Anmerkungen

Einführung

1 Die nachfolgenden Ausführungen stehen in engem Zusammenhang mit meinen beiden Büchern *Die Evolution von Gedächtnis und Erinnerung. Lesen in der Akasha-Chronik* (Stuttgart 2008) und *Medienbalance. Erziehung im Gleichgewicht mit der Medienwelt* (Stuttgart 2008) und ergänzen das dort Dargestellte im Hinblick auf die geistige Situation der Gegenwart und im Hinblick auf dessen okkulte Hintergründe.

2 Roland Benedikter, «Neue Medien?», in: *Rundbrief Dreigliederung des sozialen Organismus,* März 2012, S. 5.

3 Vers 340 ff.

4 *Anthroposophische Leitsätze*, GA 26, Dornach 1976, S. 257.

5 Vortrag vom 25.11.1917 in: *Individuelle Geistwesen*, GA 178, Dornach 1992, S. 219.

6 Vgl. dazu den leider vergriffenen Band *Ahriman. Profil einer Weltmacht,* Stuttgart 1996.

7 Vortrag vom 29.11.1921 in: *Die Wirklichkeit der höheren Welten,* GA 79, Dornach 1988, S. 137 f.

8 Vortrag vom 19.11.1917, GA 178, a.a.O., S. 205.

9 Ebd.

I. Die ätherische Welt und das Leben des Ätherleibs im Leben und nach dem Tod

1 Zum Verständnis der Wesensglieder des menschlichen Organismus vgl. Rudolf Steiner, *Theosophie. Einführung in übersinnliche Welterkenntnis und Menschenbestimmung,* GA 9, Dornach 2003 sowie *Grundlegendes zu einer Erweiterung der Heilkunst,* GA 27,

Dornach 1991. In diesem Buch konnte ich als medizinischer Laie die physiologischen Prozesse nur andeuten und nicht ausführlich vertiefen, zumal auf diesem Gebiet auch die anthroposophische Forschung noch sehr in Bewegung ist. Als weiterführende Literatur seien daher hier einige Standardwerke genannt, die für das Verständnis des Zusammenwirkens des Leiblichen mit dem Seelisch-Geistigen von grundlegender Bedeutung sind: Peter Selg, *Vom Logos menschlicher Physis,* 2. Auflage, Dornach 2006. Armin J. Husemann, *Der musikalische Bau des Menschen. Entwurf einer plastisch-musikalischen Menschenkunde,* 4. Auflage, Stuttgart 2003. Ernst-Michael Kranich, *Der innere Mensch und sein Leib. Eine Anthropologie,* Stuttgart 2003. Lothar Vogel, *Der dreigliedrige Mensch,* 4. Auflage, Dornach 2005.

2 Rudolf Steiner, GA 27, a.a.O., S.12.

3 Wir stützen uns im Folgenden auf die bahnbrechenden Forschungen Armin Husemanns, die er zuletzt in dem Buch *Der hörende Mensch und die Wirklichkeit der Musik* (Stuttgart 2010) veröffentlicht hat. Im dritten Kapitel «Das Erlebnis der Musik und seine physiologischen Grundlagen» stellt Husemann in glänzender Weise die von Rudolf Steiner in seinem Buch *Von Seelenrätseln* angedeuteten physiologischen Grundlagen des seelischen Erlebens und des Bewusstseins im Zusammenspiel von Ätherleib und Astralleib auch anhand einiger Grafiken anatomisch genauestens nachvollziehbar dar. In unserem Zusammenhang können diese physiologischen Grundlagen nur angedeutet werden. Wer sich für die Details interessiert, dem sei Husemanns Schrift hierzu wärmstens empfohlen. Ausführlicher für das Grundverständnis des Ätherleibes ist Husemanns Standardwerk *Der musikalische Bau des Menschen,* a.a.O. Vgl. zu diesem Thema außerdem das umfangreiche Studienwerk von Peter Selg, *Vom Logos menschlicher Physis,* a.a.O., in dem sämtliche Stellen im

Werk Rudolf Steiners zu den hier angesprochenen Fragen methodisch sauber ausgelegt werden.

4 Rudolf Steiner, Vortrag vom 29.10.1921, in: *Anthroposophie als Kosmosophie II,* GA 208, Dornach 1992, S. 87. Rudolf Steiner machte außerdem verschiedentlich darauf aufmerksam, dass das Gehirn auch von außen vom äußeren Gehirnwasser umspült wird und dadurch sein Gewicht von 1400 Gramm auf 18 Gramm reduzieren kann. Es schwebt gleichsam in der Kraft des Auftriebs des Gehirnwassers.

5 Dies zeigt sich, wie Armin Husemann in dem in Anmerkung 3 genannten Buch darstellt, vor allem im Musikerleben, dem im Rhythmus des Ein- und Ausatmens ein innerliches Singen zugrunde liegt, wobei der Hörende im Idealfall genau im Rhythmus des ausführenden Sängers oder Instrumentalisten atmet. Diese Zusammenhänge können, wie Husemann aufzeigt, experimentell genauestens untersucht und nachgewiesen werden.

6 Rudolf Steiner, Vortrag vom 14.11.1917, GA 73, Dornach 1973, S. 185 und *Anthroposophische Leitsätze,* GA 26, a.a.O., S. 214. Es gibt zahlreiche weitere Stellen, an denen Rudolf Steiner den Erinnerungsvorgang beschreibt. Siehe dazu den Aufsatz von Gundhild Kačer-Bock «Das Gedächtnis in der Darstellung Rudolf Steiners» in: *Wie hat Rudolf Steiner gesprochen?,* Stuttgart 2009.

7 Vgl. Rudolf Steiner, Vortrag vom 26.8.1923, *Initiationserkenntnis,* GA 227.

8 Vgl. Vortrag vom 9.11.1916, in: *Die Verbindung zwischen Lebenden und Toten,* GA 168, Dornach 1995 , S. 179.

9 Ebd., S. 182.

10 Ebd., S. 180.

11 Vgl. zum Doppelgänger die entsprechende Darstellung von Rudolf Steiner in: *Erkenne dich selbst,* Kap. «Die Bedeutung der

Selbsterkenntnis auf dem Weg zur höheren Erkenntnis», hrsg. von Andreas Neider, Dornach 2010.

12 Vgl. Vortrag vom 26.8.1923, in: *Initiationserkenntnis*, GA 227.

13 Vortrag vom 6.9.1915, in: *Zufall, Notwendigkeit und Vorsehung*, GA 163, Dornach 1986, S. 126.

14 Vortrag vom 9.11.1916, GA 168, a.a.O., S. 182.

15 Ebd., S. 181.

16 Über die Erlebnisse während des Schlafes orientiert sehr umfassend das Buch von Stefan Leber: *Der Schlaf und seine Bedeutung*, Stuttgart 1996.

17 In imaginativer Form werden diese Verhältnisse im 4. Bild des ersten Mysteriendramas *Die Pforte der Einweihung* (in GA 14) von Johannes Thomasius in seiner Meditation erlebt. Dort werden die elementarische Welt durch den «Geist der Elemente», die Menschen durch Professor Capesius und Doktor Strader repräsentiert.

18 Vortrag vom 26.8.1916, in: *Das Rätsel des Menschen*, GA 170, Dornach 1978, S. 194.

19 Vortrag vom 27.8.1916, GA 170, a.a.O., S. 208.

20 Die Akasha-Chronik besteht allerdings nicht nur aus dieser ätherischen Schicht, sondern sie umfasst ebenso einen astralischen Bereich. In diesem befinden sich die Abbilder der nach dem Tode abgelegten Astralleiber. Vgl. dazu Rudolf Steiner, *Lesen in der Akasha-Chronik*, hrsg. v. Andreas Neider, Dornach 2008, S. 44-57.

21 Dass es auch noch andere Formen der «Eintragung» gibt, darauf weisen u.a. die Vorträge in Anm. 18 und 19 hin.

22 Vgl. Rudolf Steiner, *Erkenne dich selbst*, a.a.O.

23 Vgl. dazu den Vortrag vom 24.8.1906, in: *Vor dem Tore der Theosophie*, GA 95.

24 Vgl. dazu genauer Rudolf Steiner, *Christus-Erkenntnis und Selbstlosigkeit*, hrsg. von Andreas Neider, Dornach 2011.

25 Vgl. dazu den in Anm. 24 genannten Band.

26 Vgl. dazu z.B. Joachim Bauer, *Prinzip Menschlichkeit. Warum wir von Natur aus kooperieren,* Hamburg 2006 und Jeremy Rifkin, *Die empathische Zivilisation,* Frankfurt 2010.

27 Vortrag vom 25.8.1911, GA 129, Dornach 1995, S. 170.

28 Vgl. dazu den Vortrag vom 23.3.1911, in: *Okkulte Physiologie,* GA 128. Den Gesamtzusammenhang der Ätherisation des Blutes hat am genauesten Peter Selg in seinem medizinischen Grundlagenwerk *Vom Logos menschlicher Physis* anhand aller diesbezüglichen Aussagen Rudolf Steiners nachgezeichnet. Aus dem hier Gesagten ergibt sich aber auch, dass Rudolf Steiner die zuvor als Ätherisierung des Blutes beschriebenen Vorgänge zwischen 1911 und 1917 weiter erforscht hat und dadurch schließlich physiologisch noch genauer fassen konnte.

29 Vgl. dazu den Vortrag vom 1.10.1911, in: *Das esoterische Christentum,* GA 130.

30 Dieser Vorgang wird in der christlichen Esoterik mit dem Heiligen Gral, der das am Kreuze fließende Blut aufgefangen hat, umschrieben. Die Suche nach dem Gral ist in diesem Sinne nichts anderes als der hier beschriebene Nachvollzug der makrokosmischen Ätherisation des Blutes durch die Verwandlung der menschlichen Seele.

31 Vortrag vom 1.10.1911, in: *Das esoterische Christentum,* GA 130, Dornach 1995, S. 92.

32 Vgl. dazu die Vorträge in GA 223, *Der Jahreslauf als Atmungsvorgang der Erde.*

33 Vortrag vom 1.10.1911, a.a.O., S. 93.

34 Zur Entstehung des Seelenkalenders siehe meinen Aufsatz «Der Atem des Ich» in: *Anthroposophie,* Michaeli 2011.

35 Rudolf Steiner, *Anthroposophische Leitsätze,* GA 26, a.a.O., S. 215 f.

36 Vortrag vom 30.11.1917, in: *Freiheit, Unsterblichkeit, soziales Leben,* GA 72, Dornach 1990, S. 255.

37 Vortrag vom 6.7.1909, *Anthroposophie und Rosenkreuzertum,* S. 107 ff.

38 Z.B. in GA 26 an verschiedenen Stellen.

39 *Die Geheimwissenschaft im Umriss,* GA 13, Kapitel «Schlaf und Tod».

40 Vgl. Vortrag vom 19.9.1924 im Apokalypse-Zyklus für die Priester der Christengemeinschaft in: *Apokalypse und Priesterwirken,* GA 346.

II. Der Sturz der Geister der Finsternis und die Bedrohung des ätherischen Bewusstseins

1 Vortrag vom 19.11.1917, in: *Individuelle Geistwesen und ihr Wrken in der Seele des Menschen,* GA 178, Dornach 1992, S. 204.

2 Ebd., S. 205.

3 J. W. v. Goethe, *Faust* I, Vers 340 ff.

4 Vgl. dazu *Zeitgeschichtliche Betrachtungen,* GA 173a-c, Dornach 2011. Diese Bände sind von Alexander Lüscher neu herausgegeben worden und sind hervorragend und ausführlich kommentiert.

5 In einem Aufsatz über «Freiheit und Gesellschaft» im Juli 1898, heute in GA 31, Dornach 1989, S. 255.

6 Vortrag vom 26.10.1917, in: *Die spirituellen Hintergründe der äußeren Welt. Der Sturz der Geister der Finsternis,* GA 177, Dornach 1999, S. 218 f.

7 Ebd., S. 220.

8 Auf die historischen Zusammenhänge der Geschichte des 20. Jahrhunderts können wir in diesem Zusammenhang nur am Rande hinweisen. Genaueres dazu findet sich aus anthroposophischer Sicht in dem Buch von Renate Riemeck, *Mitteleuropa. Bilanz eines Jahrhunderts,* 4. Auflage, Stuttgart 1997. Die Sicht

der Zeitgeschichte beschreiben z.B. Eric Hobsbawn in: *Das Zeitalter der Extreme,* München 1995 und Mark Mazower in: *Der dunkle Kontinent,* Frankfurt 2000.

9 Vortrag vom 27.10.1917, GA 177, a.a.O., S. 230.

10 Rudolf Steiner schildert diese Zusammenhänge ausführlich in: *Anthroposophische Leitsätze. Der Erkenntnisweg der Anthroposophie. Das Michael-Mysterium,* GA 26.

11 Dass das früher anders war und auch in Zukunft wieder anders sein wird, werden wir in einem späteren Abschnitt noch genauer betrachten.

12 Vgl. dazu GA 26, a.a.O.

13 Vortrag vom 19.11.1917, GA 178, S. 205.

14 Siehe dazu die Ausführungen im fünften Kapitel.

15 Johannes Müller, *Über die phantastischen Gesichtserscheinungen,* Bonn 1826, S. 83. Hier und im Folgenden folge ich der Darstellung von Peter Selg in seinem Aufsatz «Die geistige Dimension des Menschen. Zur Entwicklung der medizinischen Anthropologie im 20. Jahrhundert», in seinem Buch *Das Leib-Seele-Problem,* Arlesheim 2011. Die ausgezeichnete Darstellung Peter Selgs zeichnet am Beispiel der Geschichte der Medizin und der Humanphysiologie die irdischen Auswirkungen des Sturzes der Geister der Finsternis in präziser und ausgesprochen anschaulicher Weise nach und hält sich dabei ausschließlich an die äußeren, zitierbaren Fakten. Zur wissenschaftlichen und biografischen Entwicklung Johannes Müllers vgl. außerdem den Aufsatz «Johannes Müller im 19. Jahrhundert. Schicksal von Leben und Werk» in: Peter Selg, *Michael und Christus. Studien zur Anthroposophie Rudolf Steiners,* Arlesheim 2010.

16 Johannes Müller, *Handbuch der Physiologie,* I. Band, 2. Abteilung, Koblenz 1834, S. VI f.

17 Emil Du Bois-Reymond, *Gedächtnisrede auf Johannes Müller,*

gehalten in der Akademie der Wissenschaften am 8. Juni 1858, Berlin 1860, S. 91.

18 Der Physiologe Ernst Brücke (1819–1892).

19 Zitiert nach: Peter Selg, *Das Leib-Seele-Problem,* a.a.O., aus: *Jugendbriefe von Emil Du Bois-Reymond an Eduard Hallmann,* Berlin 1918, S. 108. Hervorhebung von P. Selg.

20 Zitiert nach Peter Selg, *Das Leib-Seele-Problem,* a.a.O. aus: *Virchows Archiv für Pathologische Anatomie und Physiologie,* Nr. 188, 1907, S.8.

21 Ebd., Nr. 23, 1858, S.9.

22 Zitiert nach Peter Selg, ebd.: Hermann von Helmholtz, *Über das Ziel und die Fortschritte der Naturwissenschaft,* Innsbruck 1869.

23 Vgl. Peter Selg, a.a.O., S. 48.

24 Vgl. Peter Selg, a.a.O., S. 49.

25 Vgl. Peter Selg, a.a.O., S. 51.

26 Rudolf Steiner, Vortrag am 21.3.1920, in: *Geisteswissensschaft und Medizin,* GA 312, Dornach 1999, S. 23.

27 Rudolf Steiner, Vortrag am 17.9.1924, in: *Apokalypse und Priesterwirken,* GA 346, Dornach 2001, S. 183 f.

28 Rudolf Steiner, Vortrag vom 26.10. 1917, in GA 177, a.a.O., S. 220.

29 Vgl. zur Rolle der Medizin im Nationalsozialismus die bereits erwähnte Studie von Peter Selg, *Das Leib-Seele-Problem,* a.a.O., S. 50 ff.

30 Vortrag vom 14.1.1917, in: *Zeitgeschichtliche Betrachtungen* Band III, GA 173c, Dornach 2010, S. 77.

31 Vortrag vom 5.1.1918, in: *Mysterienwahrheiten und Weihnachtsimpulse,* GA 180, Dornach 1980 , S. 163.

32 Vgl. die Vorträge vom 8.5. und 14.5.1912, in: *Erfahrungen des Übersinnlichen,* GA 143, und *Der irdische und der kosmische Mensch,* GA 133. Dass gerade im Gebiet des Sexuellen besonders

die heranwachsenden Jugendlichen gefährdet sind, darauf wies Rudolf Steiner in seinen pädagogischen Vorträgen über das Jugendalter hin (z.B. im Vortrag vom 16.6.1921, in: *Menscherkenntnis und Unterrichtsgestaltung,* GA 302). Gerade hier besteht aber heute durch die digitale Medienwelt, auf die wir im vierten Kapitel noch genauer eingehen werden, eine besondere Gefahr der Entwicklung von Jugendlichen.

33 Vgl. zur Geschichte des Spiritismus den Vortrag vom 30.5.1904, in: *Spirituelle Seelenlehre und Weltbetrachtung,* GA 52.

34 *Die Philosophie des geistigen Verkehrs.*

35 Vortrag vom 17.10.1915, in: *Die okkulte Bewegung im 19. Jahrhundert,* GA 254, Dornach 1986, S. 62 f.

36 Vortrag vom 27.10.1917, in: GA 177, a.a.O. S. 235.

37 Rudolf Steiner, Vortrag vom 23.9.1916, in: *Innere Entwicklungsimpulse der Menschheit,* GA 171, Dornach 1984, S. 83.

38 Vgl. zu diesen Vorgängen insbesondere die Vorträge vom 18. und 19.11.1917, in: *Individuelle Geistwesen,* GA 178, a.a.O.

39 Vortrag vom 6.2.1913, in: *Die Mysterien des Morgenlandes und des Christentums,* GA 144, Dornach 1985, S. 67 f..

40 Ebd.

41 Ebd.

42 Vgl. hierzu ausführlich mein Buch *Die Evolution von Gedächtnis und Erinnerung. Lesen in der Akasha-Chronik,* Stuttgart 2008.

43 Vgl. dazu Rudolf Steiner, *Lesen in der Akasha-Chronik,* hrsg. von Andreas Neider, Dornach 2008.

44 Vgl. ebd.

45 Der Dialog befasst sich an dieser Stelle mit den Vor- und Nachteilen der mündlichen ggü. den schriftlichen Ausdrucksformen.

46 Platon: *Phaidros,* 274c–275b. Der Text folgt der Übersetzung durch L. Georgii von 1853. Hervorhebungen vom Vf.

47 Joachim Latacz, «Der Beginn von Schriftlichkeit und Litera-

tur», in: Joachim Latacz, *Homer. Der Mythos von Troia in Dichtung und Kunst,* München 2008.

48 Joachim Latacz, «Homer-Darstellungen in der antiken Literatur», in: ebd.

49 Siehe dazu im Detail die Darstellung von Alain Denjean, *Odyssee der Menschwerdung,* Stuttgart 2008.

50 Siehe dazu auch Horkheimer/Adorno, *Dialektik der Aufklärung,* (Erstauflage 1944), Frankfurt Neuausgabe 1969.

51 Rudolf Steiner, Vortrag vom 29.8.1909, in: *Der Orient im Lichte des Okzidents,* GA 113, Dornach 1982, S. 131.

52 Ebd.

53 Vortrag vom 8.2.1910, in: *Der Christus-Impuls und die Entwicklung des Ich-Bewusstseins,* GA 116, Dornach 1982, S. 93.

54 Ebd., S. 94.

55 Vgl. dazu das Kapitel «Die Spaltung der Persönlichkeit», in: *Wie erlangt man Erkenntnisse der höheren Welten?,* GA 10.

56 Die dazugehörigen Übungen, die häufig als «Nebenübungen» bezeichnet werden, hat Rudolf Steiner häufig beschrieben. Vgl. dazu den Band *Die Nebenübungen. Sechs Schritte zur Selbsterziehung,* hrsg. von Ates Badyur, Dornach 2006.

57 Vortrag vom 11.4.1919, in: *Vergangenheits- und Zukunftsimpulse im sozialen Geschehen,* GA 190, Dornach 1980, S. 148.

58 Vgl. dazu den von Roland Halfen und Andreas Neider herausgegebenen Band *Imagination,* Stuttgart 2002.

59 Vgl. dazu die Ausführungen im letzten Kapitel sowie Rudolf Steiner, *Anthroposophie und Rosenkreuzertum,* hrsg. von Andreas Neider, Dornach 2007.

60 Als ein Beispiel sei hier der portugiesische Konsul Aristides de Sousa Mendes genannt. Vgl. dazu die Biografie von José Alain Fralon, *Der Gerechte von Bordeaux. Wie Aristides de Sousa Mendes 30.000 Menschen vor dem Holocaust bewahrte,* Stuttgart 2011.

61 Vgl. dazu die nach dem Ende des Zweiten Weltkrieges erschienene Studie von Karl Heyer, *Wesen und Wollen des Nationalsozialismus,* 3. Aufl. Basel 1991.

62 Rudolf Steiner, Vortrag vom 8.12.1918, in: *Die soziale Grundforderung unserer Zeit,* GA 186, Dornach 1990, S. 145 f.

63 Ebd.

64 Vortrag vom 14.10.1917, GA 177, a.a.O., S. 168.

III. Die «Impfung gegen alles Spirituelle» durch die Medienwelt

1 Vortrag vom 27.10.1917, GA 177, a.a.O., S. 236 f.

2 Wie mit diesen Gefahren der Medienwelt konkret pädagogisch umgegangen werden kann, habe ich in meinem Buch *Medienbalance. Erziehung im Gleichgewicht mit der Medienwelt,* ausführlich dargestellt.

3 Vgl. zu Tolkiens Biografie: Tom Shippey, *J. R. R. Tolkien. Autor des Jahrhunderts,* Stuttgart 2002; Humphrey Carpenter, *J. R. R. Tolkien. Eine Biographie,* Stuttgart 1979 und *J. R. R. Tolkien. Briefe,* hrsg. von Humphrey Carpenter, Stuttgart 1991 sowie Tolkiens Vorwort zum *Herrn der Ringe.*

4 Zur Unternatur siehe weiter unten die Ausführungen des vierten Kapitels.

5 Vortrag vom 15.10.1922, in: *Geistige Wirkenskräfte im Zusammenleben von alter und junger Generation,* GA 217, Dornach 1988, S. 191.

6 Rudolf Steiner, *Anthroposophische Leitsätze,* GA 26, Dornach 1998, S. 105.

7 Vortrag vom 15.10.1922, GA 217, a.a.O., S. 187.

8 Rudolf Steiner, Vortrag vom 18.11.1917, GA 178 a.a.O., S. 177 f.

9 Auf eine eingehendere Analyse dieser Literatur muss hier aus Platzgründen leider verzichtet werden, es wäre dies Stoff für ein eigenes Buch. Hier sollte lediglich auf eine Tendenz aufmerksam

gemacht werden, die sich praktisch durch die gesamte angloamerikanische Fantasy-Literatur hindurchzieht. Zu Harry Potter vgl. das ausführliche Werk von Lorenzo Ravagli, *Die geheime Botschaft der J. K. Rowling. Ein Schlüssel zu Harry Potter,* 2. Aufl. Stuttgart 2010. Allerdings vermag ich die durchweg euphorische Beurteilung Ravaglis sowohl der Autorin wie ihres siebenbändigen Werkes nicht zu teilen. Mit der Fantasy-Literatur im Allgemeinen hat sich von anthroposophischer Seite kritisch Günther Kollert in einem eher essayistisch gehaltenen Werk *Phantasie, Phantastik, Fantasy. Erzählte Welten zwischen Romantik und neuem Mythos* (Dornach 2010) auseinandergesetzt.

10 Rudolf Steiner, *Anthroposophische Leitsätze,* GA 26, a.a.O., S. 112.

11 Humphrey Carpenter, *J. R. R. Tolkien. Eine Biographie,* a.a.O., S. 244.

12 Vortrag vom 16.10.1917, GA 178, a.a.O., S. 55.

13 Vortrag vom 14.10.1917, GA 177, a.a.O., S. 168.

14 Z.B. unter www.lovelybooks.de.

15 Vortrag vom 17.10.1915, GA 254, Dornach 1986, S. 71 ff.

16 Als ein Beispiel nennt Rudolf Steiner in diesem Zusammenhang den westlichen Okkultisten C. G. Harrison und sein Werk *Das transcendentale Weltenall*, das auch von anthroposophischer Seite in dieser Hinsicht häufig verkannt wurde.

17 Vortrag vom 17.10.1915, GA 254, a.a.O., S. 65 f.

18 Ebd.

19 Vortrag vom 29.9.1917, GA 177, a.a.O., S. 20.

20 Vortrag vom 6.10.1917, GA 177, a.a.O., S. 65

21 Ebd. S. 71.

22 Vortrag vom 8.12.1918, GA 186, S. 146.

23 Eine Dystopie beschreibt eine düstere Zukunft im Unterschied zur Utopie.

24 Es existieren zu Miyazakis Gesamtwerk mehrere Monographien, von denen aber keine auf Deutsch erschienen ist. Erwähnt sei hier die auf Französisch erschienene umfangreiche Darstellung von Raphael Colson und Gael Régner *Hayao Miyazaki – Cartographie d'un univers,* Lyon 2010.

25 Vgl. dazu mein Buch *Die Evolution von Gedächtnis und Erinnerung. Lesen in der Akasha-Chronik,* Stuttgart 2008.

26 So sagt Nausicaä am Schluss des Filmes, aufgrund der vielen Opfer, die die Kämpfe gekostet haben: «Ich bitte Euch, vergesst niemals die Toten!»

27 Auffällig ist, dass Miyazaki mit seinem Studio Ghibli ein unabhängiger Filmemacher ist, der sich deshalb nicht der Macht und dem Einfluss der großen Studios unterwerfen muss und so wirklich seine eigene Bilderwelt kreieren kann.

28 Übrigens hat James Cameron seine fliegenden Berge von Pandora möglicherweise auch dem fliegenden Eiland Laputo von Miyazaki nachempfunden. Äußerlich sehen beide Welten nämlich sehr ähnlich aus.

29 Rudolf Steiner gibt in dem Vortrag vom 18.11.1917, in GA 178, als ein Ziel *östlicher Logen* an, dass die Ätherleiber Verstorbener gewissermaßen okkupiert und an das Irdische gefesselt werden: «Wenn der Mensch einen solchen Ätherleib abgibt nach dem Tode, so können gewisse Wesenheiten diesen Ätherleib beziehen; sie werden dann ätherische Wesenheiten mit solchen von den Menschen abgelegten Ätherleibern. So dass es vorkommt in östlichen Gegenden, dass, jetzt nicht tote Menschen, aber allerlei dämonische Geister veranlasst werden, abgelegte Ätherleiber von Menschen anzuziehen. Und solche mit Ätherleibern von Menschen angetanen dämonischen Geister, die werden in die östlichen Logen aufgenommen.» (A.a.O., S. 185)

30 Vgl. zu den *Blanks* auch das erste Kapitel und den Abschnitt über den Ätherleib nach dem Tod.

31 In Japan hat der Film, der dort bereits 2006 erschienen ist, bereits drei Fortsetzungen erfahren, von denen bisher aber nur eine in Europa als DVD herausgekommen ist. Sie trägt in der französischen Version den Titel *The Diamond Dust Rebellion*, kommt allerdings bei Weitem nicht mehr an die Qualität des ersten Filmes heran, so wie übrigens auch die gleichnamige Manga-Serie nicht.

32 *Anthroposophische Leitsätze,* GA 26, a.a.O., S. 80.

33 Auf diesen Punkt kommen wir im fünften Kapitel im Zusammenhang mit der Eurythmie noch zurück.

34 Vortrag vom 6.11.1917, GA 178, a.a.O., S. 93.

35 GA 26, a.a.O., S. 66.

36 Vortrag vom 6.1.1924, in: *Anthroposophie und Rosenkreuzertum,* hrsg. von Andreas Neider, Dornach 2007, S. 260.

37 *Die Philosophie der Freiheit,* GA 4, Dornach 1995, S. 269.

38 Vortrag vom 6.11.1917, GA 178, a.a.O.

IV. Der ahrimanische Doppelgänger und die digitalen Medien

1 Vortrag vom 6.10.1917, GA 177, a.a.O., S. 75 f.

2 Vortrag vom 23.11.1919, in: *Die Sendung Michaels,* GA 194, Dornach 1994, S. 56. Auf den mit dieser Gesetzmäßigkeit zusammenhängenden, von Rudolf Steiner entdeckten «Doppelstrom der Zeit» kann in unserem Zusammenhang nicht näher eingegangen werden. Dies wird im Rahmen einer umfangreicheren Arbeit zum Zeitbegriff im Werk Rudolf Steiners, an der der Verfasser gegenwärtig noch arbeitet, geschehen.

3 In seiner *Philosophie der Freiheit* hat Rudolf Steiner in einem Zusatz zur Neuauflage 1918 die hier angesprochene Gesetzmäßigkeit im menschlichen Organismus genau bezeichnet: «Nur

wenn man sich zu der in der unbefangenen Beobachtung gewonnenen Anerkennung dieser Wahrheit über die intuitive Wesenheit des Denkens hindurchgerungen hat, gelingt es, den Weg frei zu bekommen für eine Anschauung der menschlichen leiblich-seelischen Organisation. Man erkennt, dass diese Organisation an dem *Wesen* des Denkens nichts bewirken kann. Dem *scheint* zunächst der ganz offenbare Tatbestand zu widersprechen. Das menschliche Denken tritt für die gewöhnliche Erfahrung nur an und durch diese Organisation auf. Dieses Auftreten macht sich so stark geltend, dass es in seiner wahren Bedeutung nur von demjenigen durchschaut werden kann, der erkannt hat, wie im Wesenhaften des Denkens nichts von dieser Organisation mitspielt. Einem solchen wird es dann aber auch nicht mehr entgehen können, wie eigentümlich geartet das Verhältnis der menschlichen Organisation zum Denken ist. Diese bewirkt nämlich nichts an dem Wesenhaften des Denkens, sondern sie weicht, wenn die Tätigkeit des Denkens auftritt, zurück; sie hebt ihre eigene Tätigkeit auf, sie macht einen Platz frei; und an dem freigewordenen Platz tritt das Denken auf. Dem Wesenhaften, das im Denken wirkt, obliegt ein Doppeltes: Erstens drängt es die menschliche Organisation in deren eigener Tätigkeit zurück, und zweitens setzt es sich selbst an deren Stelle. Denn auch das erste, die Zurückdrängung der Leibesorganisation, ist Folge der Denktätigkeit. Und zwar desjenigen Teiles derselben, der das *Erscheinen* des Denkens vorbereitet. Man ersieht aus diesem, in welchem Sinne das Denken in der Leibesorganisation sein Gegenbild findet. Und wenn man dieses ersieht, wird man nicht mehr die Bedeutung dieses Gegenbildes für das Denken selbst verkennen können.» (GA 4, Dornach 1995, S. 146 f.)

4 Vortrag vom 16.11.1917, GA 178, a.a.O., S. 58 f. Vgl. hierzu auch

den Band: Rudolf Steiner, *Der elektronische Doppelgänger,* hrsg. von Andreas Neider, Basel 2012.

5 Vgl. Anm. 2.

6 Vortrag vom 25.11.1917, GA 178, a.a.O., S.219.

7 John von Neumann, *Die Rechenmaschine und das Gehirn*, München 1991.

8 Vortrag vom 16.11.1917, GA 178, a.a.O.

9 Vortrag vom 25.11.1917, GA 178, ebd.

10 *Anthroposophische Leitsätze*, GA 26, a.a.O., S. 257 f.

11 Vortrag vom 16.11.1917, GA 178, a.a.O., S. 70.

12 Das heißt natürlich nicht, dass jeder Amerikaner automatisch dem ahrimanischen Doppelgänger ausgeliefert ist. Durch entsprechende, vor allem moralische Kräfte können dessen Wirkungen sehr wohl ausgeglichen werden. Als ein Beispiel sei hier Benjamin Franklin genannt, dessen Leben ein Ausdruck solcher moralischer Qualitäten war, der aber auch technische Erfindungen wie den Blitzableiter gemacht hat, die die elektrischen Kräfte vom Menschen abwendeten. Siehe dazu die ausgezeichnete Biografie von Ernst-Christian Demisch, *Benjamin Franklin. Von einem, der auszog, die Welt zu verändern*, 2. Auflage, Stuttgart 2011.

13 Vortrag vom 25.11.1917, GA 178, a.a.O., S. 228.

14 Vortrag vom 1.12.1918, GA 186, a.a.O., S. 71 f.

15 Die nachfolgenden Ausführungen wurden in erweiterter Form, durch Grafiken und Abbildungen ergänzt, erstmals veröffentlicht in dem von mir herausgegebenen Band *Flucht in virtuelle Welten?,* Stuttgart 2010. Ausführlicher habe ich die Inhalte und Zusammenhänge von Computerspielen außerdem behandelt in meinem Buch *Medienbalance* und in dem Aufsatz «Warum sind Jungen von Computerspielen so fasziniert?» in dem von mir herausgegebenen Band *Brauchen Jungen eine andere Erziehung als Mädchen?,* Stuttgart 2007.

16 Z.B. Manfred Spitzer, *Vorsicht Bildschirm*, München 2006.

17 Z.B. Steven Johnson, *Die neue Intelligenz*, Köln 2006.

18 Besonders in amerikanischen Publikationen, z.B. S. Kline, N. Dyer-Witheford, G.d. Peuter, *Digital Play. The Interaction of Technology, Culture and Marketing*, Quebec 2003.

19 Näheres zur Dreigliederung der Medienwelt siehe in *Medienbalance – Erziehen im Gleichgewicht mit der Medienwelt*, a.a.O.

20 William Gibson im Nachwort zu *Die Neuromancer-Trilogie*, München 2009.

21 Vortrag vom 16.11.1917, GA 178, a.a.O.

22 Warum das so ist, haben wir anhand der Wirksamkeit des geografisch bestimmten Doppelgängers bereits gesehen.

23 A.a.O.

24 Daniel Schulz in der TAZ vom 28. April 2011.

25 Vortrag vom 16.11.1917, GA 178, a.a.O.

26 Vortrag vom 27.10.1917, GA 177, a.a.O.

27 Vgl. dazu die Darstellung am Anfang des ersten Kapitels.

28 Wie sich dieses physiologisch auf den Schlaf-Wach-Rhythmus von Computerspielern auswirkt, hat erstmals Maximilian Moser mit Mitarbeitern untersucht. Vgl. dazu Christian Rittelmeyer, *Über den Sinn der Kindheit. Leiblich-seelische Aspekte der Bildung* in: *Bildung ist mehr als Lernen,* hrsg. von Andreas Neider, Stuttgart 2006, S. 38 ff. Die Ergebnisse zeigen, dass die Auswirkungen von Computerspiel sehr stark den Wirkungen von starkem Stress mit allen gesundheitlichen Folgen entsprechen. Hauptfolge: Verlust von gesundenden Lebensrhythmen und eines gesunden Schlafes.

29 In: *Anthroposophische Leitsätze,* GA 26, a.a.O.

30 Vgl. Vorträge vom 8.8.1924, GA 237, Dornach 1991 und 20.7.1924, GA 240, Dornach 1992.

31 Vortrag vom 20.7.1924, GA 240, a.a.O., S. 191.

32 Siehe dazu ausführlich Rudolf Steiners Schilderungen in: *Anthroposophische Leitsätze.* GA 26, a.a.O.

33 Vortrag vom 8.8.1924, GA 237, a.a.O., S. 175.

34 Näheres dazu habe ich in meinem Buch *Medienbalance – Erziehung im Gleichgewicht mit der Medienwelt,* dargestellt.

V. Die Belebung des Ätherleibes und das Schicksal der freien Kräfte

1 Unsere Ausführungen wollen lediglich an die Erfahrung der Übernatur heranführen. Die didaktischen, für die Pädagogik entscheidenden Dinge gehören dem hier gesetzten Rahmen nach nicht zum Themenfeld des vorliegenden Buches. Weiter unten werde ich aber deshalb bei der Betrachtung der pädagogischen Aufgabe der Eurythmie noch einige diesbezügliche Literaturhinweise geben.

2 Vortrag vom 21.8.1919, in: *Allgemeine Menschenkunde als Grundlage der Pädagogik,* GA 293, Dornach 1992, S. 25.

3 GA 4, a.a.O., S. 146 f.

4 Rudolf Steiner, *Von Seelenrätseln,* GA 21, Dornach 1983, S. 157.

5 John von Neumann, *Die Rechenmaschine und das Gehirn*, München 1991.

6 Wie die Schulung der Denkbeobachtung durch entsprechende Übungen im Einzelnen verläuft, kann in dem hier gegeben Zusammenhang nicht genauer beschrieben werden. Dazu gibt es aber eine umfangreiche Literatur, die sich an die von Rudolf Steiner in seiner *Philosophie der Freiheit* formulierte Aufgabenstellung anschließt. Genannt seien hier beispielhaft zwei einführende Schriften von Georg Kühlewind: *Die Wahrheit tun,* 3. Auflage, Stuttgart 2006 und: *Aufbau. Vom Denken zur Wahrnehmung des Lebens,* Stuttgart 2008, sowie von Frank Teichmann: *Auferstehung im Denken,* Stuttgart 1996.

7 Dass diese Form digitaler Überwachung natürlich auch noch

zu ganz anderen Zwecken genutzt werden kann, sei hier nur am Rande erwähnt. Die Literatur, die deutliche Kritik an diesen und anderen Seiten des Internets äußert, ist mittlerweile Legion. Als ein Beispiel seien hier nur genannt: Nicholas Carr, *Wer bin ich, wenn ich online bin ... und was macht mein Gehirn solange? Wie das Internet unser Denken verändert,* München 2010.

8 Auf diese Übungen gehe ich an dieser Stelle nicht näher ein, da hierzu eine umfangreiche Literatur vorhanden ist, vgl. z.B. Florin Lowndes, *Die Belebung des Herzchakra. Ein Leitfaden zu den Nebenübungen Rudolf Steiners,* 3. Auflage, Stuttgart 2000. Rudolf Steiner hat die Nebenübungen mehrfach ausführlich beschrieben. Eine Zusammenstellung findet sich in: *Die Nebenübungen,* hrsg. von Ates Baydur, Dornach 2006.

9 Auch diese können hier nur beispielhaft beschrieben werden. Ausführlichere Darstellungen findet man bei Rudolf Steiner zum Beispiel in der kleinen Schrift *Ein Weg zur Selbsterkenntnis des Menschen in acht Meditationen,* Dornach 2004 und in einem neueren Werk von Johannes W. Schneider: *Meditation in der asiatischen Kultur und in der Anthroposophie.* Stuttgart 2010.

10 Die ausführliche Darstellung dieser Meditation findet man bei Rudolf Steiner in: *Die Geheimwissenschaft im Umriss,* GA 13, Dornach 1996, S. 309 ff. Eine genaue Anleitung dazu findet sich in dem Buch *Meditation und Christuserfahrung* von Jörgen Smit, 4. Auflage, Stuttgart 2008.

11 Genaueres dazu findet man in Rudolf Steiners Grundlagenwerk der esoterischen Schulung *Wie erlangt man Erkenntnisse der höheren Welten?* in dem Kapitel «Über einige Wirkungen der Einweihung». Das Grundprinzip der Einweihung schildert Rudolf Steiner konzentriert in den Vorträgen vom 30. und 31.5.1908 in: *Das Johannes-Evangelium,* GA 103.

12 Vgl. dazu den Vortrag vom 30.11.1919, in: *Die Sendung Michaels,*

GA 194, a.a.O. Die hier beschriebenen physiologischen Vorgänge wurden im Rosenkreuzertum in Form alchimistischer Prozesse erübt. Vgl. dazu Rudolf Steiner, *Anthroposophie und Rosenkreuzertum,* hrsg. von Andreas Neider, Dornach 2007. Im Übrigen bezeichnet Rudolf Steiner die Harmonisierung des Atmens als eines der Hauptziele der Waldorfpädagogik: «Die wichtigsten Maßnahmen in der Erziehung werden daher liegen in der Beobachtung alles desjenigen, was in der rechten Weise den Atmungsprozess hineinorganisiert in den Nerven-Sinnesprozess.» Vortrag vom 21.8.1919, in: *Allgemeine Menschenkunde als Grundlage der Pädagogik,* GA 293, Dornach 1992, S. 25.

13 Genauer hat Rudolf Steiner diesen Vorgang in der *Geheimwissenschaft* beschrieben. Diese Textstelle ist enthalten in: Rudolf Steiner, *Erkenne dich selbst,* hrsg. von Andreas Neider, Dornach 2010.

14 Rudolf Steiner hat diese Erkenntnisform in den oben genannten Büchern ausführlich beschrieben. Eine ausführliche Darstellung verschiedener Aspekte der Imagination findet sich in dem Buch *Imagination. Vom Erleben des schaffenden Geistes,* hrsg. von Roland Halfen und Andreas Neider, Stuttgart 2002.

15 Auch dazu gibt es eine reichhaltige Sekundärliteratur. Vgl. zum Mythos: Andreas Neider, *Die Evolution von Gedächtnis und Erinnerung. Lesen in der Akasha-Chronik,* Stuttgart 2008. Zum Märchen beispielsweise: Friedel Lenz, *Bildsprache der Märchen,* 9. Auflage, Stuttgart 2003.

16 Rudolf Steiner, Vortrag vom 14.11.1917, GA 73, a.a.O., S.185.

17 Georg Kühlewind, *Vom Umgang mit der Anthroposophie,* 2. Auflage, Stuttgart 2001.

18 Rudolf Steiner, *Die Geheimwissenschaft im Umriss,* GA 13, a.a.O., S. 26.

19 Siehe dazu den betreffenden Abschnitt im ersten Kapitel.

20 Als Einführung zu einem übenden Umgang mit diesen Kräften im Naturerleben sei hier erneut auf Rudolf Steiners Grundlagenwerk *Wie erlangt man Erkenntnisse der höheren Welten?* hingewiesen.

21 Rudolf Steiner, *Grundlegendes für eine Erweiterung der Heilkunst,* GA 27, Dornach 1991, S.12.

22 *Die Philosophie der Freiheit,* GA 4, Dornach 1995, S.86.

23 Vgl. z.B. die von Almut Bockemühl herausgegebene Textzusammenstellung *Die Welt der Elementarwesen* mit zahlreichen Vorträgen Rudolf Steiners, Dornach 2006. Als ergänzende Literatur sei außerdem das Buch *Lebenskräfte – Bildekräfte. Methodische Grundlagen der Erforschung des Lebendigen* von Dorian Schmidt (Stuttgart 2010) genannt.

24 Empfohlen sei hier die von Michael Debus herausgegebene synoptische Ausgabe: Rudolf Steiner, *Die Wochensprüche des Anthroposophischen Seelenkalenders im Doppelstrom der Zeit beider Hemisphären.* In dieser Ausgabe bekommt man einen leichteren Überblick über die Komposition und den Aufbau der 52 Wochensprüche.

25 Auch zum *Anthroposophischen Seelenkalender* gibt es eine Fülle von Literatur, die der eigenen Beschäftigung und Meditation weiterhelfen kann. Als hervorragendstes Beispiel seien hier zwei Werke des Begründers der Camphill-Bewegung, Karl König, genannt: *Anleitungen zum Seelenkalender,* Stuttgart 2009 und *Bilder des inneren Jahres,* Stuttgart 2009.

26 Siehe dazu den betreffenden Abschnitt des zweiten Kapitels.

27 Rudolf Steiner, Vortrag vom 29.8.1909, GA 113, a.a.O., S. 131.

28 Vgl. dazu die Darstellung im Abschnitt über die Ätherisation des Blutes im ersten Kapitel.

29 Siehe dazu die Vorträge in GA 152, *Vorstufen zum Mysterium von Golgatha.* Zum genaueren Verständnis des Mysteriums von

Golgatha vgl. auch den vom Verfasser herausgegebenen Auswahlband mit Texten Rudolf Steiners *Christuserkenntnis und Selbstlosigkeit,* Dornach 2012.

30 Matth. 28, 20, in der Übersetzung Rudolf Steiners.

31 Vgl. dazu Rudolf Steiners Vorträge in: *Der Jahreslauf als Atmungsvorgang der Erde,* GA 223, Dornach.

32 Vgl. dazu die Darstellungen Rudolf Steiners während der Neubegründung der Anthroposophischen Gesellschaft Weihnachten 1923 in: *Die Weihnachtstagung zur Begründung der Allgemeinen Anthroposophischen Gesellschaft 1923/24,* Dornach 1994.

33 Vgl. Frank Teichmann, *Die ägyptischen Mysterien,* Stuttgart 1999.

34 Vgl. die esoterische Stunde vom 16.12.1911 in: *Aus den Inhalten der esoterischen Schule II,* GA 266b, Dornach 1996, S. 265.

35 Vortrag vom 19.1.1915, in: *Menschenschicksale und Völkerschicksale,* GA 157, Dornach 1981, S. 107 f.

36 Vgl. den Aufsatz «Wo ist der Mensch als denkendes und sich erinnerndes Wesen?», GA 26, a.a.O., S. 219 ff.

37 Vortrag vom 19.11.1917, GA 178, a.a.O., S. 205.

38 Vortrag vom 18.11.1917, GA 178, a.a.O., S. 174.

39 Vortrag vom 25.11.1917, GA 178, a.a.O., S. 227 f.

40 In anderer, noch stärker an den Wortlauten Rudolf Steiners orientierter Form hat Sergej. O. Prokofieff in seinem Buch *Das Erscheinen des Christus im Ätherischen,* Dornach 2010, in dem Kapitel «Die ätherische Wiederkunft und die ihr entgegenwirkenden okkulten Mächte», auf diesen hier dargestellten Zusammenhang aufmerksam gemacht.

41 Siehe Anmerkung 8.

42 Rudolf Steiner weist im Vortrag vom 16.11.1917 (GA 178, a.a.O.) auf den luziferischen Doppelgänger als Verursacher psychischer Erkrankungen hin, so wie er hier auch den ahrimanischen Doppelgänger als Verursacher aller leiblichen Erkrankungen bezeichnet.

43 Vortrag vom 8.4.1914, in: *Inneres Wesen des Menschen und Leben zwischen Tod und neuer Geburt,* GA 153, Dornach 1997, S. 48.

44 In dem Aufsatz «Von dem astralischen Leibe und von luziferischen Wesenheiten. Von dem Wesen des Ätherischen Leibes» in: *Die Schwelle der geistigen Welt,* GA 17, weist Rudolf Steiner auf diese Unreinheit des Ätherleibes und ihren Ursprung hin. Hier deutet er aber auch an, dass der Ätherleib ursprünglich, im Evolutionsstadium der «Alten Sonne», noch rein war. Von hier aus ergibt sich auch eine Erklärung für die Wirksamkeit der Christuskräfte auf den Ätherleib, wie sie auf dem Wege des hier beschriebenen Schulungsweges durch den anthroposophischen Seelenkalender und die Pflege der Erinnerungskräfte erreicht werden kann. Denn die Christuswesenheit trägt jenen Zustand der reinen Sonnenkräfte in sich, ja sie repräsentiert diese geradezu im gesamten Kosmos und hat diese durch das Mysterium von Golgatha mit der Erdenentwicklung verbunden. Vgl. dazu Rudolf Steiner, *Christuserkenntnis und Selbstlosigkeit,* hrsg. von Andreas Neider, Dornach 2011.

45 Rudolf Steiner hat sich immer wieder ausführlich über diese Übungen geäußert. Vgl. beispielsweise *Entwicklung des Denkens – Stärkung des Willens. Drei Vorträge,* hrsg. von Andreas Neider, Stuttgart 2004 oder die Zusammenstellung *Rückschau. Übungen zur Willensstärkung,* hrsg. von Martina Maria Sam, Dornach 2009.

46 Rudolf Steiner, Vortrag vom 7.12.1918 in: *Interesse für den anderen Menschen. Drei Vorträge,* hrsg. von Andreas Neider, 2. Auflage, Stuttgart 2006.

47 Vortrag vom 26.10.1918, in ebd.

48 Vortrag vom 26.11.1914, in: *Entwicklung des Denkens – Stärkung des Willens,* a.a.O.

49 Rudolf Steiner, «Wie finde ich den Christus?», Vortrag vom

16.10.1918, in: *Der Tod als Lebenswandlung,* GA 182, Dornach 1996, S. 181.

50 Vgl. dazu die Biografie *Der Gerechte von Bordeaux. Wie Aristides de Sousa Mendes 30.000 Menschen vor dem Holocaust bewahrte,* von José Alain Fralon, Stuttgart 2011.

51 Vgl. den Vortrag vom 20.9.1924, in: *Apokalypse und Priesterwirken,* GA 346, Dornach 2001.

52 Vgl. den Vortrag vom 7.3.1914, in: *Lesen in der Akasha-Chronik,* a.a.O., S. 224 ff.

53 Vortrag vom 8.4.1914, GA 153, a.a.O., S. 48.

54 Ebd.

55 Vortrag vom 25.5.1921, in: *Beiträge zur Rudolf Steiner Gesamtausgabe Nr. 116.*

56 Vgl. dazu mein bereits mehrfach erwähntes früheres Werk *Die Evolution von Gedächtnis und Erinnerung. Lesen in der Akasha-Chronik,* in dem ich auf diese Zusammenhänge ausführlicher eingegangen bin.

57 Diese wurde im Zusammenhang mit den Ereignissen des 20. Jahrhunderts von einigen herausragenden Persönlichkeiten auch schon gepflegt. Erinnert sei hier nur als Beispiel an Walter Kempowski und sein monumentales Erinnerungswerk *Das Echolot,* in dem er Aufzeichnungen, Tagebücher und Briefe von tausenden von Menschen aus der Zeit des Zweiten Weltkrieges zu einem Gesamterinnerungswerk von etwa 8000 Seiten kompiliert hat.

58 Vortrag vom 7.12.1918, GA 186, a.a.O., S. 126.

59 Vgl. dazu Cornelia Stolze, *Vergiss Alzheimer. Die Wahrheit über eine Krankheit, die keine ist.* Köln 2011

60 Am 2. März 1924 in dem Band *Esoterische Betrachtungen karmischer Zusammenhänge,* GA 235, Dornach 1994, S. 103 ff.

61 A.a.O.

62 Vgl. dazu mein Buch *Die Evolution von Gedächtnis und Erinnerung*, a.a.O.

63 Siehe dazu die fundamentale Kritik von Thomas Fuchs an der heutigen Hirnforschung in seinem Buch *Das Gehirn – ein Beziehungsorgan,* Stuttgart 2008 sowie die Ansätze zu einer «Sphärischen Anthropologie» in seinem Buch *Leib-Raum-Person,* Stuttgart 2000.

64 Rudolf Steiner, Vortrag vom 21.9.1920, *Meditativ erarbeitete Menschenkunde,* GA 302a, Dornach 1993, S. 43f.

65 Vgl. dazu Manfred Hallschmid/Jan Born, *Gut schlafen, besser essen,* in: *Gehirn und Geist,* November 2011, S. 44.

66 Vgl. dazu Rudolf Steiner, *Rückschau. Übungen zur Willensstärkung,* hrsg. von Martina Maria Sam, Dornach 2009.

67 Rudolf Steiner, Vortrag vom 4.11.1910, in: *Psychosophie,* GA 115, Dornach, S. 201 f.

68 Ebd.

69 Rudolf Steiner weist in seinem Vortrag «Technik und Kunst» auf diese große Aufgabe alles Künstlerischen im Zusammenhang mit der Ausbreitung der Unternatur deutlich hin. Vortrag vom 28.12.1914, in: *Kunst im Lichte der Mysterienweisheit,* GA 275.

70 Rudolf Steiner, *Anthroposophische Leitsätze,* GA 26, a.a.O., S. 67.

71 Vgl. *Die Entstehung und Entwicklung der Eurythmie,* GA 277a, Dornach 1998, S. 8 f.

72 Vortrag vom 7.3.1914, GA 152, a.a.O. S.109.

73 Vgl. zur Kunst der Sprachgestaltung das Buch von Barbara Denjean, *Sprich, dass ich dich sehe,* 2. Auflage, Stuttgart 2010. Außerdem meine Darstellung der Entwicklung von Marie von Sivers in *Christus-Impuls und Rosenkreuzertum. Rudolf Steiners Weg zum Fünften Evangelium,* Stuttgart 2011.

74 Vgl. dazu Johanna F. Zinke, *Luftlautformen sichtbar gemacht,* hrsg. von Rainer Patzlaff, 2. Auflage, Stuttgart 2003.

75 Ansprache vom 14.3.1915, in: *Eurythmie. Die Offenbarung der sprechenden Seele,* GA 277, Dornach 1999, S. 19.

76 Man denke beispielsweise an die unsägliche Einrichtung von so genannten «Kinder-Unis», in denen bereits 8-10-Jährigen vorgegaukelt wird, welche Formen des Wissens die eigentlichen seien.

77 Vgl. dazu Rudolf Kischnick, Will van Haren, *Dreh dich nicht um ... 300 Bewegungsspiele für Kinder und Jugendliche,* Stuttgart 2008.

78 Vgl. Eurythmieansprache vom 11.4.1920, in: *Eurythmie,* GA 277, a.a.O., S. 172. Dem Prinzip der «Gegenpolbildung» folgt im Übrigen auch mein bereits erwähntes Buch *Medienbalance – Erziehung im Gleichgewicht mit der Medienwelt.*

79 Dasselbe ließe sich auch für die Toneurythmie darstellen, die das musikalische Erleben, das unbewusste Mitsingen bei allem Musikalischen, in die Sichtbarkeit führt. Diese kann als Gegenmittel gegen die zunehmende Materialisierung und Denaturierung des Musikalischen durch die elektronischen Medien begriffen werden. Vgl. zur Natur des musikalischen Erlebens das bereits erwähnte Werk *Der hörende Mensch und die Musik* von Armin Husemann.

80 Zur Schulung des lebendigen Denkens und Unterrichtens hat Rudolf Steiner die Methode einer plastisch-musikalisch-sprachlichen Menschenkunde vorgeschlagen. Diese Methode liegt heute für die Lehrerbildung an Waldorfschulen, aber auch für die Ausbildung in der anthroposophischen Medizin umfänglich ausgearbeitet vor. Vgl. dazu *Menschenwissenschaft durch Kunst. Die plastisch-musikalisch-sprachliche Menschenkunde,* hrsg. von Armin J. Husemann, Stuttgart 2007. Zum Eurythmieunterricht: Sylvia Bardt, *Eurythmie als menschenbildende Kraft,* 2. Auflage, Stuttgart 2010; Elisabeth Göbel, *Eurythmie im ersten Jahrsiebt,*

Stuttgart 2005. Zum übrigen Unterricht sei hier nur exemplarisch erwähnt Hartwig Schiller (Hrsg.), *Fantasie. Von den schöpferischen Kräften in der Erziehung,* Stuttgart 2007. Für alle anderen Fächer siehe das umfangreiche pädagogische Programm im Verlag Freies Geistesleben, Stuttgart.

81 Der Nationalsozialismus, der diesem Aufbruch ein jähes Ende bereitete und dessen Zusammenhang mit den Geistern der Finsternis wir bereits im zweiten Kapitel beleuchtet haben, verspürte das sich vom Materiellen befreiende Bewusstsein der modernen Kunst sehr genau und bezeichnete sie deshalb als «entartet». Aus demselben Grunde wurde 1935 auch die anthroposophische Arbeit in Deutschland verboten, in der Folge auch die Waldorfpädagogik. Der Nationalsozialismus zielte mithin genau auf die Vernichtung des soeben erwachenden Bewusstseins vom Ätherischen, das sich laut Rudolf Steiner besonders in der Zeit ab 1933 hätte entwickeln sollen. Deshalb hat Steiner die Mitglieder der Anthroposophischen Gesellschaft auch immer wieder vor solchen zukünftig zu erwartenden Angriffen gewarnt: «Es könnte zum Beispiel so sein, dass die Bosheit, der Materialismus so groß wären auf der Erde, dass die Mehrheit der Menschen nicht das geringste Verständnis zeigte, und jene Menschen, die dieses Hellsehen haben werden, als Narren betrachten und in die Irrenhäuser stecken würde unter die andern hinein, die in verworrener Weise ihre Seelen entwickeln. Also es könnte dieses Zeitalter sozusagen an den Menschen spurlos vorübergehen ...» Vortrag am 25.1.1910 in: GA 118, a.a.O., S. 26. «Und dieses, was da kommen wird, das würde man einfach nicht verstehen können, wenn nicht Geisteswissenschaft vorhanden wäre. Die Menschheit würde das verlieren, was gewonnen werden soll. Und das könnte durchaus sein, wenn eintreten sollte, dass Geisteswissenschaft ganz verboten würde auf der Erde, wenn eintreten könnte, dass

man alle jene, die für die Geisteswissenschaft wirken, vielleicht verhungern ließe, vielleicht aus ihren Stellungen herausdrängen würde und verhungern ließe. Dann würde die Menschheit ganz die Möglichkeit verlieren, das, was als naturgemäße Entwickelung kommen wird, zu verstehen. Dann, wenn das geschehen sollte, würde die Menschheitsentwickelung veröden und verdorren.» Vortrag am 30.1.1910 in: GA 118, a.a.O., S. 68 f.

82 Rudolf Steiner, *Anthroposophische Leitsätze,* GA 26, a.a.O., S. 224.

83 Vortrag vom 9.11.1916, GA 168, a.a.O., S. 183.

84 Dass die Gegenmächte das Zusammenwirken von Lebenden und Verstorbenen unterbinden wollen, hat Rudolf Steiner in seinem Mysteriendrama von 1911 *Die Prüfung der Seele* in einer Szene des siebten Bildes beispielhaft illustriert, wo Luzifer und Ahriman dem Geistesschüler, der soeben mit seinem verstorbenen Lehrer in Kontakt getreten ist, das Bewusstsein trüben wollen.

85 Vortrag vom 24.4.1917, *Anthroposophie und Rosenkreuzertum,* S. 104 ff., oder auch in GA 175.

86 Vortrag vom 16.11.1917, GA 178, Dornach 1992, S. 50.

87 Vortrag vom 30.11.1917, a.a.O., S. 257.

88 Vgl. Vortrag vom 6.7.1909, in: *Anthroposophie und Rosenkreuzertum,* hrsg. von Andreas Neider, Dornach 2007, S. 107 ff.

89 Vgl. Vortrag vom 14.4.1914, GA 153.

90 Vgl. dazu die Vorträge vom 27. und 28.9.1911, in: *Anthroposophie und Rosenkreuzertum,* a.a.O.,

91 Vgl. Vortrag vom 27.9.1911, *Anthroposophie und Rosenkreuzertum,* a.a.O., S. 85 ff.

92 Vortrag vom 6.7.1909, in: *Anthroposophie und Rosenkreuzertum,* a.a.O., S. 108.

93 Den nachtodlichen Weg der Seele können wir hier nicht im Detail erläutern, daher setzen die nachfolgenden Ausführungen

einige Kenntnisse voraus. Zum eingehenderen Studium sei auf das Buch von Arie Boogert, *Der Weg der Seele nach dem Tod,* Stuttgart 2005, verwiesen.

94 Vgl. dazu die Schilderung im ersten Kapitel.

95 Vgl. dazu genauer die Darstellung von Peter Selg in: *Ungeborenheit. Die Präexistenz des Menschen und der Weg zur Geburt,* Arlesheim 2009.

96 Vgl. den Vortrag vom 18.2.1916, GA 168.

97 Vgl. z. B. den Vortrag vom 20.11.1907, in: *Menschheitsentwicklung und Christus-Erkenntnis,* GA 100.

98 Vgl. Vortrag vom 14.4.1914, GA 153.

99 Ebd.

100 Über solche Kräfte verfügte beispielsweise der junge Rudolf Steiner bereits als Knabe, wie er in seiner Autobiografie dargestellt hat.

101 Siehe dazu Anmerkung 52.

102 Rudolf Steiner, Vortrag vom 17.5.1923, in: *Menschenwesen, Menschenschicksal und Welt-Entwickelung,* Dornach 1988, S. 40.

103 Dieser ätherische oder luziferische Doppelgänger ist nicht zu verwechseln mit dem im vierten Kapitel beschriebenen ahrimanischen Doppelgänger, der ebenfalls kurz vor der Geburt in unseren Leib einzieht. Letzterer begleitet uns nur während eines Erdenlebens, er hat keinen ätherischen, sondern untersinnlichen Charakter, da er der Träger der im Nervensystem liegenden elektrischen Ströme ist. Daher muss er den Menschen auch beim Tode wieder verlassen. Der ahrimanische Doppelgänger geht also nicht mit durch das Nachtodliche!

104 Die Mantren finden sich in: *Die Grundsteinlegung der Allgemeinen Anthroposophischen Gesellschaft.* Auf diese kann in unserem Zusammenhang nur hingedeutet werden. Es gibt dazu eine umfangreiche Literatur, genannt seien hier: F. W. Zeylmans van

Emmichoven, *Der Grundstein,* 7. Auflage, Stuttgart 1999 sowie die Schriften von Sergej O. Prokofieff, genannt sei hier nur *Menschen mögen es hören,* Stuttgart 2002, und die Schrift von Peter Selg, *Die Grundstein-Meditation Rudolf Steiners und die Zerstörungen des 20. Jahrhunderts,* Arlesheim 2011.

105 Siehe die vorangegangene Anmerkung.

106 Rudolf Steiner, Vortrag vom 23.9.1922, in *Die Grundimpulse des weltgeschichtlichen Werdens der Menschheit,* GA 216, Dornach 1988, S. 63. Mit den hier genannten «Mechanismen» deutet Rudolf Steiner im Sinne des im vierten Kapitel Ausgeführten perspektivisch durchaus schon auf die digitalen Medien hin. Im Zusammenhang dieses Vortrages deutet Rudolf Steiner auch an, dass die Verstärkung der moralischen Kräfte in dem hier beschriebenen Sinne von der Seite der ätherischen Welt durch in der Erdenentwicklung seit dem Mysterium von Golgatha neu entstandene Elementarwesen positiv unterstützt werden kann, ja dass diese Wesen in diesen moralischen Handlungen geradezu ihr «Zuhause» haben. In diesem Sinne begründet er dann auch das Entstehen eines neuen kultischen Handelns. Später ergänzt er diese Ausführungen, indem er die Menschenbegegnung selber als einen «umgekehrten Kultus» bezeichnet. Vgl. dazu die Vorträge zur *Anthroposophischen Gemeinschaftsbildung* in GA 257.

107 Vortrag vom 7.12.1918, in: *Interesse am anderen Menschen,* hrsg. von Andreas Neider, a.a.O.

108 Vortrag vom 26.10.1918, in: *Interesse am anderen Menschen,* a.a.O.

109 Vortrag vom 9.10.1918, in: *Das Geheimnis der Gemeinschaft – Drei Ideale,* hrsg. von Jean-Claude Lin, Stuttgart 2002.

110 Aus *Wahrspruchworte,* GA 40, Dornach 2005, S. 91.

Nachwort

1 Vgl. oben Kap. V, Anmerkung 81.

2 Die in diesem Buch dargestellte Wirksamkeit des Internets wird in einem folgenden Buch unter dem Titel *Aufmerksamkeitsdefizite,* das im Frühjahr 2013 erscheinen wird, weiter behandelt.

Namenregister

Sachregister

Verzeichnis der Buch- und Filmtitel sowie Roman- und Filmfiguren

Literaturverzeichnis

Kelley Armstrong, *Schattenstunde. Die dunklen Mächte,* München 2010.

Sylvia Bardt, *Eurythmie als menschenbildende Kraft,* Stuttgart 2010.

Roland Benedikter, *Neue Medien?,* in: *Sozialimpulse. Rundbrief Dreigliederung des sozialen Organismus,* März 2012.

Frank Berger (Hrsg.), *Ahriman. Profil einer Weltmacht,* Stuttgart 1996.

Arie Boogert, *Der Weg der Seele nach dem Tod,* Stuttgart 2005.

Libba Bray, *Der geheime Zirkel. Gemmas Visonen,* München 2007.

Humphrey Carpenter, *J.R.R. Tolkien. Eine Biographie,* Stuttgart 1979.

Nicholas Carr, *Wer bin ich, wenn ich online bin ... und was macht mein Gehirn solange? Wie das Internet unser Denken verändert,* München 2010.

Cassandra Clare, *City of Bones,* erster Band der *Chroniken der Unterwelt,* Würzburg 2008.

James Dashner, *Die Auserwählten. Im Labyrinth,* Hamburg 2011.

Ernst-Christian Demisch, *Benjamin Franklin. Von einem, der auszog, die Welt zu verändern,* Stuttgart 2011.

Alain Denjean, *Odyssee der Menschwerdung,* Stuttgart 2008.

Barbara Denjean, *Sprich, dass ich dich sehe,* Stuttgart 2010.

Emil Du Bois-Reymond, *Gedächtnisrede auf Johannes Müller. Gehalten in der Akademie der Wissenschaften am 8. Juni 1858,* Berlin 1860.

José Alain Fralon, *Der Gerechte von Bordeaux. Wie Aristides de Sousa Mendes 30.000 Menschen vor dem Holocaust bewahrte,* Stuttgart 2011.

Thomas Fuchs, *Leib-Raum-Person,* Stuttgart 2000.

— *Das Gehirn – ein Beziehungsorgan,* Stuttgart 2008.

Elisabeth Göbel, *Eurythmie im ersten Jahrsiebt,* Stuttgart 2005.

Johann Wolfgang von Goethe, *Faust I,* Frankfurt 2005.

Roland Halfen/Andreas Neider, *Imagination,* Stuttgart 2002.

Kim Harrison, *Madison Avery: Totgeküsste leben länger,* Bindlach 2010.

Karl Heyer, *Wesen und Wollen des Nationalsozialismus,* Basel 1991.

Eric Hobsbawn in: *Das Zeitalter der Extreme,* München 1995.

Max Horkheimer/ Theodor W. Adorno, *Dialektik der Aufklärung,* (Erstauflage 1944), Frankfurt Neuausgabe 1969.

Armin J. Husemann, *Der musikalische Bau des Menschen. Entwurf einer plastisch-musikalischen Menschenkunde,* Stuttgart 2003.
— (Hrsg.) *Menschenwissenschaft durch Kunst. Die plastisch-musikalisch-sprachliche Menschenkunde*, Stuttgart 2007.
— *Der hörende Mensch und die Wirklichkeit der Musik,* Stuttgart 2010.
Steven Johnson, *Die neue Intelligenz*, Köln 2006.
Gundhild Kačer-Bock, «Das Gedächtnis in der Darstellung Rudolf Steiners», in: *Wie hat Rudolf Steiner gesprochen?,* Stuttgart 2009.
Rudolf Kischnick, Will van Haren, *Dreh dich nicht um... 300 Bewegungsspiele für Kinder und Jugendliche,* Stuttgart 2008.
S. Kline, N. Dyer-Witheford, G.d. Peuter, *Digital Play. The Interaction of Technology, Culture and Marketing*, Quebec 2003.
Karl König, *Anleitungen zum Seelenkalender,* Stuttgart 2009.
-*Bilder des inneren Jahres,* Stuttgart 2009.
Günther Kollert, *Phantasie, Phantastik, Fantasy. Erzählte Welten zwischen Romantik und neuem Mythos,* Dornach 2010.
Georg Kühlewind, *Vom Umgang mit der Anthroposophie,* Stuttgart 2001.
— *Die Wahrheit tun,* Stuttgart 2006.
— *Aufbau. Vom Denken zur Wahrnehmung des Lebens,* Stuttgart 2008.
Joachim Latacz, *Der Beginn von Schriftlichkeit und Literatur,* in: ders., *Homer. Der Mythos von Troia in Dichtung und Kunst,* München 2008.
Joachim Latacz, *Homer-Darstellungen in der antiken Literatur,* in: ders., *Homer. Der Mythos von Troia in Dichtung und Kunst,* München 2008.
Stefan Leber, *Der Schlaf und seine Bedeutung,* Stuttgart 1996.
Friedel Lenz, *Bildsprache der Märchen,* 9. Auflage, Stuttgart 2003.
Florin Lowndes, *Die Belebung des Herzchakra. Ein Leitfaden zu den Nebenübungen Rudolf Steiners,* 3. Auflage, Stuttgart 2000.
Mark Mazower in: *Der dunkle Kontinent,* Frankfurt 2000.
Stephenie Meyer, *Bis(s)-Serie, 4 Bände,* Hamburg 2005 bis 2008.
— *Seelen*, Hamburg 2008.
Johannes Müller, *Über die phantastischen Gesichtserscheinungen,* Bonn 1826.
Johannes Müller, *Handbuch der Physiologie,* I. Band, 2. Abteilung, Koblenz 1834.
Andreas Neider (Hrsg.), *Brauchen Jungen eine andere Erziehung als Mädchen?,* Stuttgart 2007.
— *Die Evolution von Gedächtnis und Erinnerung. Lesen in der Akasha-Chronik,* Stuttgart 2008.

— *Medienbalance. Erziehung im Gleichgewicht mit der Medienwelt,* Stuttgart 2008.
— (Hrsg). *Flucht in virtuelle Welten?,* Stuttgart 2010.
— «Der Atem des Ich», in: *Anthroposophie,* Michaeli 2011.
— *Christus-Impuls und Rosenkreuzertum. Rudolf Steiners Weg zum Fünften Evangelium,* Stuttgart 2011.
John von Neumann, *Die Rechenmaschine und das Gehirn,* München 1991.
Platon, *Phaidros,* in der Übersetzung von L. Georgii, o.O., 1853.
Sergej O. Prokofieff, *Menschen mögen es hören,* Stuttgart 2002.
— *Das Erscheinen des Christus im Ätherischen,* Dornach 2010.
Lorenzo Ravagli, *Die geheime Botschaft der J.K. Rowling. Ein Schlüssel zu Harry Potter,* Stuttgart 2010.
Renate Riemeck, *Mitteleuropa. Bilanz eines Jahrhunderts,* 4. Auflage, Stuttgart 1997.
Jeremy Rifkin, *Die empathische Zivilisation,* Frankfurt 2010.
Christian Rittelmeyer, *Über den Sinn der Kindheit. Leiblich-seelische Aspekte der Bildung,* in: *Bildung ist mehr als Lernen,* hrsg. von Andreas Neider, Stuttgart 2006.
J.K Rowling, *Die Harry-Potter*-Romane, 7 Bände, Hamburg 1998 bis 2007.
Hartwig Schiller (Hrsg.), *Fantasie. Von den schöpferischen Kräften in der Erziehung,* Stuttgart 2007.
Dorian Schmidt, *Lebenskräfte – Bildekräfte. Methodische Grundlagen der Erforschung des Lebendigen,* Stuttgart 2010.
Johannes W. Schneider, *Meditation in der asiatischen Kultur und in der Anthroposophie.* Stuttgart 2010.
Peter Selg, *Vom Logos menschlicher Physis,* Dornach 2006.
— *Ungeborenheit. Die Präexistenz des Menschen und der Weg zur Geburt,* Arlesheim 2009.
— *Johannes Müller im 19. Jahrhundert. Schicksal von Leben und Werk* in ders., *Michael und Christus. Studien zur Anthroposophie Rudolf Steiners,* Arlesheim 2010.
— *Die Grundstein-Meditation Rudolf Steiners und die Zerstörungen des 20. Jahrhunderts,* Arlesheim 2010.
— *Die geistige Dimension des Menschen? Zur Entwicklung der medizinischen Anthropologie im 20. Jahrhundert,* in: ders./Peter Heusser, *Das Leib-Seele-Problem,* Arlesheim 2011.

Tom Shippey, *J.R.R. Tolkien. Autor des Jahrhunderts,* Stuttgart 2002.
Jörgen Smit, *Meditation und Christuserfahrung,* Stuttgart 2008.
Manfred Spitzer, *Lernen. Gehirnforschung und die Schule des Lebens,* Heidelberg 2002.
— *Vorsicht Bildschirm,* München 2006.
Rudolf Steiner,
— *Die Philosophie der Freiheit,* GA 4, Dornach 1995.
— *Wie erlangt man Erkenntnisse der höheren Welten?,* GA 10, Dornach 1993.
— *Die Geheimwissenschaft im Umriss,* GA 13, Dornach 1989.
— *Die geistige Führung des Menschen und der Menschheit,* GA 15, Dornach 1987.
— *Ein Weg zur Selbsterkenntnis des Menschen in acht Meditationen,* GA 16, Dornach 2004.
— *Die Schwelle der geistigen Welt,* GA 17, Dornach 2009.
— *Von Seelenrätseln,* GA 21, Dornach 1983.
— *Anthroposophische Leitsätze. Das Michael-Mysterium,* GA 26, Dornach 1976.
— *Freiheit und Gesellschaft* in: GA 31, Dornach 1989.
— *Grundlegendes zu einer Erweiterung der Heilkunst,* GA 27, Dornach 1991.
— *Wahrspruchworte,* GA 40, Dornach 2005.
— *Spirituelle Seelenlehre und Weltbetrachtung,* GA 52, Dornach 1986.
— *Die Ergänzung heutiger Wissenschaften durch Anthroposophie,* GA 73, Dornach 1973.
— *Freiheit, Unsterblichkeit, soziales Leben,* GA 72, Dornach 1990.
— *Die Philosophie des Thomas von Aquino,* GA 74, Dornach 1993.
— *Die Wirklichkeit der höheren Welten,* GA 79, Dornach 1988.
— *Menschheitsentwicklung und Christus-Erkenntnis,* GA 100, Dornach 2006.
— *Das Johannes-Evangelium,* GA 103, Dornach 1995.
— *Der Orient im Lichte des Okzidents,* GA 113, Dornach 1982.
— *Anthroposophie, Psychosophie, Pneumatosophie,* GA 115, Dornach
— *Der Christus-Impuls und die Entwicklung des Ich-Bewusstseins,* GA 116, Dornach 1982.
— *Okkulte Physiologie,* GA 128, Dornach 1991
— *Das esoterische Christentum,* GA 130, Dornach 1995.

— *Der irdische und der kosmische Mensch,* GA 133, Dornach 1989.
— *Erfahrungen des Übersinnlichen,* GA 143, Dornach 1994.
— *Die Mysterien des Morgenlandes und des Christentums,* GA 144, Dornach 1985.
— *Vorstufen zum Mysterium von Golgatha,* GA 152, Dornach 1990.
— *Inneres Wesen des Menschen und Leben zwischen Tod und neuer Geburt,* GA 153, Dornach 1997.
— *Menschenschicksale und Völkerschicksale,* GA 157, Dornach 1981.
— *Zufall, Notwendigkeit und Vorsehung,* GA 163, Dornach 1986.
— *Die Verbindung zwischen Lebenden und Toten,* GA 168, Dornach 1995.
— *Das Rätsel des Menschen,* GA 170, Dornach 1978.
— *Innere Entwicklungsimpulse der Menschheit,* GA 171, Dornach 1984.
— *Das Karma des Berufes des Menschen,* GA 172, Dornach 2002.
— *Zeitgeschichtliche Betrachtungen,* GA 173a-c, Dornach 2011 .
— *Die spirituellen Hintergründe der äußeren Welt. Der Sturz der Geister der Finsternis,* GA 177, Dornach 1999.
— *Individuelle Geistwesen und ihr Wirken in der Seele des Menschen,* GA 178, Dornach 1992.
— *Mysterienwahrheiten und Weihnachtsimpulse,* GA 180, Dornach 1980.
— *Der Tod als Lebenswandlung,* GA 182, Dornach 1996.
— *Die Polarität von Dauer und Entwicklung,* GA 184, Dornach 2002.
— *Die soziale Grundforderung unserer Zeit,* GA 186, Dornach 1990.
— *Vergangenheits- und Zukunftsimpulse im sozialen Geschehen,* GA 190, Dornach 1980.
— *Die Sendung Michaels,* GA 194, Dornach 1994.
— *Anthroposophie als Kosmosophie II,* GA 208, Dornach 1992.
— *Die Grundimpulse des weltgeschichtlichen Werdens der Menschheit,* GA 216, Dornach 1988.
— *Geistige Wirkenskräfte im Zusammenleben von alter und junger Generation,* GA 217, Dornach 1988.
— *Der Jahreslauf als Atmungsvorgang der Erde,* GA 223, Dornach 1990.
— *Menschenwesen, Menschenschicksal und Welt- Entwicklung,* GA 226, Dornach 1988.
— *Initiationserkenntnis,* GA 227, Dornach 2000.
— *Esoterische Betrachtungen karmischer Zusammenhänge,* GA 235,

Dornach 1994, GA 237, Dornach 1991 und GA 240, Dornach 1992.
— *Die okkulte Bewegung im 19. Jahrhundert,* GA 254, Dornach 1986.
— *Anthroposophischen Gemeinschaftsbildung* in GA 257, Dornach 1989.
— *Die Weihnachtstagung zur Begründung der Allgemeinen Anthroposophischen Gesellschaft 1923/24,* GA 260, Dornach 1994.
— *Aus den Inhalten der esoterischen Schule II,* GA 266b, Dornach 1996.
— *Kunst im Lichte der Mysterienweisheit,* GA 275, Dornach 1990.
— *Eurythmie. Die Offenbarung der sprechenden Seele,* GA 277, Dornach 1999.
— *Die Entstehung und Entwicklung der Eurythmie,* GA 277a, Dornach 1998.
— *Allgemeine Menschenkunde als Grundlage der Pädagogik,* GA 293, Dornach 1992.
— *Menscherkenntnis und Unterrichtsgestaltung,* GA 302, Dornach 1986.
— *Meditativ erarbeitete Menschenkunde,* GA 302a, Dornach 1993.
— *Geisteswissensschaft und Medizin,* GA 312, Dornach 1999.
— *Apokalypse und Priesterwirken,* GA 346, Dornach 2001.
— *Der Strader-Apparat*, Beiträge zur Rudolf Steiner Gesamtausgabe Nr. 107, Michaeli 1991.
— *Beiträge zur Rudolf Steiner Gesamtausgabe Nr. 116*
— *Die Wochensprüche des Anthroposophischen Seelenkalenders im Doppelstrom der Zeit beider Hemisphären,* Dornach 1998.
— *Entwicklung des Denkens – Stärkung des Willens. Drei Vorträge,* hrsg. von Andreas Neider, Stuttgart 2004.
— *Interesse für den anderen Menschen. Drei Vorträge,* hrsg. von Andreas Neider, 2. Auflage, Stuttgart 2006.
— *Die Welt der Elementarwesen*, hrsg. von Almuth Bockemühl, Dornach 2006.
— *Die Nebenübungen. Sechs Schritte zur Selbsterziehung,* hrsg. von Ates Badyur, Dornach 2006.
— *Anthroposophie und Rosenkreuzertum,* hrsg. v. Andreas Neider, Dornach 2007.
— *Lesen in der Akasha-Chronik,* hrsg. von Andreas Neider, Dornach 2008.
— *Rückschau. Übungen zur Willensstärkung,* hrsg. von Martina Maria Sam, Dornach 2009.

— *Erkenne dich selbst,* hrsg. von Andreas Neider, Dornach 2010.
— *Christus-Erkenntnis und Selbstlosigkeit,* hrsg. von Andreas Neider, Dornach 2012.
— *Der elektronische Doppelgänger,* hrsg. von Andreas Neider, Basel 2012.
Bram Stoker, *Dracula,* o.O., 1897.
Cornelia Stolze, *Vergiss Alzheimer. Die Wahrheit über eine Krankheit, die keine ist,* Köln 2011.
Frank Teichmann, *Auferstehung im Denken,* Stuttgart 1996.
— *Die ägyptischen Mysterien,* Stuttgart 1999.
J.R.R. Tolkien. Briefe, hrsg. von Humphrey Carpenter, Stuttgart 1991.
— *Der Herr der Ringe,* Stuttgart 2000.
Robin Wasserman, *Skinned,* Bindlach 2010.
Tad Williams, *Otherland,* 4 Bände, Stuttgart 1998 bis 2002.
Laura Whitcomb, *Silberlicht,* München 2010.
F. W. Zeylmans van Emmichoven, *Der Grundstein,* Stuttgart 1999.
Johanna F. Zinke, *Luftlautformen sichtbar gemacht,* hrsg. von Rainer Patzlaff, Stuttgart 2003.

Andreas Neider

Christus-Impuls und Rosenkreuzertum

Rudolf Steiners Weg zum Fünften Evangelium
116 Seiten, gebunden mit Schutzumschlag

Die Entwicklung eines Eingeweihten geht keine einfachen Wege, und auch heute, 150 Jahre nach Rudolf Steiners Geburt, sind viele Fragen im Hinblick auf seinen Entwicklungsgang immer noch unbeantwortet. Eine immer wieder gestellte Frage ist die nach der Entwicklung seines Verhältnisses zum Christentum. Dabei richtete sich das Interesse vornehmlich auf die Entwicklung bis 1902, dem Erscheinungsdatum des Buches Das Christentum als mystische Tatsache.

Die vorliegende Darstellung zeigt, dass bereits 1903 der Anlauf zu neuen, für die Christologie entscheidenden Einsichten, die Rudolf Steiner selbst als das Fünfte Evangelium bezeichnet hat, genommen wurde. Dabei ergeben sich auch tiefere Einblicke in die Zusammenarbeit mit Marie von Sivers und in die Forschungsmethode Rudolf Steiners im Zusammenhang mit den Verstorbenen.

Andreas Neider

Die Evolution von Gedächtnis und Erinnerung

Lesen in der Akasha-Chronik
150 Seiten, kartoniert

Durch eine eingehende Untersuchung der Evolution von Gedächtnis und Erinnerung kann verständlich werden, was Rudolf Steiner mit dem Lesen in der Akasha-Chronik, einer Art Menschheitsgedächtnis, gemeint hat.

Mit dieser Monografie wird der Versuch unternommen, eine Antwort auf die Frage zu geben: Was heißt Lesen in der Akasha-Chronik? Von ihrer Beantwortung wird es unter anderem abhängen, ob die Anthroposophie als Geisteswissenschaft ernst genommen oder als eine synkretistische Form der Esoterik abgetan werden kann.

Ein wesentlicher Gesichtspunkt ist dabei die Evolution von Gedächtnis und Erinnerung, die hiermit erstmalig menschenkundlich eingeordnet und verständlich gemacht wird.

Andreas Neider (Hrsg.)

Flucht in virtuelle Welten?

Reale Beziehungen mit Kindern gestalten.
116 Seiten, gebunden mit Schutzumschlag

Kinder und Jugendliche verbringen heute durchschnittlich 15 bis 20 Stunden wöchentlich im Internet, sei es in Chatrooms, bei Online-Computerspielen oder an anderen virtuellen Orten – Tendenz steigend. Das Internet übertrifft in der Beliebtheitsskala der Freizeitmedien inzwischen sogar das Fernsehen. Durch Handys und Handheldkonsolen sind digitale Medien auch außer Haus ständig verfügbar. Was macht die Faszination dieser virtuellen Räume aus und was sind die Gefahren?

Die Beiträge erschließen das Problemfeld von wissenschaftlicher und pädagogischer Seite und machen zugleich deutlich, wie nur durch sinnstiftende Beziehungen in der realen Welt der Virtual Reality etwas entgegen gehalten werden kann.

Mit Beiträgen von Rudi Ballreich, Michael Birnthaler, Bernhard Hanel, Edwin Hübner, Christian Rittelmeyer, Andreas Neider, Peter Singer und Klaus Wölfling.

Verlag Freies Geistesleben